¿Y CÓMO LLEGAMOS HASTA AQUÍ?

¿Y CÓMO LLEGAMOS HASTA AQUÍ?

EL ORIGEN Y LA EVOLUCIÓN DE LA REVOLUCIÓN SEXUAL

CATHERINE SCHERALDI DE NÚÑEZ

B&H
ESPAÑOL
BRENTWOOD, TENNESSEE

¿Y cómo llegamos hasta aquí?: El origen y la evolución de la revolución sexual

B&H Publishing Group
Brentwood TN, 37027

Diseño de portada: Matt Lehman Studio

Clasificación decimal Dewey: 177
Clasifíquese: CAMBIO SOCIAL \ CONDICIONES SOCIALES \ VERDAD Y FALSEDAD

ISBN: 979-8-3845-2477-9

Impreso en EE. UU.
1 2 3 4 5 * 28 27 26 25

Reconocimientos

Sería totalmente negligente si no reconociera a Miguel Núñez, mi amado esposo, a quien he tenido el privilegio de escuchar sentada en primera fila en todas sus enseñanzas de sana doctrina. Además, Mayra Beltrán Vda. de Ortiz, quien arduamente leyó y releyó el manuscrito original para corregir todos los errores gramaticales que tiendo a cometer con frecuencia. Su participación fue vital para completar este libro y hacerlo legible. Estoy eternamente agradecida a ambos.

Índice

Introducción

Romanos 1:18-32

La cosmovisión creciente en nuestra sociedad define el pasado como retrógrado y obsoleto, sosteniendo que el verdadero valor lo tiene aquello que es nuevo, moderno o lo que llamamos «progresista». Esta definición nos ha traído muchos problemas en el mundo, especialmente porque no tuvimos en cuenta las consecuencias, o por la falta de visión en cuanto a los resultados que podría producir invalidar el ayer.

Hay mucha sabiduría en la frase de G.K. Chesterton de «no quites nunca una valla hasta que sepas la razón por la que fue puesta allí».[1] Muchas veces, el propósito de las vallas o límites todavía existe, aunque no sea evidente precisamente porque la valla ha tenido éxito en su función. Con frecuencia, debido a la gracia común dada por Dios a todo ser humano, los incrédulos han podido aplicar postulados que contienen verdades generales a la vida de las diferentes sociedades y terminan promoviendo el florecimiento humano. Con el tiempo, estos son reconocidos como valiosos y pasan a ser «tradiciones». Lo que muchos no conocen es que, al

1. G.K. Chesterton, *The Thing: Why I Am a Catholic*, capítulo: *The Drift from Domesticity* (Londres, UK: Aeterna Press, 1929), 29.

pasar de los años, estas tradiciones pasan a ser vallas protectoras de la civilización. Por esta razón necesitamos evaluar nuestra cosmovisión y nuestras acciones antes de remover los límites protectores que han preservado la humanidad por siglos. No repitamos el mismo error concluyendo que lo nuevo es mejor porque es nuevo; ni asumamos que lo viejo necesita ser removido porque es viejo. Como alguien ya dijo, «la locura es hacer lo mismo una y otra vez, esperando resultados diferentes».[2] No necesitamos la inteligencia de Einstein para reconocer que el mundo ha aumentado su estado de desequilibrio y continuará así si seguimos haciendo las mismas cosas; entonces, necesitamos hacer algo diferente, y este algo incluye cambios. Pero ¿cuáles?

Tendemos a vivir conectados con el presente inmediato, pensando más en cómo nuestras decisiones nos afectan ahora solamente. Sin embargo, algunas personas suelen prestar más atención, y con buena razón, al futuro de la generación presente. Desafortunadamente, no es común relacionar las decisiones pasadas con los problemas del presente y los efectos que estas puede tener en futuras generaciones. No olvidemos que las ideas tienen consecuencias como muchos otros han observado.

En este libro, mi anhelo es presentarte, como lector, una visión sobre la historia con la intención de que puedas entender su impacto actual en nosotros y saber cómo vivir mientras continuamos escribiendo la historia en nuestro presente, sin que esta

---

2. La primera afirmación es que Einstein utilizó y publicó la cita en sus «Cartas a Solovine, 1951». Sin embargo, esa fuente aún no ha proporcionado ninguna referencia específica. La cita aparece en Alcohólicos Anónimos (AA), en el paso 2 del panfleto *A promise of Hope* [Una promesa de esperanza], pág. 10, James G. Jenson, 1980. El texto básico obtuvo derechos de autor en 1981. Se encuentra en la página 11 del «Formulario de revisión» final que se distribuyó a la confraternidad en noviembre de 1981.

termine destruyendo la sociedad del mañana. Quiero que podamos mirar atrás, considerar la forma de pensar de varios pensadores y la sociedad en la que vivieron, para llegar a analizar y entender lo que estamos viviendo hoy. Mi intención no es condenar el pasado, pero sí aprender de sus errores y los nuestros, y así tener razones suficientes al querer cambiarlos. Por ejemplo, al leer el relato de Génesis 1–2, vemos que el Jardín del Edén era perfecto, y esto nos lleva a hacernos las siguientes preguntas: «¿Cómo hemos llegado a la confusión de hoy?»; «¿Dónde empezó a corromperse todo?»; «¿Por qué comenzó el desvío de la humanidad?».

No sé si te ha pasado, pero con frecuencia, mientras leo el periódico o escucho los anuncios en la televisión o las redes sociales, mi corazón se pregunta: ***¿Cómo hemos llegado hasta aquí?*** Me deja perpleja porque pareciera que en pocos años el mundo ha cambiado tanto que es prácticamente irreconocible. Este tipo de situaciones me lleva a recordar a mis abuelos y cómo ellos describían los cambios que les tocó vivir con la siguiente frase: «En mis años de juventud...», y caigo en la cuenta de que sus experiencias no son tan diferentes a las mías, sino que la confusión de la humanidad ha existido siempre. La única diferencia es que los medios de comunicación han aumentado la velocidad con la que los cambios se implementan y se conocen.

Comencé a evaluar los tiempos desde mi juventud y, mirando por el retrovisor, veo perfectamente cómo cambios pequeños en nuestra sociedad, que en el momento pensé que no tenían mucha importancia, fueron colocando el fundamento de lo que estamos viviendo ahora. Los cambios eran perceptibles; sin embargo, no reconocí la magnitud de lo que muchos de estos «pequeños» cambios traerían. Cambios que han llevado a algunos a usar la frase: «el mundo es una jungla». Esta es la razón por la cual Jesús nos dijo en Mateo 10:16: «Mirad, yo os envío como ovejas en medio de lobos; por tanto, sed astutos como las serpientes e inocentes como las palomas» (LBLA). Este «mirad» es una palabra que significa: «Pongan atención a lo que estoy diciendo, porque es importante». Como cristianos, es vital que no reconozcamos el significado de las cosas solo cuando ya es demasiado tarde, sino que desarrollemos el discernimiento que Dios nos provee para ser capaces de identificar las artimañas de nuestro enemigo en el momento en que están ocurriendo. Necesitamos discernimiento. Si somos la morada del Espíritu Santo, entonces debemos pedir sabiduría, sabiendo que Él nos la dará abundantemente (Sant. 1:5). Y ¿por qué? Porque hacer Su voluntad es la manera en que lo glorificamos con nuestras acciones (1 Cor. 10:31). Querido lector, mi oración es la misma que la del salmista en el Salmo 90:12: «Enséñanos de tal modo a contar nuestros días, que traigamos al corazón sabiduría».

Este libro es una invitación a que reflexionemos y evaluemos lo que está ocurriendo en nuestro presente. Esto siempre debería empezar por la necesidad de analizar cómo nuestros pensamientos, emociones y reacciones son afectados por lo que la sociedad nos impone. Aun así, tenemos el deber de filtrarlo con la verdad, como Pablo menciona: «los malos hombres y los engañadores irán de mal en peor, engañando y siendo engañados» (2 Tim. 3:13). No podemos seguirle la corriente a la sociedad, porque fuimos llamadas a vivir contraculturalmente (Rom. 12:2). Todo esto requiere esfuerzo, ser intencionales y que no aceptemos lo que vemos ni lo que oímos como la verdad absoluta sin antes evaluarla.

Todo empezó en el jardín donde Adán y Eva eligieron creer la mentira de Satanás y desobedecer la verdad de Dios. Ahora, el problema es que, cuando los hombres dejan de considerar a Dios, Dios los abandona y el pecado toma el control de la persona y se hace cargo, llevándonos a la inmoralidad, la impureza, la sensualidad, la idolatría, las orgías, enemistades y más (Gál. 5:19-21). Asimismo, debido al pecado, Dios en el pasado permitió que todas las naciones anduvieran en sus caminos (Hech. 14:16) y lo sigue haciendo. Dios simplemente nos ha dejado seguir nuestro propio camino, lo cual aumenta nuestro deseo y capacidad de imaginar y llevar a la práctica nuevas formas de pecar. Al ser abandonados por Dios, nuestro corazón pecaminoso se manifiesta en nuestras acciones y esto se muestra en nuestra sociedad. Cómo lucen las generaciones revela la profundidad de nuestra naturaleza pecaminosa. El pecado ha sido al mismo tiempo la causa y el efecto. Este libro demuestra que el hombre no puede reprimir el mal, porque inevitablemente hará lo que está mal. Solo hay Uno que tiene esta capacidad y es Dios, por eso el ser humano debe volver a su Creador (Rom. 1:21-32).

Por esta razón decidí escribir este libro. Debemos despertar y reconocer que estamos viviendo en una guerra espiritual, donde nuestra victoria está garantizada si luchamos a la manera de Dios, porque es el mismo Señor quien vence. Sin embargo, como solemos decir, los soldados descuidados salen heridos y hasta muertos en la batalla. ¿Cómo sabemos si estamos batallando de la forma correcta? Simplemente, debemos reflexionar en que, si la batalla es invisible y espiritual, entonces estas son las armas que necesitamos utilizar: las espirituales.

La fe bíblica junto a fuertes valores cristianos cambia la vida de las personas cuando son guiadas por el Espíritu Santo, porque es Él quien nos ayuda a caminar en Sus huellas para que nuestras obras y decisiones sean de gran provecho para esta generación y la próxima. Tenemos que tomar la decisión importante de vivir de tal manera que nuestro testimonio tenga una influencia constructiva para las generaciones. Esta es una manera de cumplir el mandamiento de amar a Dios y a los demás, y será siempre la forma de bendecir tanto a la sociedad actual como a las próximas.

Hay una frase que dice: «Lo que una generación tolera, la siguiente lo aceptará».[3] Por lo tanto, si queremos tener sociedades saludables, las generaciones deberían empezar a aceptar los cambios solo cuando nos lleven a proclamar a Dios, trayéndonos nuevamente al discernimiento y a la sabiduría bíblica. El peligro es que Satanás es astuto y tiene la capacidad de confundirnos para que aprobemos cosas erradas. Por ejemplo, si evaluamos bien los juicios legales de Jesús en los Evangelios (que realmente eran ilegales), vemos que después de los siete juicios, ¡hubo quienes declararon a Dios culpable de blasfemia! ¿Crees que algo podría estar más errado que esto? ¿Acaso Dios podría hacer algo no sagrado? ¡Cuando Dios mismo es quien define lo que es sagrado! Y todo esto ocurrió por falta de una fe bíblica, a pesar de que los juicios religiosos fueron dirigidos por los eruditos, los que habían estudiado las Escrituras. ¿Cómo es esto posible? Porque no evaluaron sus valores ni sus motivaciones internas. Su tradición reflejaba el pecado en su corazón.

Ahora, cuando evaluamos el mundo a través de generaciones desde una perspectiva más amplia, lo que hemos visto, tanto en el mundo secular como en el mundo cristiano, es que cada generación repite errores del pasado y comete nuevos errores. Como resultado, la siguiente generación, al reconocerlos, tiene que trazar un rumbo diferente. Sin duda, el mundo está buscando la verdad, pero en todos los lugares equivocados y sin tener en cuenta la guerra que ha librado nuestro enemigo contra la verdad. Jesucristo es la

3. Aunque la frase está atribuida a John Wesley, no hay registro de un documento original, y parece ser una versión parafraseada o condensada de ideas que Wesley pudo haber expresado en varios sermones o cartas.

Verdad (Juan 14:6), y como la verdad por definición es exclusiva, no la podemos encontrar en ningún otro lugar.

El propósito de este libro es demostrar cómo hemos llegado al momento donde estamos cometiendo más equivocaciones sobre otros errores que nos llevan poco a poco a aceptar lo irracional y hasta lo ridículo como la verdad. La medicina se ha visto afectada con esta avalancha del colectivo LGBTQ+, y como médica que soy, decidí escribir este libro; sin embargo, el problema de esta ideología es mayormente filosófico, y no médico. La medicina ha sido incluida como algo secundario, algo que ellos pueden usar para ejecutar sus deseos. Por esta razón, decidí dividir este libro en tres secciones: la primera, la perspectiva filosófica; la segunda, la perspectiva médica; y la tercera, la perspectiva ministerial.

El recorrido que haremos por las filosofías occidentales será de una manera sencilla, solamente dando pinceladas, tratando de demostrar cómo las cosmovisiones han cambiado a través de las generaciones y argumentando cómo ninguna ha sido fundada sobre la verdad. Los mismos filósofos, personas con una gran capacidad de pensamiento profundo, lo han reconocido y cambian su rumbo constantemente, tratando de llegar a la verdad. La filosofía en un momento dado podría presentar algo como la verdad, pero el próximo filósofo muestra los fallos y entonces, siguen cambiando, tratando de corregirlo, y este ha sido el patrón por generaciones. Pero algo es claro: si los caminos de Dios no son los nuestros (Isa. 55:8-9), y Él es quien tiene la verdad, la única manera de encontrarla es buscándolo a Él, y los filósofos seculares rehúsan hacerlo.

Algunos filósofos en principio reconocían que había una «verdad universal», algo que estaba en otra dimensión, pero erróneamente creían que era posible llegar a conocerla a través de la razón. Sin embargo, después de mucho tiempo, al no lograrlo, algunos llegaron a la conclusión de que no existía dicha verdad, y entonces, en un sentido, dejaron de buscarla. Aunque hay muchas similitudes entre los filósofos con ideas que se superponen, si los evaluamos cuidadosamente vemos que, con los años, progresivamente estamos alejándonos de la verdad.

En la primera sección, hablaré de la perfección en el Jardín del Edén creado por el Dios verdadero, y luego seguiré con los filósofos griegos. En el tiempo entre el jardín y los griegos, aunque no hay mucho escrito en español sobre esto, sabemos que la cosmovisión que reinaba aceptó que había algo o alguien por encima de la raza humana, y usaban la razón para obtener las pruebas de esto. Luego, continuaré el viaje hasta llegar donde estamos ahora. Partiremos de la gran confusión asumida por muchos acerca de que el mundo fue autogenerado a pesar de que científicamente esto es una imposibilidad. Pero cuando no se reconoce un valor absoluto, las incoherencias tampoco les molestan y rehusándose a someterse a un Ser superior, prefieren creer lo imposible hasta que «el tiempo» demuestre lo que ellos quieren creer. Terminaremos esta sección llegando a las creencias de hoy, donde no podemos definir los géneros ni decidir si tenemos uno, y suponemos que esta decisión puede fluir entre diversas ideas según nuestros deseos.

En la segunda sección, explicaré los estudios médicos que han sido realizados que confirman mis argumentos en relación con la biología humana, y la tercera sección brindará la perspectiva bíblica. Mi anhelo es que, a través de tu lectura, tu hambre pueda crecer hacia la necesidad de preguntarnos: ¿Qué debemos y podemos hacer? Toda la ideología errada implantada a lo largo del tiempo me trae a la mente lo que dijo el filósofo francés Voltaire: «Cualquiera que pueda hacerte creer cosas absurdas puede hacerte cometer atrocidades».[4] Esto es evidente no solo en las personas que sufren de lo que conocemos como disforia de género, sino también en el sistema médico que lo apoya. Este sistema, que siempre ha creído en evidencia científica para tratar a pacientes, está funcionando no solamente sin las evidencias, sino que ahora lo está realizando *en contra de* las evidencias. Como muchos médicos llegan a creer en lo absurdo, comienzan a practicar tales atrocidades.

Entender que el carácter de Dios define *la verdad*, era perfectamente entendible por parte de nuestros primeros progenitores, en el Jardín del Edén. Sin embargo, con una pregunta sencilla pero engañosa: «¿Conque Dios os ha dicho...?» (Gén. 3:1), el rumbo del mundo no solo cambió durante el tiempo en que Adán y Eva vivían, sino que ha continuado cambiando y cosechando consecuencias, como resultado de la separación entre Dios y el hombre, producida por el pecado. Tristemente, no solo seguimos sufriendo la separación experimentada por Adán y Eva, sino que, con cada generación, el mismo pecado sigue creando una distancia progresivamente mayor entre el ser humano y la verdad de Dios. La serpiente, el animal más astuto sobre la faz de la tierra (Gén. 3:1), sigue engañándonos con sus artimañas. Pero Dios, que es rico en misericordia, ha hecho posible que, para los creyentes, haya esperanza porque Cristo, en Su muerte y resurrección, ha vencido al mundo y «porque mayor es el que está en vosotros, que el que está en el mundo» (1 Juan 4:4). Mientras observamos y evaluamos la historia, es evidente que el mundo está cambiando, y no para mejor. Mientras más lejos estamos del Jardín del Edén, metafóricamente hablando, más disfuncionales nos volvemos. Cada generación tiene sus filósofos, cegados por Satanás, que interpretan la vida y forman la cosmovisión de la sociedad de esta generación,

---

4. François-Marie Arouet (1694-1778), conocido como Voltaire, en su escrito *Questions sur les miracles* en 1765.

manteniéndola en las tinieblas. Las conclusiones de sus pensamientos se edificarán sobre los errores de la generación previa, alejándose progresivamente más de la verdad de Dios. Esta es la evidencia de la verdad de Dios revelada en Romanos 1:21: «Pues habiendo conocido a Dios, no le glorificaron como a Dios, ni le dieron gracias, sino que se envanecieron en sus razonamientos, y su necio corazón fue entenebrecido». Lo doloroso de esto es que aquellos que viven sus vidas en pecado están viendo la ira de Dios en despliegue, a través del resultado de su propia pecaminosidad. Esta es la verdad de nuestra condición: estamos adorando a la criatura en lugar del Creador (Rom. 1:25).

Como ya dijimos anteriormente, en este libro encontrarás un análisis sencillo de las filosofías del pasado; no un estudio profundo, sino simplemente pinceladas de sus creencias. Este análisis me ayudó a formular diferentes conclusiones que podrás leer al final de cada capítulo. De corazón, espero que esto ayude a aquellos que no tienen mentes filosóficas o que no han tenido la oportunidad de estudiar filosofía a entender el mundo en que vivimos. Al mismo tiempo, como médica y no como filósofa de profesión, pido perdón de antemano por la simpleza en los detalles para aquellos que sí son profesionales en esta área. Mi idea no es presentarme como una erudita del campo filosófico, porque no lo soy, sino mostrar sistemáticamente pruebas contundentes de lo que nos trajo al presente caótico en el que vivimos.

Entonces, antes de avanzar más, quizás ya te hayas hecho una pregunta sencilla luego de leer estas primeras páginas, en referencia a nuestras creencias: ¿Qué es una cosmovisión? Es una concepción que puede ser individual, familiar, cultural o hasta universal. Son ideas que se agrupan formando conceptos sobre la realidad y que proporcionan la base para ver el mundo y luego saber cómo vivir, según lo que hayamos entendido. Estas ideas son transmisibles de una persona a otra, ya sea en el hogar, en la sociedad, en los centros educativos y aun a través de los medios de comunicación. Las culturas en el pasado eran muy distintas entre un país o región y otro; sin embargo, con el aumento en la migración internacional y la creación de los medios de comunicación a los cuales acabamos de aludir, las fronteras se han vuelto borrosas y las ideas se difunden e infiltran en cada área con mayor rapidez.

Para dar un ejemplo de cómo se expanden las ideas, hace unos meses atrás, recibí un mensaje de alguien que fue a un viaje misionero de corta duración a una selva de América del Sur y me contó que encontró a personas en esa región que tenían teléfonos inteligentes, ¡y estaban escuchando los sermones de nuestra iglesia! Personas que no conocemos están aprendiendo de las enseñanzas que mi iglesia escucha y, obviamente, esto afectará su cosmovisión. Las personas que estudian filosofía reconocen las diferentes cosmovisiones y quienes las formaron, sin embargo, hasta el obrero en la calle sin educación formal usa esa cosmovisión en su diario vivir, aunque no sea capaz de identificarla.

El problema radica en que una cosmovisión es la base mediante la cual uno interpreta la vida entera, y la que dirige nuestras acciones aun cuando no reconocemos lo que creemos. A menos que reflexionemos intencionalmente, caminamos en piloto automático. Como cristianos, nuestra cosmovisión debe ser bíblica, o sea, todo lo que pensamos y hacemos debe estar fundamentado en las enseñanzas bíblicas. Sin embargo, venimos a los caminos de la fe con todas las ideas seculares, y por eso Pablo nos manda a transformar nuestras mentes con la Palabra de Dios (Rom. 12:2) para poder separar la verdad del error. A medida que leamos y entendamos la verdad eterna de la Palabra de Dios, cambiaremos y seremos transformados, recibiendo cada día Su sabiduría. Esto es un proceso que toma toda la vida. Nunca podemos cesar de aprender, porque como Dios es infinito, jamás sabremos todo. La Palabra de Dios proporciona la visión eterna, proveniente del Creador omnisciente. Su Palabra ofrece discernimiento, sabiduría y comprensión que nos ayudarán a navegar cualquier cosmovisión nueva con la verdad eterna, algo que, por definición, no puede cambiar.

La Palabra de Dios proporciona la visión eterna, proveniente del Creador omnisciente. Su Palabra ofrece discernimiento, sabiduría y comprensión que nos ayudarán a navegar cualquier cosmovisión nueva con la verdad eterna, algo que, por definición, no puede cambiar.

Es tan importante entender que, al no vivir según la Palabra de Dios, no estamos viviendo en la verdad, sino que hemos adaptado nuestra vida a las falsas filosofías del mundo, las cuales terminarán causándonos daño (Col. 2:8). Y ¿por qué decimos esto? Porque si no son bíblicas, son pecaminosas, y el pecado siempre nos aleja de Dios (Isa. 59:2), trayendo consecuencias terribles. Una cosmovisión no bíblica ha sido formada alrededor de los ídolos que existen en nuestros corazones (Ezeq. 14:3) y por eso necesitamos ser intencionales e identificarlos. Creamos ídolos según nuestra cultura, familia, educación recibida, leyes de nuestro país y experiencias que hemos tenido, y al combinar todo esto con nuestra naturaleza pecadora (es decir, nuestro propio corazón), se ve reflejado en nuestras reacciones o respuestas. El problema es que, si no identificamos estos ídolos, ellos seguirán controlándonos y, al caminar lejos de Dios, estaremos lejos de Su sabiduría, de Su discernimiento y sin Su poder, lo cual dificultará luchar contra ellos en nuestras batallas.

Si realmente creemos en Cristo, pero vivimos como el mundo, una forma en la que mi esposo y yo vemos ese estilo de vida es como ateos prácticos. Para nosotros, un ateo práctico es una persona que dice ser creyente, pero no vive en obediencia. Estaríamos de acuerdo en que ese tipo de personas quizás no sean creyentes. Sin embargo, aun considerándose a sí mismos como creyentes, en ocasiones son capaces de vivir como ateos prácticos. Nuestras vidas deben ser coherentes con lo que afirmamos creer; el Señor pide que lo amemos y le obedezcamos creciendo en santidad. No solo somos pecadores, somos santos por la santidad de Cristo, dada al creyente, gracias a la cruz de Cristo y a través del Espíritu Santo. Entonces, si caminamos en el Espíritu (Gál. 5:25-26), nuestras culturas serán influenciadas y la verdad de la Palabra de Dios será evidente en nuestras relaciones. Cristo en el creyente es la esperanza de gloria (Col. 1:27).

En el momento de nuestra conversión, toda nuestra cosmovisión es secular. Aunque no lo reconozcamos, el cambio es progresivo. El problema radica en que, mientras estamos en proceso de cambio, al mismo tiempo vivimos en un mundo que tiene una cosmovisión que celebra el pecado, que aplaude la autopromoción del individuo, fomenta el deseo de querer sentirnos bien a cada momento y declara que la verdad es algo cambiante, lo cual es totalmente opuesto a lo que la Biblia enseña. Y necesitamos prepararnos, porque nuestra sociedad no tolerará nuestra lucha contra el pecado. Nuestra sociedad se alimenta del pecado y no quiere que nadie niegue sus iniquidades. Peor aún, quiere suprimir la verdad (Rom. 1:18).

Ahora, con el Espíritu Santo morando en nosotros, Él es quien nos convence de pecado (Juan 16:8) y nos guía a la verdad (Juan 16:13), y comenzamos a notar que no estamos pensando ni actuando como debemos. Por eso, gradualmente, el Señor continúa mostrándonos y seguirá enseñándonos hasta que estemos en Su presencia. Dios es tan misericordioso que no nos muestra todo nuestro pecado de una sola vez, porque el peso de saberlo nos aplastaría, especialmente si estamos separados de la cruz, sino que nos muestra uno y luego comienza a revelar otro continuamente hasta que lleguemos a Su presencia (Juan 16:13) y «seremos semejantes a él, porque le veremos tal como él es» (1 Jn. 3:2). Somos responsables del cambio; no de causarlo o proveerlo, porque Dios mismo es quien hace el cambio (por eso nos dio Su guía, el poder de Su Espíritu y nos dejó Su Palabra escrita), pero la rapidez con la cual cambiamos depende de nuestra intencionalidad para rendirnos de manera que el Espíritu pueda obrar nuestro cambio «de gloria en gloria» (2 Cor. 3:18). En cuanto a cómo lograr el cambio, Pablo nos menciona en Romanos 12:2: «No os conforméis a este siglo, sino transformaos por medio de la renovación de vuestro entendimiento, para que comprobéis cuál sea la buena voluntad de Dios, agradable y perfecta». ¿Notas que el verbo *transformaos* implica una participación intencional del creyente? Él nos está mandando a cambiar y hacerlo a través de conocer la voluntad de Dios. ¿Cómo? Con la verdad bíblica, y luego aplicándola a nuestras vidas. Es la sabiduría divina revelada a los cristianos por medio del Espíritu Santo.

Si la conocemos y no la aplicamos, el conocimiento se queda en el ámbito intelectual y nuestra cosmovisión no cambia. Es en la aplicación de la verdad que llegamos a conocer la profundidad de nuestro pecado y nuestra inhabilidad de cambiar por nosotros mismos. De esta forma, aprendemos lo que Gálatas 5:16-17 nos enseña: «Digo, pues: Andad en el Espíritu, y no satisfagáis los deseos de la carne. Porque el deseo de la carne es contra el Espíritu, y el del Espíritu es contra la carne; y estos se oponen entre sí, para que no hagáis lo que quisiereis». Como nuestra manera de pensar antes de este punto era totalmente opuesta a lo que Dios piensa (Isa. 55:8-9), influenciada por nuestros corazones engañosos (Jer. 17:9) y las ideas erradas imperceptibles que todavía tenemos en áreas aún entenebrecidas (Ef. 4:18), tenemos que caminar en las huellas del Espíritu Santo para mantenernos en la verdad.

El conocimiento intelectual no es suficiente, porque hasta los demonios creen y tiemblan (Sant. 2:19), sino que es la obediencia la cual a la vez muestra nuestra fe y nuestro crecimiento (Juan 3:36). Y no te imaginas qué glorioso es cuando lo hacemos. Primero, entendemos la profundidad de la maldad de nuestros corazones para ayudarnos a no confiar en nosotros mismos; segundo, vemos la sabiduría y el poder de Dios cumpliendo Sus promesas; y tercero, Cristo se nos manifiesta de una manera personal (Juan 14:21). Sabemos que Dios es omnipresente y, por lo tanto, siempre está con nosotros; sin embargo, esto no es igual a sentir Su presencia en las luchas. Dios es tan bondadoso que todo esto nos da esperanza verdadera. Nuestra esperanza no es una positividad nebulosa o una ceguera ante la cultura que nos rodea, ni implica declarar que el mal no me ocurrirá porque soy hijo del Rey, sino que es reconocer que Dios tiene control total aun cuando el mal ocurre.

Lo interesante es que, aun cuando las cosmovisiones del mundo están cada vez más lejos de Dios, ¡sabemos que todo está bajo Su control absoluto! Nosotros estamos luchando contra gigantes iguales que aquellos con los que Josué y Caleb tuvieron que luchar. Ellos vieron un pueblo poderoso con las ciudades fortificadas de Canaán, al igual que los otros espías (Núm. 13). Sin embargo, mantuvieron la esperanza que les dio el poder de obedecer, aunque parecía una locura. ¿Por qué? Porque sabían que Dios estaba con ellos, y este mismo Dios que no cambia (Heb. 13:8) está con nosotros también. Podemos reconocer a los gigantes de nuestra cultura secular y, al mismo tiempo, confiar con valentía «porque mayor es el que está en vosotros, que el que está en el mundo» (1 Jn. 4:4b). Alejémonos de las soluciones idólatras, las vanas sutilezas y las filosofías falsas (Col 2:8) creadas por el hombre para desarrollar diariamente una confianza más profunda en Dios: Sus promesas, Su Palabra y Sus propósitos.

Para luchar con efectividad, es necesario entender y contrastar tanto la cosmovisión cultural en la que vivimos como las promesas y el carácter de nuestro Dios. Esto nos dará la valentía de reemplazar todo aquello que vaya en contra de la verdad. Todas las culturas son antibíblicas porque quien dirige este mundo es Satanás (Ef. 2:2) y él ha cegado las mentes de los incrédulos para que no puedan ver el resplandor del evangelio (2 Cor. 4:4) y, peor aún, para que lo vean como locura (1 Cor. 1:18). Con el estudio de la Palabra y su diligente aplicación a nuestras vidas, progresivamente cambiaremos hasta parecernos más a Jesús (Rom. 8:29).

Quiero presentar otro ejemplo de un personaje bíblico que demuestra este principio en acción; alguien que, aunque tuvo una vida llena de tribulaciones, nunca expresó sufrimiento, porque su enfoque permaneció en Dios. José fue vendido por el celo de sus propios hermanos. Llegó a Egipto como esclavo y fue injustamente acusado por la esposa de su amo al querer hacer el bien, rehusando ceder a la seducción de dicha esposa, según vemos en Génesis 39:7-18. Pasó años encarcelado y ayudó al copero del rey a salir de la cárcel, pero este lo dejó olvidado hasta un momento de necesidad, cuando se acordó de José y el faraón lo mandó a buscar para que interpretara su sueño.

Dios interpretó el sueño de Faraón a través de José y eso permitió que José fuera nombrado primer ministro del país, el segundo al mando. Y cuando avanzamos algunos años, vemos por qué llegó a esta posición, vemos que perdonó a sus hermanos (los mismos que lo vendieron como esclavo), y en última instancia, el propósito de todo el proceso fue preservar al pueblo de Israel (Gén. 45:7). Cada injusticia que él vivió tenía un plan orquestado por Dios para que, cuando llegara a la madurez, pudiera ser utilizado por Dios como una tipología del perdón y la salvación a través de Cristo.

Al leer su historia, no puedo encontrar una sola ocasión donde él exprese una queja hacia la situación que vivía, pero sí podemos ver la confianza que tenía en Dios. Los eventos no dañaron su carácter, sino que lo fortalecieron. Es una historia que tipifica lo que Jesús nos dijo en Juan 16:33: «Estas cosas os he hablado para que en mí tengáis paz. En el mundo tendréis aflicción; pero confiad, yo he vencido al mundo». Esta es la esperanza que necesitamos y que está disponible cuando entendemos (aunque no exhaustivamente) tanto nuestro mundo caído como el carácter de Dios. No es creer falsamente que la vida será fácil, sino tener una esperanza a pesar de los percances, porque confiamos en un Dios capaz de darnos esperanza. Esta es la razón por la cual, en medio de un mundo incierto y en constante cambio, los creyentes pueden y deben seguir siendo los más esperanzados.

Mi esperanza con este libro es que podamos ser capaces de reconocer y combatir las mentiras del mundo en que vivimos. Porque si no las reconocemos ni las entendemos, corremos el riesgo de malinterpretarlas y aceptarlas como buenas. Nuestro enemigo es astuto, pero él fue derrotado en la cruz y ahora podemos tener victoria mientras nuestro Dios gana nuestras batallas (1 Sam. 17:47). La Palabra, aplicada por el Espíritu a cada individuo, no es solo el poder de la salvación, sino el poder por el cual Dios toma a Sus enemigos, que están muertos en sus pecados, y los convierte en Sus guerreros. Mi oración es que nuestro Señor abra nuestros ojos para que seamos soldados valiosos y valientes para Él. ¡Manos a la obra!

Dijo entonces Jesús a los judíos que habían creído
en él: Si vosotros permaneciereis en mi palabra,
seréis verdaderamente mis discípulos; y conoceréis la
verdad, y la verdad os hará libres.

Juan 8:31-32

01

¿Qué es la verdad?

¿Qué es la verdad y cómo la encontramos? Estas son las preguntas que quiero contestar en esta primera sección del libro. Y esta es la misma pregunta que Pilato le hizo a Jesús: «¿Qué es la verdad?» (Juan 18:38). Increíblemente, Pilato tuvo la Verdad absoluta físicamente en frente de él (Juan 14:6), pero no la reconoció, y necesitamos cuidarnos para que no nos pase lo mismo. Si queremos encontrarla, es crucial que entendamos lo que es para poder reconocerla. Según el diccionario de la Real Academia Española, la verdad se define como:[1]

1) La cualidad de veraz.
2) Propiedad que tiene una cosa de mantenerse siempre la misma sin mutación alguna.
3) La realidad.

Desafortunadamente, como vimos con Pilato, vivimos en un mundo que no reconoce la verdad porque vive en la mentira. Esto explica por qué este mundo tampoco ha estado interesado en conocer la verdad, al punto de que hoy en día, la gente tiene la tendencia de creer que la verdad absoluta no existe. ¿Cómo muchas personas

1. Diccionario de la Lengua Española, «Verdad», último acceso: 17 de febrero de 2024, https://dle.rae.es/verdad?m=form.

llegan a esa conclusión? Juan 3:19-20 nos explica «que la luz vino al mundo, y los hombres amaron más las tinieblas que la luz, porque sus obras eran malas. Porque todo aquel que hace lo malo, aborrece la luz y no viene a la luz, para que sus obras no sean reprendidas».

La existencia de la verdad es algo tan obvio como la presencia de la falsedad, ambas evidentes en los acontecimientos que vivimos todos los días. Sería sentido común pensar que, si hay falsedades en el mundo, por definición la verdad necesita existir para tener un marco de referencia y, por ende, necesitamos a alguien que la defina. Tanto en los creyentes como en los no creyentes, hay una tendencia a ignorar lo malo porque es un estorbo a su cosmovisión y consecuentemente para sus estilos de vida. En ocasiones, cuando encuentran algo malo en sus vidas, los no creyentes no logran explicarlo, porque reconocer la existencia del mal, por lógica, resultaría en la existencia de un Ser superior que lo define y se opone a ello. Como prefieren rechazar la idea de un Ser superior, sus conclusiones terminan siendo el fundamento de sus vidas, y determinan que Dios no existe, y por la necesidad de no definir el mal, ignoran lo que es obvio.

Lo interesante de esto es que siempre que niegas la existencia de Dios, llegas al relativismo moral, porque no hay nadie que establezca las reglas. Ciertamente, no hay nada nuevo debajo del sol como afirmó Salomón (Ecl. 1:9) porque este subjetivismo no comenzó en nuestra época, sino alrededor de 400 a. C., con Protágoras, cuando él dijo esencialmente que el hombre es la medida de todas las cosas y que determina la realidad y la moralidad.[2] Este

2. Fabián Coelho, «El hombre es la medida de todas las cosas», último acceso: 17 de febrero 2024, https://www.culturagenial.com/es/el-hombre-es-la-medida-de-todas-las-cosas/. Joshua J. Mark, Enciclopedia de la historia del Mundo, Protágoras, publicado el 2 de septiembre de 2009, https://www.worldhistory.org/trans/es/1-451/protagoras/.

primer grupo de personas, los no creyentes, básicamente rechazan la verdad, y sus eruditos tienen la necesidad de violar sus propios postulados para no aceptar la existencia de esta. No olvidemos que decir que no hay verdad absoluta y que todo es relativo, es un absoluto que viola lo que defiendes.

Por otro lado, la dificultad que vemos con muchos cristianos radica en que, al no conocer bien la Palabra, no logran entender cómo un Dios bueno permite que exista el mal. Para este segundo grupo, su falta de conocimiento o la ausencia de una cosmovisión bíblica le impide defender su fe. Si caemos en la idea de que Dios creó el mal, entonces podría ser entendible la duda de por qué Dios permite su existencia; sin embargo, la verdad nos dice que Dios creó todo bueno, y «bueno en gran manera» (Gén. 1:31). Hasta que la serpiente engañó a nuestros progenitores y entonces, todo cambió. Para entender cómo comenzó y, al mismo tiempo, la naturaleza del mundo en que vivimos, debemos entender, entre otras cosas, las maquinaciones de aquel que lo provocó.

Vemos que la primera pregunta registrada en la historia de la humanidad se encuentra en Génesis 3:1b: «¿Conque Dios os ha dicho: [...]?», una pregunta superficialmente inocente, sin embargo, malvada, porque fue hecha con intenciones de confundir y destruir, y eso es precisamente lo que Satanás logró. Cambió el rumbo de la humanidad desde entonces, y es con la misma pregunta que sigue confundiéndonos hasta el día de hoy. Pero nuestro sabio Dios no nos dejó sin advertencia, porque nos explica en Su Palabra que la meta del autor de esta pregunta es solo venir a hurtar, matar y destruir (Juan 10:10).

Ahora, ¿notas que el versículo de Juan 10:10 dice «no viene sino para» (o «solo viene para» en otras versiones)? Esto es porque ¡nada bueno viene del pecado! El pecado nos destruye, aunque en el momento, igual como hizo con Eva, nos convence de que pecar será maravilloso. Pero ¡cuidado! Al igual que le pasó a Eva, los resultados y las consecuencias de nuestros pecados son mayores de lo que imaginamos. Si obedecemos a Satanás, él nos alejará de Dios, robará nuestra paz, matará nuestros sueños y destruirá nuestro futuro y a los que nos rodean.

Dios creó un mundo bueno; sin embargo, el cambio fue producto de una traición «cósmica» instigada por la serpiente a través de la desobediencia de dos personas ingenuas e inexperimentadas: Adán y Eva. Personas que vivían en un mundo puro, que nunca habían experimentado algo pecaminoso y, por ende, no tenían ni idea de lo que era un engaño, mucho menos de que pudiera ser parte de uno mismo, y no calculaban la profundidad de las consecuencias que vendrían. Entonces, el más astuto de todos los animales creados (Gén. 3:1), engañó a nuestros primeros ancestros. ¿Cómo? ¡Con la mentira! ¿Es eso una sorpresa? ¡Claro que no! Si Dios es la Verdad, ¿no sería con la antítesis que Satanás obraría para oscurecer nuestras mentes y ojos espirituales, convirtiéndonos en ciegos? Recordemos que cuando estamos siendo tentados, nuestras emociones tienden a adormecer nuestra conciencia, haciéndonos menos conscientes del peligro y de las consecuencias de caer en la tentación.

La mentira funciona de una forma tan interesante que aún hoy, nosotros, que sí hemos vivido con los resultados de la caída, tampoco logramos ver las consecuencias que vendrán cuando pecamos. Y ¿por qué experimentamos consecuencias? Porque el pecado produce una separación de Dios (Isa. 59:2), y mientras más lejos estemos de Dios, menos de la Verdad podremos ver. El mundo donde Adán y Eva vivieron, que era un jardín que disponía de abundantes frutos, cambió a ser uno con espinos y abrojos, porque la tierra entera fue maldita (Gén. 3:17-18), y esto no describe únicamente la agricultura, sino que hasta el día de hoy, la creación entera gime con dolores de parto (Rom. 8:22). Desde el mismo momento de la caída, el mundo entero se convirtió en un campo de batalla: la batalla entre la verdad y la mentira, entre el bien y el mal, entre Dios y Satanás.

Por su propia naturaleza, estas dos fuerzas, la verdad y la mentira, por estar en oposición una con la otra, se quedaron en una hostilidad irreconciliable. El mundo, bajo la guía del maligno, opera bajo un sistema que es todo lo contrario al diseño de Dios. Una de las áreas afectadas es el matrimonio, ya que representa la relación entre Cristo y Su iglesia. La batalla es contra la familia, su significado y valor, y dentro de la familia misma es muy evidente.

Desde entonces, como una película de buenos y malos, cada ser humano tuvo que decidir en cuál lado de la batalla serviría. Aquellos que por gracia deciden quedarse con Dios, tienen que entender que los enemigos de Dios siempre estarán en guerra constante contra ellos. El simple hecho de reflejar la «Verdad» sería para el enemigo una declaración de guerra contra él. Aquellos que deciden quedarse sin Jesús son como prisioneros de guerra, sus mentes han sido tan cautivadas por el pecado que interpretan las mentiras como la verdad, y por ende, no pueden aceptarla. Lo peor de todo, es que viven conforme a su necedad; la misma falta de entendimiento está relacionada con su muerte espiritual, porque la única forma de discernir la verdad es a través de un espíritu nuevo (1 Cor. 2:14), adquirido al nacer de nuevo. Y esta misma maldición es precisamente lo que le da a Satanás la capacidad para dirigir a aquellos que no conocen a Jesús. ¡La lucha es con la verdad como nuestra espada del Espíritu que es la Palabra de Dios (Ef. 6:17)! Y esta es precisamente la razón por la cual Jesús vino al mundo, para dar testimonio de la verdad (Juan 18:37).

¡La verdad es justamente aquello que Satanás se esfuerza tanto por ocultar! Cada persona que entra en el reino de Dios es otra luz que irradia la Verdad, y como es tan poco común (Mat. 5:14-16), se hace inmediatamente reconocible. ¡Al convertirnos, nos convertimos en embajadores de Cristo y demostramos que la verdad no es una teoría, sino una realidad! Entonces, el enemigo siente la necesidad de destruirnos.

En cuanto a la ceguera, no fue simplemente una física, sino una peor, una ceguera espiritual que produjo un cambio en la forma de ver la realidad. No estamos ciegos físicamente, y por esto no reconocemos nuestra ceguera espiritual, sino que la vista fue distorsionada en una forma tal que ahora, cuando vemos el mundo, es con una perspectiva alterada, malinterpretando lo que ocurrió. Nuestra mente entenebrecida (Ef. 4:18) y nuestro corazón engañoso (Jer. 17:9) nos dan la ilusión de que estamos viviendo la realidad (Prov. 21:2) aun cuando estamos totalmente equivocados. Esto produce tropiezos en el camino, porque andamos como en la noche (Juan 11:10), que es algo aún más peligroso que ser ciegos físicos, porque al final, estamos siendo guiados en el camino de muerte (Prov. 14:12).

La meta de Satanás no ha cambiado. Él vino para destruir, y a través de la mentira que él promueve se han construido un sinnúmero de filosofías equivocadas, por las cuales el mundo define lo que es verdad. Nos enfrentamos a un serio problema, porque cuando no vemos la verdad, seguimos en la oscuridad y morimos en la mentira. Satanás comenzó con una mentira y seguirá usando el mismo método hasta el final, porque no hay verdad en él (Juan 8:44). Todo lo que hace es a través de la mentira, precisamente porque es el padre de toda mentira. Y nuestro deber es desarrollar discernimiento y sabiduría, porque aun cuando él habla verdades a medias, como vimos en el Edén, la intención de engañar las convierte en una mentira.

El discernimiento sobrenatural nos da la capacidad de entender que «no tenemos lucha contra sangre y carne, sino contra principados, contra potestades, contra los gobernadores de las tinieblas de este siglo, contra huestes espirituales de maldad en las regiones celestes» (Ef. 6:12), las cuales son físicamente imposible de identificar, porque no se pueden ver con un ojo físico. Cuando el Espíritu Santo abre nuestros ojos espirituales a lo que está ocurriendo, lo invisible se hace evidente. Necesitamos desarrollar estos ojos espirituales para entender la batalla en la cual nos encontramos. La realidad es que el enemigo es formidable, ya que no se trata solo de la persona de Satanás, sino de un ejército, compuesto de los ángeles que se rebelaron junto con él (Apoc. 12:3-4) y del mundo (Ef. 2:2).

Entonces, nuestro enemigo no es visible, es más poderoso que nosotros, y no hemos sido entrenados en las tácticas de lucha antes de entrar en la guerra, sino que aprendemos en medio de la batalla. ¿Cuál es la única forma de ganar? ¡Dejando que Dios pelee por nosotros! (Ef. 6), al aprender y aplicar la Escritura a nuestras vidas. Y para hacer esto, necesitamos la habilidad de evaluar la verdad, que es la alfabetización bíblica. ¿Es esto posible con los no creyentes? La respuesta es obvia, y entonces ellos han creado su propia forma de buscar la «verdad» a través de la filosofía secular. El problema radica en que esta sabiduría es terrenal, natural y diabólica (Sant. 3:15), porque está fundada sobre las mentiras de aquel que dirige este mundo. De hecho, 1 Juan 5:19 nos enseña «que el mundo entero está bajo el poder del maligno» (NBLA). Como creyentes, es importante entender la incapacidad de Satanás para tomar ventaja sobre nosotros (2 Cor. 2:11), la misma razón por la cual escribí este libro. Mientras Satanás, con la sutileza de su engaño, mantenga a los no creyentes buscando la verdad como un concepto, entonces ellos nunca encontrarán ni tendrán la necesidad de buscar a la Persona que es la Verdad, porque están buscándola en lugares equivocados, y aun viéndolo (como Pilato), no lo aceptan porque no están buscando a una persona, no están buscando a Cristo mismo; y más bien andan en búsqueda de su propia justificación a través de las mentiras que llegan a creer.

Entonces, ¿cómo llegó Satanás a tener este poder? Aunque la respuesta a esa pregunta pueda tener diferentes explicaciones, el mismo Jesús nos explicó. Podemos leerlo al estudiar la tentación de Cristo en el desierto por parte de Satanás. Recordemos las palabras de Satanás: «Y le dijo el diablo: A ti te daré toda esta potestad, y la gloria de ellos; porque **a mí me ha sido entregada**, y a quien quiero la doy» (Luc. 4:6, NBLA, énfasis añadido). Ahí radica su poder de influenciar al creyente y a todo el mundo. El poder que Satanás tiene ahora lo usa por el profundo odio a Dios mismo, y lo que hace es consecuencia de su deseo de destruir todo cuanto el Señor ha creado. Satanás tiene una guerra contra el Señor.

Sin embargo, nuestro corazón puede tener esperanza al saber que la historia no termina así, y lo podemos probar con el siguiente versículo, cuando Jesús dice: «He aquí os doy potestad de hollar serpientes y escorpiones, y sobre toda fuerza del enemigo, y nada os dañará» (Luc. 10:19). Estas palabras traen ánimo a nuestro corazón porque podemos llegar a sentirnos completamente impotentes y aterrorizados ante las circunstancias que estamos viendo. Aunque sigue siendo cierto que no podemos controlar lo que nos sucede, conocemos a Aquel que tiene el poder no solo para controlarlo, sino para dirigirlo según Sus propósitos. Dios no nos ha abandonado. Por eso es tan importante que podamos clamar al Señor usando las palabras del Salmo 91:2: «Diré yo a Jehová: Esperanza mía, y castillo mío. Mi Dios, en quien confiaré».

Aunque no sintamos el obrar de Dios por lo difícil que nos resulta ver en medio de la guerra —la cual, al ser espiritual, tampoco somos conscientes de ella—, sabemos que Él siempre está haciendo algo (Juan 5:17) y que todo obra para nuestro bien (Rom. 8:28). Los sentimientos nos ayudan a entender la influencia que tienen las circunstancias, las personas y nosotros mismos sobre nuestro corazón, pero tendemos a dejarnos controlar por nuestros sentimientos. Sin embargo, nuestros sentimientos nos alertan y nos urgen a que vayamos al único que tiene el poder para salvarnos, a Dios mismo. Jesús nos dijo que Él ha vencido al mundo y que nos protegerá. Nuestro trabajo no es entender, sino obedecer, aun cuando no vemos Su intervención. En el Antiguo Testamento, ni Josué ni Caleb vieron la mano de Dios obrar, pero confiaron, y en su obediencia, vieron la victoria. Aun sin ver Su obrar, confiamos en lo que está sucediendo, y algún día lo veremos, porque lo que vivimos ahora no es la historia completa.

Jesús es el Rey y Satanás solamente es un «príncipe» caído (Juan 12:31) que está destinado a terminar en el infierno. Él pagará el precio de arruinar el plan de Dios al distorsionar la tierra, que fue creada para declarar Su gloria (Sal. 19:1), y oponerse a aquellos que fueron creados para reflejar Su gloria (Gén. 1:26). Aquellos que no oyen la voz de la Verdad siguen a Lucifer (Luc. 11:23), y esto nos explica la razón del impacto que tienen sobre el mundo las falsas profecías y las historias sin fundamentos. Sin embargo, el poder de Dios es tan grande que, aun dejando a Satanás y a su ejército suelto para hacer lo que puedan, Dios utiliza la misma maldad que ejercen para formar a Sus hijos a Su imagen (Rom. 8:28-29) y para llevar a cabo Sus mejores propósitos (Hech. 4:27-28).

¿No es esto increíble? ¿No te infunde ánimo? Cada uno de nosotros fue sellado, y no importa lo que Satanás haga, seguiremos siendo transformados a Su imagen y llegaremos a nuestro hogar (Ef. 1:13). Y aunque este ejército malvado es cruel, y en ocasiones nos sintamos abrumados, en comparación a la gloria que nos espera, estas aflicciones son leves y pasajeras porque producen un eterno peso de gloria que sobrepasa toda comparación (2 Cor. 4:17). ¿Y cómo? Al no poner nuestra vista en las cosas que se ven, sino en las que no se ven (2 Cor. 4:18). Es una guerra ganada ya, porque Jesús despojó «a los principados y a las potestades, [...] triunfando sobre ellos en la cruz» (Col. 2:15). Aunque todo esto ocurrió en el reino espiritual y no lo hemos visto físicamente, todos los que tenemos la morada de Dios lo vivimos por fe, y esta misma fe es la que nos da la capacidad para interpretar y pelear las batallas en las cuales nos encontramos. Así que nos aferramos a Aquel a quien no podemos ver, sabiendo que Él está batallando por nosotros.

Entonces, ¿cómo encontraremos la verdad? ¡La única forma es a través del estudio de Su Palabra, que actúa como instrumento de santificación en nosotros (Juan 17:17), y por medio de una relación personal con la Verdad, que no es otro que Cristo mismo! Y aunque la batalla es intensa para nosotros, no lo es para nuestro Dios, y recordemos que la batalla es de Él (2 Crón. 20:15). Cuando Él habla, Sus ovejas oyen Su voz y lo siguen con la garantía de que nadie puede arrebatarnos de Su mano (Juan 10:27-28), ni siquiera un ejército malvado. Aunque no vemos las artimañas del enemigo, las sentimos y luchamos contra ellas confiados en la bondad de nuestro Dios. Entonces, rechazamos los caminos de este mundo y vivimos gozosamente por fe (Heb. 11:1), aun en medio de la batalla.

El pecado es el gran separador entre el mundo y Dios. Desde que entró, ha estado alejando a la humanidad y dividiendo a las personas a lo largo de la historia. Cuando Adán y Eva comieron el fruto prohibido, el pecado inmediatamente comenzó a formar barreras. Empezó separando a Adán y Eva de Dios, y esta separación se extendió hacia toda la humanidad al nacer separados de Él. Inicialmente, separó a Adán de Eva, y lo mismo sucedió con Caín y Abel, y ha continuado separando a todas las personas a lo largo de las generaciones.

En vez de disfrutar de una vida relacionada con Dios y en unidad, hay celos, envidia y enemistad aun dentro de las familias, al punto de que uno de los hijos de Adán y Eva (Caín) mató a su hermano (Abel). Observamos la profundidad de la destrucción producida por la pregunta de la serpiente, «¿Conque Dios os ha dicho?» (Gén. 3:1). Al seguir la voz de Satanás, perdemos nuestra relación con el Único que nos ama incondicionalmente (Isa. 59:2), el único Sabio que conoce desde el principio hasta el final, el único Todopoderoso que tiene la capacidad de controlar todo en Su universo para nuestro bien (Rom. 8:28), y el Único que garantiza nuestra salvación como eterna (Juan 10:28). Esta separación entre nosotros y nuestro Creador nos roba la paz, porque Dios es la única fuente de paz (Sal. 119:165). Y sin sabiduría, la cual también únicamente viene de Dios, destruimos nuestras vidas. Una pregunta tan sencilla y con la apariencia de inocencia nos demuestra la necesidad de caminar con Dios en todo tiempo. Al no caminar con Él, estamos lejos de Su protección. Si nuestros progenitores no fueron capaces de contestar una pregunta tan sencilla, cuando el mundo era bueno en gran manera, ¿cómo podemos nosotros contestar todas las preguntas difíciles que surgen de vivir en un mundo caído y complejo?

Entonces, ¿cómo podemos diferenciar entre la sabiduría verdadera y la diabólica (Sant. 3:15)? He venido construyendo la respuesta para esa pregunta a lo largo de este capítulo y en una frase la respondo: ¡siguiendo los pasos del Espíritu Santo! (Gál. 5:16). Todos tenemos áreas donde nuestras mentes están aún entenebrecidas y dirigidas por el enemigo (1 Jn. 5:19), y antes de venir a Cristo creíamos y andábamos como el mundo anda (1 Cor. 6:11). La batalla es feroz e imposible de ganar estando solos. En Efesios 6, Pablo nos advierte que nos revistamos con toda la armadura de Dios para que podamos resistir sus insidias. Además, nos recuerda que nuestro enemigo es invisible, y no debemos desenfocarnos mirando a la persona que Satanás está utilizando (Mat. 16:23). Como son huestes espirituales, toda nuestra munición es espiritual: el cinturón de la verdad, la coraza de justicia, el evangelio de la paz, el escudo de la fe, el yelmo de la salvación y la espada de la Palabra de Dios. Solo hay un camino de reconciliación que Dios ha puesto a nuestra disposición: Jesús, el camino, la verdad y la vida (Juan 14:6). Si queremos reconciliación con Dios, la misma vendrá solo a través de Jesucristo. Estábamos caminando con cierto juicio, pero Dios nos interceptó enviando a Jesús. Esta interrupción es una bendición, y es dada a aquellos que lo conocen personalmente. Gracias a la muerte y resurrección de Jesús y a Su sangre derramada, hemos sido reconciliados y el Espíritu Santo ha removido las escamas de nuestros ojos para ver la sabiduría verdadera y para que no quedáramos engañados con las filosofías falsas.

Mientras continúo desempacando a lo largo de este libro el peligro que existe en indagar en lugares equivocados confiando en nuestra propia inteligencia y no ir al Omnisciente que realmente es el único que puede contestar las preguntas correctamente, me gustaría que pudieras meditar en cuán bueno y recto es el Señor. Él enseña el camino a los humildes (Sal. 25:8-9) y por eso humildemente reconocemos nuestra insuficiencia y pedimos ayuda a Aquel que conoce todo (Sant. 1:5).

Gran parte de nuestra ignorancia proviene del problema existencial que tenemos: buscamos la verdad porque no nacemos en un mundo vacío, sino que absorbemos la filosofía del entorno en el que vivimos. Es crucial que reconozcamos que hemos sido influenciados y necesitamos aprender a interactuar de una manera bíblica, pidiéndole al Señor que nos muestre Su luz para que nos guíe y nos proteja de la mentira, mientras seguimos estudiando Su verdad, confiados en que Él no niega nada bueno a los que andan en integridad (Sal. 84:11).

Esto requiere intencionalidad en comparar lo que la cultura dice con lo que la Biblia enseña, ser guiados por el Espíritu Santo, decidir rechazar nuestras ideas y cuestionar todo lo que nuestra naturaleza pecaminosa cree, aceptando que no siempre tenemos la razón (Prov. 21:2). Aunque vivimos en diferentes culturas y cada uno utiliza diferentes palabras, todos nos enfrentamos a mentiras que básicamente suenan así: «Haz lo que quieras», «Complácete a ti mismo», y como la cultura quiere defender que no hay verdades absolutas, nos dice: «Haz lo que sea necesario para obtener lo que quieres», porque el fin podría justificar los medios. El ídolo colectivo del hemisferio occidental de nuestra época es conseguir dos cosas: paz personal e influencia.

Por el trastorno que ocurrió con la caída, es imposible que podamos pensar conforme por nuestra propia voluntad (Isa. 55:8), y peor aún, frecuentemente nuestros pensamientos son contrarios a lo que Dios demanda, lo cual muestra nuestra necesidad de ser guiados por el Espíritu. Por ejemplo, el mundo dice: «Haz lo que quieras», y la Palabra nos dice: «Deléitate asimismo en Jehová, y él te concederá las peticiones de tu corazón» (Sal. 37:4). El mundo te dirá que huyas cuando las cosas se pongan difíciles, pero el Señor nos dice que sigamos caminando sin rendirnos a través del fuego (la prueba), porque habrá una realidad que nunca hubiésemos imaginado, acompañada de amor más profundo y un gran gozo al otro lado, lo cual ocasionará la transformación de nuestra alma al conocer más al Señor (Sant. 1:12).

Según Aristóteles, el principio de la sabiduría es conocerse a uno mismo[3], mientras Dios nos dice que «el principio de la sabiduría es el temor del Señor, y el conocimiento del Santo es inteligencia»

---

3. Aristóteles, *Metafísica*, Libro *Alfa*, caps. I y II (Madrid: España, Editorial Gredos, 2000).

(Prov. 9:10, NBLA). Y esto muestra precisamente la diferencia entre la sabiduría verdadera y la terrenal (Sant. 3:15), el enfoque en Dios en lugar de en uno mismo. Enfocarnos en nosotros mismos es un cáncer; el cáncer de las relaciones es el egoísmo y la cura es considerar a los demás como superiores a nosotros mismos (Fil. 2:3-4).

Lo que el mundo ofrece es solo contentamiento temporal, mientras Dios nos ofrece algo mucho mayor, el gozo eterno que solo se encuentra caminando en Sus testimonios (Sal. 119:14). Y es aún más complicado, porque incluso caminando con Él, debemos evaluar si nuestras motivaciones son las que Dios quiere, aun cuando por las acciones pareciera que sí, porque tenemos corazones engañosos.

Es muy fácil confundirse si no es la Verdad la que nos está guiando. Es la diferencia entre dar en el blanco o justamente al lado del blanco. Lo que hemos visto sobre las generaciones con las diferentes filosofías es que el problema radica en que creemos que tenemos la razón, y por ende consideramos que el área donde dimos es el blanco de la diana. El blanco verdadero no cambia; sin embargo, cuando aceptamos el área donde dimos como el blanco, entonces el blanco siempre está cambiando, y con el tiempo, nuestro blanco está situado progresivamente más lejos del blanco verdadero. Entonces, el problema no es solo que creemos que somos capaces de encontrar el blanco sin la dirección de Dios, sino que creemos que hemos dado en él cuando realmente estamos lejos. Las personas alrededor pueden ver que no es la verdad, y por esto siguen cambiando. He notado, al estudiar filosofía, que la mayoría de las veces se trata de miles de pequeños cambios tan leves que, en tiempo real y en la cotidianidad, no se registran. Es solamente cuando evaluamos, mirando hacia atrás, que se nota la progresión de las ideas.

En conclusión

Como hemos planteado en este capítulo, anterior a la caída, la verdad era evidente. Luego que el pecado entró al mundo, los errores nos alejaron de la verdad de Dios y cada generación ha creado cambios que se superponen a los errores de la generación anterior y, entonces, cada generación está más lejos de la verdad que la anterior. Aunque la evolución de seres vivos no existe, la evolución de ideas sí, y explica cómo hemos llegado al punto en que estamos verificando lo que Richard Weaver dijo: «Las ideas tienen consecuencias».[4] Sócrates, generaciones atrás, reconocía con su inteligencia y discernimiento natural que «una vida sin examen no merece la pena ser vivida»[5], y hoy no es diferente. Él no estaba en la verdad, no conocía a Dios; sin embargo, estaba más cerca en comparación a nuestros filósofos de hoy. Creía en «alguien» perfectamente bueno y sabio, que le dio la habilidad de reconocer su ignorancia. Hoy en día, esto es algo que hemos perdido, porque cada cual cree que tiene la razón y hace lo que le parece bien a sus propios ojos. La «verdad» de cada generación ha cambiado precisamente porque no es la verdad; sin embargo, lo que se ha quedado igual es la ignorancia de pensar que la verdad puede ser encontrada sin Dios.

La guerra espiritual que comenzó en el momento narrado en Génesis 3 seguirá hasta que Cristo vuelva como Rey, y encontrar la verdad es lo que cada uno de nosotros debería hacer, porque la respuesta dirigirá nuestra vida terrenal y, finalmente, la eterna. Los filósofos también lo hacen usando la razón y el discernimiento

---

4. Richard Weaver, *Ideas Have Consequences* (Chicago: University of Chicago Press, 1948).

5. Sócrates, «Una vida sin examen no merece la pena ser vivida», último acceso: 25 de febrero de 2025, https://www.culturagenial.com/es/una-vida-sin-examen-no-merece-la-pena-ser-vivida/.

natural, y aunque algunos pueden acercarse a la verdad, desafortunadamente no llegarían al blanco. Aunque Pilato buscó la verdad en la fuente correcta, aun así, no logró encontrarla, porque la única forma de verla es con la iluminación del Espíritu Santo: «nadie conoce los pensamientos de Dios, sino el Espíritu de Dios» (1 Cor. 2:11, NBLA). La realidad es lo que leemos en Juan 14:6: «Jesús le dijo: Yo soy el camino, y la verdad, y la vida; nadie viene al Padre sino por mí». La pregunta tan sencilla de la serpiente, aunque no fue contestada, nos trastornó tanto que tenemos una ceguera incurable en manos humanas, y nos lleva a preguntar: «Cuando Dios nos salva, ¿se nos remueve la ceguera completamente e inmediatamente pensamos como cristianos?». Y la respuesta es simple: ¡claro que no! Aun con la morada del Espíritu en nosotros, como creyentes, nos equivocamos, y por eso necesitamos seguir transformando nuestras mentes. Dios cambió nuestra disposición al momento de nacer de nuevo mediante el poder del Espíritu de Dios, quien permanece morando en nosotros y quien pone en nosotros tanto el querer como el hacer (Fil. 2:13); sin embargo, necesitamos ocuparnos en nuestra «salvación con temor y temblor» (Fil. 2:12b), aprendiendo y aplicando la verdad a nuestras vidas. Es imposible encontrar la verdad a menos que Dios mismo dirija nuestras mentes a través de la morada del Espíritu Santo en nosotros, para ser capaces de «escuchar» Su voz en nuestro interior.

Uno podría preguntarse: ¿por qué los no creyentes siguen buscando la verdad a pesar de que no la han encontrado? Porque, como Blaise Pascal dijo: «Hay un vacío en forma de Dios en cada persona que no puede ser llenado por ninguna cosa creada, sino solo por Dios el Creador, dado a conocer a través de Jesucristo».[6]

6. Blaise Pascal, Dover Philosophical Classics, *Pensées, VII* (Garden City, NY: Dover Publications, 1662), 425.

La frustración del mundo sigue igual porque, al no conocer a Cristo y tener el recordatorio de la eternidad que Dios ha puesto en sus corazones (Ecl. 3:11), nunca lograrán encontrar el blanco. Como los no creyentes no oyen la voz de Dios (Juan 18:37), y Él nos ha creado con este vacío que necesitamos llenar, la manera en la cual ellos siguen buscando la verdad es a través de las filosofías humanas. Como no pueden llenar un vacío que tiene el tamaño de Dios, siguen inventando ideas con la expectativa de que serán satisfechos, pero cuando de nuevo el vacío se queda, surgen otras filosofías y entran en este círculo vicioso. Con cada nueva idea que no los llena, el anhelo sigue creciendo y entonces, buscan de nuevo en la próxima «verdad». Y como vimos en la definición de la verdad, los constantes cambios muestran que lo que han creído no puede ser verdad. Están en una caminadora estática, pueden llegar a correr mucho, pero sin avanzar.

Entender la búsqueda en la que se encuentra el mundo entero nos ayuda a saber cómo abordar y entender las artimañas del enemigo para estar equipados y poder discernir de manera astuta como las serpientes (Mat. 10:16) y entonces, continuar siguiendo los pasos del Señor con mayor efectividad. Aunque la batalla es del Señor (Deut. 20:4), como buenos soldados, parte del entrenamiento para la guerra es reconocer al enemigo. Cuanto mayor sea nuestro conocimiento, menos heridas sufriremos y mayor será nuestra efectividad. Sabemos que Dios ganará, pero mientras tanto, caminar con Él y observar Su carácter nos ayudará a reconocer Su manera de luchar contra las tinieblas.

Él ha hecho todo apropiado a su tiempo.
También ha puesto la eternidad en sus corazones,
sin embargo, el hombre no descubre la obra que Dios
ha hecho desde el principio hasta el fin.

Eclesiastés 3:11, NBLA

02

La búsqueda de la verdad desde la antigüedad

La palabra *filosofía* es derivada de dos palabras griegas: *philo,* que significa «amor», y *sophos,* que significa «sabiduría». Al combinar estas dos palabras, tenemos «el amor a la sabiduría».[1] De una manera más clara para el lector, podríamos decir que es el estudio de las preguntas básicas acerca de la relación entre el pensamiento, el ser humano y la realidad que lo rodea. A manera de ilustración, veamos las siguientes preguntas:

- ¿Por qué existimos?
- ¿Por qué estamos aquí y cómo debemos vivir?
- ¿Cuál es la naturaleza de la realidad?
- ¿Cómo definimos el conocimiento?
- ¿Quién o qué es el hombre?

1. Notas tomadas del curso: *Introduction to Western Philosophers* [Introducción a los filósofos occidentales], lección 1 (Hillsdale College, Profesor Nathan Schlueter), https://online.hillsdale.edu/courses/promo/introduction-to-western-philosophy?utm_medium=pmax&utm_source=google&utm_campaign=west_phil_oc&utm_term=&utm_content=oc_course&cq_cmp=17816421581&gad_source=1&gclid=CjwKCAiA2cu9BhBhEiwAft6IxGKkMNCTGdIsvCmNoolYFHn-2BoDf7TXTuUZ3MKRZOWSz4akwBkaJRRoCD6kQAvD_BwE (Último acceso: 2024).

- ¿Cuál es el propósito de la vida del ser humano?
- ¿Hay esperanza para el futuro y hay vida después de la muerte?

Al evaluar la lista de preguntas, es obvio que hay una relación muy estrecha entre la filosofía y la teología, porque son las mismas preguntas que Dios ha puesto en nuestros corazones para reconocer el vacío que llevamos en nosotros y para dirigirnos hacia Él. Son preguntas que podemos hacer como producto de la eternidad que Dios ha puesto en nuestros corazones. La falta de respuestas solamente aumenta el vacío existencial que cada ser humano tiene. Sin embargo, como el mismo versículo de Eclesiastés 3:11 nos enseña, el ser humano no puede descubrir en su totalidad la obra que Dios ha hecho. Siempre nos quedaremos con las preguntas y las respuestas que sean ocultas y reveladas por el Señor.

El ser humano, en su búsqueda de la verdad, ha desarrollado un sistema que incluye diferentes herramientas como la formulación de preguntas, la reflexión y el análisis, donde se cuestionan las creencias que hemos absorbido inconscientemente por la cultura en la cual nacemos y vivimos. La sociedad, en su mayoría, tiene una tendencia a no investigar, conformándose y aceptando «la vida tal como es» o, mejor dicho, lo que su cultura cree y ha replicado con el tiempo. Estas personas (que son la mayoría) se resignan y no indagan acerca del porqué de su entorno, y continúan sus vidas ocupadas en el trabajo y en el placer momentáneo. Sin embargo, hay personas, como los filósofos, que quieren saber más, y entonces indagan.

Quiero que consideres el arte de pensar como un filósofo, como una actividad de reconstrucción. Hay dos pasos básicos involucrados en cualquier reconstrucción: primero, debes desmantelar ciertas ideas y, segundo, debes volver a armarlas de manera diferente. Todos los pasos específicos que suponen esas dos áreas dependen del tipo de reconstrucción. Para los cristianos, los principios bíblicos se convierten en nuestra herramienta de demolición para desmantelar lo que no corresponde a la verdad. Así lo expone Pablo en 2 Corintios 10:5: «derribando argumentos y toda altivez que se levanta contra el conocimiento de Dios, y llevando cautivo todo pensamiento a la obediencia a Cristo». Una vez completado el desmantelamiento, empezamos a reemplazar las falsas creencias con la verdad, según lo que Pablo menciona en Filipenses 4:8-9: «Por lo demás, hermanos, todo lo que es verdadero, todo lo honesto, todo lo justo, todo lo puro, todo lo amable, todo lo que es de buen nombre; si hay virtud alguna, si algo digno de alabanza, en esto pensad. Lo que aprendisteis y recibisteis y oísteis y visteis en mí, esto haced; y el Dios de paz estará con vosotros». Tal como en una reconstrucción de un edificio o una habitación, estos dos principios son vitales para que empecemos a transformar nuestra mente (Rom. 12:2). Es importante recordar que, en la búsqueda de la verdad, para desmantelar las ideas equivocadas necesitamos separarnos de ellas, movernos a un lado y pararnos en terreno firme, y así evitaremos caernos o ser golpeados con los pedazos que van cayendo de la demolición.

El problema con una filosofía lejos del consejo divino es que la verdadera sabiduría no está presente. La fuente de la sabiduría y de la verdad es el Señor mismo. El mundo está en serios problemas porque se niega a admitir que la Biblia no solo contesta todas estas preguntas, sino que es el único lugar para encontrar la verdad. Estos argumentos pueden sonar exclusivistas, pero en sentido fundamental, la verdad por definición es exclusiva. Pero no me malentiendas, de ninguna manera estoy etiquetando a los filósofos como personas sin inteligencia, porque esto sería una falacia. Son personas muy inteligentes; solo estoy planteando lo que es evidente para el que conoce lo que Dios ha revelado: para llegar a la verdad, necesitamos la revelación de Dios a través del Espíritu Santo. Los filósofos han sido brillantes en su escrutinio de las ideas al intentar contestar estas preguntas; sin embargo, la teología bíblica es la única fuente para encontrar las respuestas, pero estas solo se disciernen espiritualmente, según leemos en 1 Corintios 2:14. Es imposible contestar estas preguntas según la razón humana, porque caeríamos en desesperación al ver nuestras limitaciones.

La teología busca y encuentra las respuestas en lo externo del hombre, en el corazón de Dios que está revelado en la Biblia, mientras que la filosofía busca las respuestas desde el interior del hombre. De nuevo, vemos que el encuentro con la verdad depende de dónde ponemos nuestra confianza, en Dios o en el hombre. Solamente el Creador, el inmutable y omnisciente, es la fuente, e increíblemente, como Él es eterno, durará por todas las generaciones. La filosofía está basada en lo que el hombre piensa, pero el pensamiento humano siempre está cambiando; por lo tanto, el hombre se contradice a sí mismo, a diferencia de la verdad de Dios que por definición, nunca debe ni puede cambiar. Entonces, esto nos deja entender que las conclusiones del hombre son erróneas y quedan descalificadas. Solo Dios conoce el pasado, el presente y el futuro, y no solamente lo que ocurre, sino también las intenciones del corazón detrás de cada acción humana. Vemos Su soberanía y omnipotencia en llevar a cabo Su plan, pero también vemos Su omnisciencia, perfección e inmutabilidad. Como Dios es perfecto, no puede cometer errores. Él es el único que puede ser inmutable, el ingrediente necesario para ser la verdad.

Entonces, la razón por la cual los filósofos modernos llegaron a la conclusión de que la verdad no existe es que, para existir, debe ser inmutable, y el único con ese atributo es el Señor. Ellos no han encontrado la verdad a pesar de estar tanto tiempo buscándola, y al reconocer las fallas, siempre necesitan cambiar sus ideas, que en sí confirma que ya no pueden ser verdad, debido al cambio. La han buscado en todos los lugares equivocados; por lo tanto, han llegado a la conclusión de que no debe existir. Pero ¿por qué siguen formulando nuevas filosofías si creen que la verdad no existe? Porque están buscando la forma de llenar el vacío interno (Ecl. 3:11), lo cual los empuja a seguir la búsqueda, pero al mismo tiempo justifica su incapacidad al no encontrar la verdad de la que venimos hablando. Si la verdad absoluta no existe, ellos quedan bien ante sus propios ojos, y al mismo tiempo pueden justificarse porque no hay lugar para encontrarla... así parece.

Muchos historiadores suelen afirmar que el mundo antiguo fue cubierto por una gran nube de desesperanza por el vacío que experimentaban al perder las tradiciones en el intercambio con las diferentes culturas producidas por el comercio. Además, inconscientemente, se dieron cuenta de que sus religiones no podían impactarlos en esta vida ni prepararlos para la venidera. ¿Te luce diferente a lo que vemos hoy? La verdad es que no, porque no hay nada nuevo bajo el sol (Ecl. 1:9), como ya dijimos en el capítulo anterior. El mismo que dirigía o permitía el desarrollo de la cultura antigua es quien la dirige hoy (Ef. 2:2). Lamentablemente, muchos buscan la verdad en los lugares equivocados; aunque quieren los beneficios que Dios ofrece, sin las responsabilidades que Él demanda. Muchos maestros del pasado y del presente tienen la apariencia de piedad, pero niegan el poder de Dios porque no quieren a Cristo, el Único que puede concederles lo que ellos han estado buscando para sentirse completos y satisfechos (2 Tim. 3:5). Como bien dice C.S. Lewis en su libro *Mere Christianity* [Mero cristianismo]: «Si encuentro en mí un deseo que ninguna experiencia en este mundo puede satisfacer, la explicación más probable es que fui creado para otro mundo. Si ninguno de mis placeres terrenales lo satisface, eso no prueba que el universo sea un fraude. Probablemente los placeres terrenales nunca fueron concebidos para satisfacerlo, sino solo para despertarlo, para sugerir la (verdadera) realidad» (énfasis añadido).[2]

Antes de Jesús, algunos filósofos creían en lo sobrenatural, en un dios (o grupo de dioses), que no era el Dios de la Biblia; sin embargo, a diferencia de hoy, todavía creían que la verdad existía y que eran capaces de encontrarla. Al revisar varios filósofos antiguos y su impacto en las generaciones, tres de ellos continúan sobresaliendo e influenciando la historia dentro y fuera de la iglesia. Sócrates, Platón y Aristóteles, filósofos que proporcionaron sus enseñanzas hace más de 2300 años, continúan impactando nuestras creencias en el presente. Los tres fueron de la misma época: Sócrates vivió entre 470 y 399 a. C. y fue maestro de Platón, quien vivió entre 428 y 348 a. C., el cual a la vez fue maestro de Aristóteles, quien vivió entre 384 y 322 a. C. Este último fue el tutor de Alejando Magno, quien vivió entre 356 y 323 a. C. Desde entonces, estos tres filósofos han sido la base de la filosofía moderna en Occidente. Fueron hombres muy inteligentes que aún hoy sobresalen por su capacidad de pensamiento y sus enseñanzas.[3] El problema es que, para deconstruir sus creencias, necesitamos construir sobre la base teológica fundamental y perfecta que esté exenta de la crítica por su misma perfección. Muchos comienzan mal porque están construyendo sobre un terreno muy inestable. Cristo mismo nos dijo que, a menos que creamos y luego obedezcamos Sus palabras, estamos edificando nuestra casa sobre la arena, y cuando vienen las tormentas, se derrumba (Mat. 7:24-27). Si no se conoce a Cristo, quien es la Verdad, es imposible encontrar esa verdad que muchos tanto buscan.

---

2. C.S. Lewis, Mere Christianity, (Great Britain: Garden City Press, primera edición, 1952), Loc 1699 de 2781, versión Kindle.

3. Ver al final de este capítulo varias fuentes bibliográficas que podrías usar para ampliar tus conocimientos sobre estos pensadores y otros filósofos mencionados en este libro.

Para entender dónde estamos hoy, es necesario volver a la antigüedad, porque estos tres filósofos, que acabamos de mencionar, establecieron el fundamento de nuestras creencias modernas. Obviamente, dicho fundamento ha ido cambiando, pero si no entendemos el origen de las creencias, tendremos un hueco en nuestro entendimiento de la cosmovisión de hoy, y esto incluye tanto lo filosófico como lo científico y lo religioso, para entender cómo una idea nos llevó a la otra.

Algo clave es entender que los tres filósofos eran griegos; provenían de la cultura que lideraba el mundo occidental, aunque en 146 a. C. los romanos comenzaron a reinar y mezclaron las dos culturas. Ambas culturas tenían sus dioses, que eran más como humanos con superpoderes que deidades en sí mismas, como era de esperarse. Los griegos edificaron la sociedad sobre la *polis*, entendida como la ciudad o estado, compuesta de ciudadanos. Por otro lado, los romanos los imitaron, pero como los dioses, no reales, de ambas culturas no fueron capaces de mantener la armonía, eventualmente colapsaron. Los romanos llegaron a llamar dioses a sus autoridades, y cualquier acción que amenazaba la *pax romana* o paz estatal era tratada con firmeza, probando que los 'dioses humanos' tampoco eran capaces de mantener la armonía.[4]

---

4. La información para esta introducción fue tomada de varias fuentes de investigación; entre ellas, se recomienda revisar el escrito de Lesley J. Vos., *Western Philosophers & their Influence on Modern Thought*, https://academichelp.net/humanities/philosophy/western-philosophers.html. Por otro lado, tenemos el escrito de Patrick Lancaster Gardiner, *Philosphy of History*, www.britannica.com/topic/philosophy-of-history. John Greenbank, The Key Ideas of Western Philosophy (Philosophy Now, 2014), https://philosophynow.org/issues/105/The_Key_Ideas_of_Western_Philosophy. Jennifer Gunner, M.Ed., *Historical Eras: List of Major Time Periods in History*, actualizado 9/3/24, Lifeway. Henri Chambre, David T. McLellan, Britannica, *The nature of Western philosophy*, https://www.britannica.com/topic/Western-philosophy/General-considerations.

Sócrates

Ahora, para entender la condición política y social de los tiempos de Jesús, comenzaré exponiendo las creencias de los filósofos antes de Su llegada. Alrededor de 300-400 a. C., el movimiento del **sofismo** estaba formándose, el cual sostenía que la verdad no existía o que, si existía, era imposible conocerla. Algo parecido creen muchos hoy en medio del relativismo de nuestros días, como veremos más adelante. Sócrates fue muy astuto al anticipar y enseñar que la muerte de la verdad traería la muerte de la civilización, ya que el barbarismo reinaría.[5] Aunque Sócrates fue el primero de los tres pensadores mencionados más arriba, todo lo que conocemos de él es a través de su discípulo Platón, porque él no escribió sus enseñanzas, sino que las impartía de manera oral. Su método consistía en hacer una serie de preguntas con la intención de que cada una de las respuestas dadas fuera disminuyendo las alternativas posibles hasta llegar a la respuesta «correcta».

Este método se conoce como el método dialéctico socrático. El cambio que él introdujo fue en la forma de pensar como un intento de producir un cambio en el pensamiento intelectual de su tiempo, basado en la física o lo terrenal, hasta llevarlo al ámbito abstracto de la ética y la moralidad. Su propósito al buscar el conocimiento fue encontrar la sabiduría necesaria para vivir una vida virtuosa. Sin embargo, lo que necesitamos entender es que la definición de Sócrates de la vida virtuosa no es la que Dios ha revelado en Su

---

5. Notas tomadas del curso *Introduction to Western Philosophers*, lección 1 (Hillsdale College, Profesor Nathan Schlueter), último acceso: 2024, https://online.hillsdale.edu/courses/promo/introduction-to-western-philosophy?utm_medium=pmax&utm_source=google&utm_campaign=west_phil_oc&utm_term=&utm_content=oc_course&cq_cmp=17816421581&gad_source=1&gclid=CjwKCAiA2cu9BhBhEiwAft6IxGKkMNCTGdIsvCmNoolYFHn2BoDf7TXTuUZ3MKRZOWSz4akwBkaJRRoCD6kQAvD_BwE

Palabra, sino que se trataba más de la excelencia moral según la sabiduría del hombre, lo cual no implicaba solamente comportarse de una determinada manera, sino también comprender por qué ese comportamiento era moralmente correcto.

A simple vista, podemos notar que este estilo de vida estaba más basado en un intelecto moral que en la virtud bíblica, y eso nos lleva a la pregunta obvia: ¿quién puede decir cuáles son las virtudes que debemos cultivar? Para nosotros, los cristianos, el Dios creador descrito en la Biblia es quien determina entre el bien y el mal, entre lo sagrado y lo profano. Pero para Sócrates, la verdadera sabiduría consistía en reconocer tu propia ignorancia, tener un compromiso con la búsqueda del conocimiento para la superación personal y aplicarlo a la vida diaria. Su meta era buscar la «vida buena» lograda a través del desarrollo de las virtudes morales e intelectuales.

En ese entonces, todavía existía un cierto deseo de moralidad en la cultura; el problema consistía en la manera como se procuraba definir, que en el caso de Sócrates, era contentamiento y satisfacción. Sócrates era un hombre casado y con hijos, pero muchos eruditos de la historia mencionan que tubo cierta atracción sexual por los varones jóvenes.[6] Rechazaba la idea de que la gente hacía cosas malas intencionalmente. Más bien, Sócrates pensaba que las malas acciones de los hombres eran debidas a la ignorancia de la verdad y, por tanto, creía que la intención de todos consistía en mejorar tanto como fuera posible para llegar a la meta.

En cuanto al punto de vista socrático sobre Dios, ¿qué pensaba Sócrates acerca de la existencia de Dios? Sócrates vivía en Atenas, donde se sabe que el politeísmo era la creencia aceptada por la sociedad de ese entonces. El dios concebido por Sócrates era

6. A.C. Grayling, The History of Philosophy (New York: Penguin Books, 2019), versión Kindle, pag. 59.

perfectamente bueno, sabio y racionalmente moral. Los dioses de los atenienses fueron creados, descalificándolos como los creadores del mundo, y hechos semejantes a los humanos no solamente en cuanto al conocimiento, sino también en sus emociones y acciones, incluidas las malvadas. De hecho, es interesante que Sócrates pensaba que parte del ser humano era el deseo de mejorar para llegar al «bien», aun cuando los dioses de la mitología griega fueron tan pecaminosos como los humanos. Los dioses eran seres hambrientos de poder, y el pueblo necesitaba ofrecer sacrificios y hacer rituales mediante ceremonias para apaciguarlos. En las vidas de estos dioses, había incesto, traición, promiscuidad, asesinatos, guerras, y acciones similares; todo lo que el Dios de la Biblia, el único Dios verdadero, no es capaz de hacer ni tolerar.

A diferencia de su cultura, Sócrates tuvo una creencia «más cercana» a quién era Dios que la concebida por la sociedad en la que vivía, pero, aun así, se hallaba muy lejos de entender quién es el Señor del cielo y la tierra. Su dios era bueno y moral; sin embargo, todavía era más parecido a los hombres que al Dios perfecto de la Biblia. Como su dios era parecido a nosotros, los humanos, entonces sería factible llegar al concepto de lo «bueno» con nuestro intelecto y a través de nuestras acciones durante la vida. La decadencia moral del hombre descrita en la Biblia no era parte de su cosmovisión, porque su dios no era un ser santo, sino «bueno». Ahora, no es lo mismo decir que Dios es bueno a decir que Dios es bueno y santo; el Señor es el único bueno (Mar. 10:18), pero también es tres veces santo (Isa. 6:3), y esta sola diferencia, entre muchas otras, crea una separación al tratar de entender la similitud que guarda Dios con el ser humano.

En su vejez, Sócrates fue condenado a la muerte por corromper a la juventud de Atenas con sus ideas no ortodoxas, llevándolos a no creer en los dioses atenienses, y murió a consecuencia de ser condenado a beber una copa de cicuta (planta muy venenosa), demostrando el poder de una cosmovisión político-cultural. Sin embargo, sin la iluminación de Dios, no sabía cómo definir la moralidad ni dónde buscarla. El contentamiento y la satisfacción, como nosotros los entendemos, no pueden ser la meta de la verdad, y veremos cómo esta meta no solamente ha persistido, sino que ha avanzado. La Palabra de Dios nos habla de la necesidad de «superarse» en la vida, pero no en el mismo sentido, y por eso la palabra habla de la necesidad de ser **regenerados** hasta el punto de que nuestra naturaleza es cambiada (2 Cor. 5:17). Esto trae consigo una nueva forma de pensar que requiere la renovación de la mente. Pero ¿para qué? Para que podamos verificar cuál es la voluntad de Dios que es buena, aceptable y perfecta (Rom. 12:2).

Sócrates creía que todo el mundo quería mejorar y, por lo tanto, no debíamos suponer nunca que el ser humano de manera intencional estaba inclinado hacia la maldad. Confiaba en la naturaleza humana y creía que, si alguien hacia lo malo, era por ignorancia. El problema es que para ser así, el hombre tendría que ser bueno por naturaleza, y Dios ha revelado en Su Palabra claramente que «Todos se desviaron, a una se hicieron inútiles, no hay quien haga lo bueno, no hay ni siquiera uno» (Rom. 3:12).

Sócrates tenía un concepto pequeño de Dios. Para él, Dios no era santo, sino perfecto en Su sabiduría y bondad, y Su plan era mejorar las almas para hacer al hombre perfectamente bueno. El problema es que es imposible que lleguemos a la perfección a la manera de Dios, aun después de ser regenerados por Dios, ya que Él es infinito y nosotros somos finitos.

Ahora, si todos estos puntos propuestos por Sócrates fueran el fundamento de las siguientes generaciones a partir de sus días, entonces estaríamos en problemas. Cuando el cimiento está agrietado, lo que sea que se coloque encima será tan inestable como arena movediza. Las ideas están siendo construidas sobre una base inestable, y como era de esperarse no lograrán pasar la prueba del tiempo.

Luisa Vallon Fumi, septiembre 2023

Sócrates (470–399 a. C.)

Platón

El segundo filósofo de interés es Platón, conocido como un discípulo de Sócrates, a quien él respetó y admiró mucho. Platón propuso la existencia de dos mundos: 1) **Un mundo ideal** fuera del tiempo y del espacio donde existían los modelos o patrones de las cosas, a las que consideró perfectas y a las que llamó «formas». 2) **Y un mundo natural** donde existen las cosas que vemos a nuestro alrededor. En otras palabras, Platón enseñó que la realidad que vemos o percibimos a nuestro alrededor es una copia imperfecta de un mundo más perfecto que él llamó el mundo de las «formas». Por ejemplo, las sillas pueden ser diferentes una de otra; sin embargo, es una silla porque tiene la esencia de la «forma» de una silla. Nunca hemos visto la silla perfecta, pero debemos aspirar a crearla.

Entonces, la esencia de cualquier cosa no está en la realidad terrenal que vemos a nuestro alrededor, sino en lo que uno piensa de ella.[7]

El concepto de la perfección de Dios desarrollado por Platón era parecido al de Sócrates, pero, de nuevo, muy lejos de la verdad, porque pensaba que Dios utilizaba las «formas» en Su perfección para moldear un universo que fuera eterno y, por lo tanto, no creado. Él sostuvo que el alma era inmortal y con la muerte era liberada del cuerpo donde estaba atrapada, ya que el alma pertenecía al mundo de lo eterno, conocido también como el mundo de las formas mencionado más arriba. Además, pensaba que el alma había tenido muchas vidas terrenales.[8] Platón afirmaba que todo lo que aprendemos mientras vivimos es una recolección de lo que el alma ya sabía. Como, para él, las «formas» eran perfectas, vivir una vida virtuosa estaba íntimamente relacionado con una comprensión de las «formas».[9] Platón, al igual que Sócrates, pensaba que se puede llegar a tener una vida virtuosa cuando uno se esfuerza para alinear sus acciones con «lo bueno o el Bien», que según Platón era algo que se encuentra en el mundo de las ideas o de las «formas». La educación era algo crucial para poder conocer el «Bien» y para vivir consecuentemente una vida virtuosa, lo cual llevaría a una mejor sociedad.

De nuevo, vemos que la meta de cada individuo era tener una vida virtuosa que reflejara lo «bueno»; sin embargo, para Platón no había un Dios bueno, perfecto y santo, sino que todos los objetos tenían una «forma» perfecta. Si analizamos un poco su pensamiento, nos percatamos de que Platón nunca consideraría la posibilidad de que el cuerpo humano fue creado a la imagen de Dios

7. W. J. Korab-Karpowicz, «Plato: Political Philosophy», Internet Encyclopedia of Philosophy, https://iep.utm.edu/platopol/.

8. Plato, The Dialogues of Plato, A Bantam Classic, versión Kindle, págs. 86-98.

9. Philosophy Institute, *Plato's Foundational Ideas*, 29 de septiembre de 2023, https://philosophy.institute/western-philosophy/platos-ideas-influence-western-thought/.

(Sal. 139:13-14), sino que dicho cuerpo es algo de lo que deberíamos liberarnos porque es un estorbo que ha producido toda la maldad en el mundo. Y así podremos alcanzar la meta de la vida, que es la autorrealización en la cual, a través de los hábitos virtuosos, el carácter «bueno» se revela o se desarrolla.

Lo cierto es que, si comparamos esta creencia con la verdad bíblica, el cuerpo fue creado en perfección y la caída distorsionó todo el diseño de Dios. Luego de la caída, nuestra naturaleza no es «buena», sino pecaminosa a tal grado que todas las facultades del ser humano quedaron corrompidas por el pecado. A menos que el Espíritu Santo nos regenere, es imposible practicar «lo bueno», porque la caída esclavizó la voluntad al pecado y a pesar de nuestra santificación con el paso de los años, luego de nacer de nuevo, no alcanzaremos la «perfección» o el estado sin pecado hasta entrar en gloria, luego de nuestra muerte. Por otro lado, el alma no necesita ser liberada del cuerpo, sino que está aún siendo santificada a partir del momento de la regeneración conocido en la fe cristiana como el nuevo nacimiento (Juan 3:1-3).

Los pensamientos de Platón nos colocan nuevamente en un terreno inestable. Para Platón, la realidad estaba en la mente de los seres humanos, y no en Dios. No creía que Dios es el Creador del universo, porque las «formas» y el alma de los hombres eran eternas, y la creación de objetos era una réplica de las «formas» existentes en ese otro mundo al que ya aludimos y no algo creado por Dios. Debido a que lo material aquí en la tierra era inferior a las formas, las enseñanzas de Platón sentaron la base para el gnosticismo, que comenzó alrededor de 200 a. C. Este sistema de pensamiento sostenía que todo lo material era malo en sí mismo.[10]

---

10. *Stanford Encyclopedia of Philosophy & Christian Theology* (15 de octubre de 2021, W. Wood), https://plato.stanford.edu/entries/christiantheology-philosophy/.

Para Platón, Dios es la fuente de la verdad, la belleza y la justicia y, a la vez, Dios es como un principio de donde procede todo. Platón también habló de Dios como el ser más sabio y bondadoso. En el mundo del que hablaba Platón, no hay un ser perfecto, pero Dios sí lo es. Tampoco es cierto que todo lo material sea «malo o impuro», como lo enseñó este famoso filósofo, porque Dios ha declarado que Él es santo, que «los cielos proclaman la gloria de Dios, y el firmamento anuncia la obra de Sus manos» (Sal. 19:1, NBLA).

A diferencia de las enseñanzas de Platón, el Dios de la Biblia no es una «forma», sino un ser perfecto, eterno y transcendente. Los seres humanos (cuerpo y alma) fueron creados en tiempo y espacio de acuerdo con lo revelado por Dios, a diferencia del platonismo que postulaba que las almas eran eternas. Fuimos creados a Su imagen (Gén. 1:27), para reflejar a Dios, pero el único ser perfecto en sí mismo es Dios y no existe perfección fuera de Él. Aquí también, Platón erró, ya que, como mencionamos, creía que todo lo existente era una sombra de las «formas» perfectas y eternas en otro lugar. Platón tuvo un concepto de la eternidad, pero no restringido a Dios, sino extendido a todo lo que existe, pero relacionado a las formas perfectas en ese otro mundo al que ya aludimos. Si el alma fuera eterna como Platón postulaba, estamos colocándola en el mismo nivel de Dios. El ser humano es inmortal en el sentido de que existirá permanentemente (en el cielo o en el infierno), pero no es eterno —es decir, tiene un inicio (no eterno), pero continuará existiendo por siempre en lo adelante (inmortal). Lo anterior, no es lo mismo a decir que el alma es eterna como Dios.

Finalmente, similar a lo dicho por Sócrates, para Platón, la vida virtuosa es posible en el mundo al conocer las «formas», colocando el poder en la razón humana y no en la transformación producida por Dios. En el cristianismo, la vida es concebida de manera diferente: mientras más alineamos nuestro corazón con

Dios, más íntima será nuestra relación con Él, y mientras más lo conocemos y lo imitamos, más virtuosa será nuestra vida. Aunque, en cierto sentido, la idea de Platón sobre la mejoría en la sociedad fue similar al cristianismo —ya que mientras mejor nos comportamos, mejor será la sociedad—, la fuente de poder es diferente. A manera de ilustración, Dios nos ordenó someternos a las autoridades porque, en el ejercicio de Su voluntad, ellas fueron colocadas por Él (Rom. 13:1) y cuando le obedecemos, la sociedad resulta más funcional. Es Dios y Sus diseños que resultan en una vida tranquila, y no nuestro comportamiento. El Señor también nos ordenó vivir piadosamente como hijos de Dios, como ejemplo para aquellos que no le conocen, y nos instruyó para que intercediéramos ante Él por las autoridades (1 Tim. 2:1-2). La intención de todo lo anterior es la conversión de los incrédulos para que puedan llegar al pleno conocimiento de la verdad (1 Tim. 2:4). A diferencia de Platón, Dios es quien cambia la cultura, y nuestras acciones, independientes de Dios, no tienen la capacidad de cambiarla.

Grafissimo, agosto 2017

Platón (427-347 a. C.)

Aristóteles

Finalmente, hablemos de Aristóteles, el último de los filósofos antiguos que mencionaré en este capítulo. Él también creía que los objetos tenían una esencia; sin embargo, a diferencia de Platón, creía que la esencia residía dentro del objeto y no en otro mundo. Entonces, su enfoque no fue exclusivamente sobre el ser humano, sino que se extiende totalmente al reino terrenal. El conocimiento, en la teoría de Aristóteles, es algo que se obtiene basado en la observación y las experiencias, donde cada elección que hacemos dejaría una huella en nuestras almas, la cual nos convierte en lo que somos.[11] Entonces, para Aristóteles, somos los creadores de nuestro carácter, y la forma de crearlo es escuchar la voz interna que nos dice lo que es bueno.

El problema surge al comparar las ideas de Aristóteles con lo que nos dice Gálatas 5:17 acerca de la naturaleza caída: «Porque el deseo de la carne es contra el Espíritu, y el del Espíritu es contra la carne; y estos se oponen entre sí, para que no hagáis lo que quisiereis». El gran Pablo, inspirado por el Espíritu de Dios, explicó en Romanos 7:18-25 que «en mi carne no hay nada bueno» y, por ende, nuestra responsabilidad no es simplemente escuchar la voz interna, sino comparar todo lo que pensamos y deseamos con la revelación de Dios.

Algo que debemos recordar es que siempre, antes de creer en algo, debemos tener evidencia concreta y filtrarla a través del lente de las Escrituras antes de desarrollar nuestras convicciones. Como venimos viendo, nuestro enfoque dirige nuestros pasos diariamente, y por eso es tan importante entender la cosmovisión bajo la cual estamos operando. Esta idea de Aristóteles fue el fundamento de sus enseñanzas.

---

11. Douglas Wilson, G. Tyler Fischer, Carl L. Petticoffer, *Omnibus IV, The Ancient World* (Lancaster, PA: Veritas Press, 2015).

Ya aludimos a esta idea de Aristóteles, quien afirmaba que todo conocimiento se obtiene solamente a través de la experiencia derivada a través de los sentidos, y es lo que dirige la mente y, por consiguiente, el curso de nuestras vidas. Esta teoría fue denominada empirismo. Siguiendo a sus dos predecesores, Aristóteles pensaba que uno necesitaba vivir bien; sin embargo, difería con Sócrates al darse cuenta de que conocer lo «bueno» no era suficiente, sino que era necesario llevarlo a la práctica también. En otras palabras, para Aristóteles, el hacer el bien no era la meta de todos, sino que, al tomar la decisión de hacerlo escuchando la voz interior sobre qué es lo «bueno», se formaría nuestro carácter y llegaríamos a un punto que produciría satisfacción y contentamiento. Las decisiones eran lo que se calificaba como bueno, y no las acciones.

En medio de todo, Aristóteles por lo menos entendía la lucha interna entre el bien y el mal, y que las virtudes no eran naturales, sino que era necesario cultivarlas para hacerlas crecer; sin embargo, a diferencia del cristianismo, él pensaba que el hombre tenía la capacidad de elegir lo bueno por sí solo. Pero la elección de lo bueno de manera natural para el hombre que no conoce a Cristo es imposible como bien revela Pablo en Romanos 3:10, «como está escrito: No hay justo, ni aun uno; No hay quien entienda, No hay quien busque a Dios. Todos se han desviado, a una se hicieron inútiles; No hay quien haga lo bueno, No hay ni siquiera uno» (NBLA).

Por otro lado, Aristóteles, junto con Platón, creía que todo tiene un propósito, y entender dicho propósito era necesario para entender la naturaleza, lo que se conoce como la *teleología* (del griego *telos*, que significa «fin» o «propósito», y *logos*, que significa «estudio» o «razón»).[12] La teleología tiene que ver con el estudio

12. Aristoteles, *Physics II (3) and Metaphysics V2*. Encyclopedia of Philosophy, *Plato*. Editores: James Fieser y Bradley Dowden: https://iep.utm.edu/plato/

del fin último de las cosas o el propósito final por lo que algo es hecho. Es interesante porque, a la luz de la teología bíblica, nosotros también creemos que Dios creó todo con un fin específico. El hecho de que tengamos hoy un universo tan perfectamente calibrado habla de la necesidad de un ser superior e infinitamente sabio. Él supo hacer cada astro del tamaño necesario y colocarlo en la posición correcta para que todo el universo gire y se mueva de una forma armónica sin que los astros choquen, evitando un colapso del universo. El hecho de que Platón y Aristóteles creyeran que todo tiene un propósito solo habla de que verdaderamente Dios ha dado gracia común a los seres humanos de modo que puedan entender, hasta cierto punto, que hay un Dios Creador detrás de lo creado, tal como afirma Pablo en Romanos 1:18-21. En el versículo 20 Pablo incluso usa la frase: «de manera que ellos no tienen excusa» (NBLA).

Aristóteles, al igual que Sócrates, creía que el mayor bien era vivir con contentamiento al poner en práctica las virtudes. Para Aristóteles, Dios residía fuera de este mundo y era la causa primaria de todo movimiento, incluyendo el desarrollo del universo. Sin embargo, Dios no se caracterizaba por poseer atributos tales como amor, empatía, misericordia o providencia, sino que era caracterizado por una eterna autocontemplación, es decir, que Su pensamiento se dirige a Su propia esencia de manera eterna y perfecta. En otras palabras, para Aristóteles, Dios no era un ser involucrado en nuestras vidas, ni en el mundo, sino un ser en constante actividad intelectual que ponía en movimiento todo el universo y que permanecía en una disposición de autocontemplación. Por otro lado, Aristóteles creía que el hombre podía alcanzar la vida virtuosa a través de su propia inteligencia. Lo que acabamos de decir contradice lo que Dios ha revelado en Su Palabra, la cual nos ayuda a entender que nuestras decisiones, no solo revelan nuestro carácter, sino que también determinan lo que llegaremos a ser.

En la conversión, pasamos de muerte a vida espiritual (Ef. 2:1), el Espíritu Santo nos transforma en nuevas criaturas (2 Cor. 5:17), y entonces tenemos el poder de lo alto (Luc. 24:49) para renovar nuestra mente (Rom. 12:2), y esto es con el poder de la Palabra y no con nuestro razonamiento (Ef. 4:18). De hecho, nuestra manera de pensar cambia luego de que el Espíritu Santo ilumina nuestra mente para entender lo que Dios ha revelado y el mismo Espíritu nos da el poder para aplicar lo que aprendemos de la Biblia. Sin esto, no podemos entender lo que la Escritura enseña ni tendremos la capacidad de cambiar. Todo proviene de Dios y no de nosotros. Podemos cambiar para bien cuando seguimos la voz de Dios, porque Él, y no nosotros, es quien forma nuestro carácter (2 Cor. 3:18). Aristóteles se acercó un poquito más al blanco cuando reconoció que conocer el bien no era suficiente para llegar a hacerlo, sino que era necesario tomar la decisión de hacer el bien; sin embargo, la Biblia nos explica que necesitamos un poder externo, del Espíritu Santo, para darnos lo que necesitamos para completarlo. La satisfacción y el contentamiento constantes por hacer el bien solo pueden llegarnos a través de la morada de nuestro Dios en nosotros.

También vemos la similitud entre el pensamiento de Aristóteles y el cristianismo en que ambos consideran el mismo campo de batalla, la mente, y que la toma de decisiones es más importante que las acciones, porque las motivaciones representan nuestro carácter y no lo están formando. Por ejemplo, podemos tener acciones que tienen la apariencia de ser buenas, pero la motivación está muy lejos de Dios y de ninguna manera eso está formando un buen carácter, sino que aumenta el engaño de nuestro corazón.

Vivir con contentamiento sin haber nacido de nuevo (Juan 3:1-13) no puede ser una meta primaria en la vida, porque es imposible experimentar contentamiento a lo largo de toda la vida en un mundo caído, a menos que alguien viva autoengañado. Por lo tanto, la meta de Aristóteles es inalcanzable, y aun si fuera posible, sería una imitación empobrecida del gozo que viene de Dios. Por otro lado, el dios transcendente que está en constante autocontemplación —en el cual creía Aristóteles— no es igual que *Aquel* lleno de amor, gracia, misericordia, bondad, y que tiene Su oído inclinado para escuchar nuestras oraciones y para dirigir nuestra vida para nuestro bien, mientras esperamos Su segunda venida.

Nastasic, julio 2022

Aristóteles (384–322 a. C.)

En conclusión

En este capítulo, iniciamos con la propuesta de la definición de lo «bueno» con Sócrates, luego vimos la idea de Platón acerca de la existencia de múltiples «formas eternas», que representaban los modelos ideales de todo lo que vemos a nuestro alrededor y, finalmente, llegamos a Aristóteles, dirigiendo el enfoque hacia el hombre y un ser eterno que se autocontempla continuamente. Vemos que estos filósofos querían hacer el bien, tanto en lo personal como en lo social. El problema radicaba en que su fuente de poder era el intelecto del mismo ser humano que la Biblia revela que fue corrompido por el pecado. Por lo tanto, la búsqueda del poder, en cuanto a su objetivo y su forma, estaba errada. Ellos no buscaban hacer el bien porque ese fuera el diseño de Dios, y su concepto no era el Dios santo y omnisciente de la Biblia. Al final, Dios es el único que sabe cómo la humanidad puede alcanzar el bien, pero ellos descansaban en su propio razonamiento.

Se ven las similitudes en lo que creían, pero también vemos las desviaciones de la verdad bíblica. Para Sócrates, la verdad estaba fuera del alcance del hombre; para Platón, estaba en el conocimiento en la mente de los seres humanos; y para Aristóteles, estaba en lo terrenal. Luego de la caída que aparece descrita en Génesis 3, la humanidad comenzó un proceso de alejamiento de Dios que ha continuado hasta el día de hoy. Cuando los valores cristianos han impactado una sociedad como ocurrió en la época de la Reforma protestante, vemos por un breve tiempo un regreso de la sociedad en dirección de la verdad. Pero tarde o temprano comenzamos a ver otra vez un alejamiento de aquellos valores que trajeron estabilidad y florecimiento humano a la sociedad. Con el distanciamiento vemos el regreso del deterioro de la familia y de la sociedad en general, como estamos viendo en Occidente.

Las filosofías vistas más arriba representan algunas de las corrientes que influenciaron al mundo gentil antes de la llegada de Cristo, y en el tiempo en que Dios estaba caminando con el pueblo de Israel (Ef. 2:12-13).

Es evidente que aquellos filósofos no tenían el concepto de «Yahvéh», el Dios verdadero; sin embargo, creían que debemos vivir una vida buena, con una definición equivocada de lo que es «bueno». Y sabemos por qué buscaban esa vida. Porque aun aquellos que no tenían la ley de Moisés dada por Dios mostraron «la obra de la ley escrita en sus corazones, su conciencia dando testimonio, y sus pensamientos acusándolos unas veces y otras defendiéndolos» (Rom. 2:15, NBLA).

Algunos aspectos de sus ideas fueron ciertos; sin embargo, su enfoque estaba totalmente en el hombre, y creían que era capaz de hacer «lo bueno» sin la intervención de Dios. Aunque sus metas eran buenas, como vivir en paz en la comunidad y tratar al prójimo con justicia, su error estaba en la motivación y en la manera como concebían la fuente de ese bien. El mismo error por el cual todo hombre sufre: el deseo de glorificarse a sí mismo y no a Dios.

Estamos comenzando a ver las diferencias entre las dos escuelas de pensamiento opuestas en la filosofía occidental: el mundo físico versus el mundo espiritual. Los filósofos eran los intelectuales, y pensaban que sus opiniones deberían ser lo que dirigiera a las personas. Los filósofos, tal vez inconscientemente, buscaban ser considerados los sacerdotes de la sociedad. Lo que todos tienen en común es que colocaron al hombre en el trono de Dios. En el tiempo de estos tres filósofos, Cristo aún no había sido revelado; sin embargo, los principios judeocristianos fueron revelados a los judíos y, a través de ellos, Dios se propuso revelarlo a las naciones, pero Israel fracasó en llevar a cabo su rol como una nación sacerdotal (ver Ex. 19:6). El único y verdadero Dios se había hecho presente al mundo a través del pueblo judío, de donde vendría el Mesías. ¡Dios ha trabajado en cada momento desde la creación del mundo para revelar Su plan perfecto en el momento justo, porque la única forma de encontrar la Verdad es a través de conocer a Cristo! Él es la base sobre la cual se construye la verdad, y es la llave que abre la puerta a la verdad. Como veremos en los próximos capítulos, si Él no es la base, todo se derrumba.

En el próximo capítulo, comenzaremos con algunos filósofos menores, ya que también afectaban la cosmovisión de las personas en el tiempo de Jesús y de los apóstoles. Aunque los únicos dos mencionados por Pablo fueron los estoicos y los epicúreos (Hech. 17:18), esto nos llevará a la pregunta que Cristo hizo a Sus discípulos en Cesárea de Filipo: «¿quién dicen que soy Yo?» (Mat. 16:13-15). Esta misma pregunta es la más importante para cada uno de nosotros, porque la respuesta a esa pregunta determina dónde pasaremos la eternidad.

Bibliografía para ampliar el conocimiento acerca de los filósofos mencionados en este capítulo:

1) *The Dialogues of Plato* [Los diálogos de Platón] (London: A Bantam Classic, una división editorial británica de Penguin Random House, 2006), versión Kindle.

2) A. C. Grayling, *The History of Philosophy* [La historia de la filosofía] (New York: Penguin Books, 2019), versión Kindle.

3) Will Duran, *The Story of Philosophy* [La historia de la filosofía], (New Delhi, Delhi, India: The Grapevine India, 2022), versión Kindle.

4) *The Oxford Dictionary of Philosophy* [El diccionario Oxford de filosofía] (Oxford University Press, 3.ª edición, 2016), versión Kindle.

5) William K. C. Guthrie, *Los Filósofos Griegos* (Fondo de Cultura Económica, edición 014088R, 1953).

Jesús le dijo: Yo soy el camino, y la verdad, y la vida;
nadie viene al Padre, sino por mí.

Juan 14:6

03

La llegada de la Verdad

En el capítulo anterior, vimos las filosofías más influyentes de la antigüedad. Sin embargo, hubo otras filosofías que tuvieron un impacto no solo en su tiempo, sino que ciertos aspectos persisten hasta el día de hoy. Para poder comprender cómo pensaban las personas alrededor de Cristo en contraste con Sus enseñanzas, necesitamos entender otras de las filosofías que existían paralelas a la vida de Cristo en el mundo. En el capítulo 17 del libro de los Hechos, leemos acerca de la visita de Pablo a Atenas. Lucas nos dice que Pablo discutía con los judíos en las sinagogas, pero mientras Pablo estaba en ese lugar también tuvo la oportunidad de discutir con «los filósofos epicúreos y estoicos» (v.18a), pero estos no recibieron su predicación y más bien consideraron a Pablo como un palabrero (v.18b). Veamos brevemente las enseñanzas de estos filósofos del primer siglo.

El estoicismo (los estoicos)

El estoicismo comenzó alrededor del 300 a. C. y se extendió hasta alrededor del 529 d. C. Entre sus exponentes más conocidos podemos citar a Epítetos, Séneca y el emperador Marcos Aurelio. Como movimiento se caracterizó por creer que la vida virtuosa es el bien supremo. Pero en términos prácticos, la felicidad del individuo («eudaimonía», un estado de felicidad o bienaventuranza) era una meta en sí misma que se podría alcanzar si logramos controlar las respuestas a las circunstancias que nos rodean. Esto buscaba ejercitar el autocontrol y la tolerancia sobre las circunstancias que no podemos cambiar y cultivando la sabiduría, la valentía y la justicia. Como por ejemplo, podemos citar el hecho de que, para los estoicos, el problema no radicaba en la muerte en sí misma, sino en la manera como nos atemorizamos al pensar en ella.[1] «Los estoicos creían que un Dios bueno y racional había puesto en nuestras manos los medios para acabar con todo aquello que nosotros no pudiéramos soportar. Un proceso de muerte agonizante podría ser terminado rápidamente a través de la intervención humana».[2] Una vez más vemos cómo el ser humano piensa de forma similar desde el momento de la caída. La historia parece repetirse con diferentes actores, no porque sea circular, sino porque el corazón caído del ser humano siempre ha sido el mismo. Dicho lo anterior, podemos ver que, para ellos, la aceptación de la muerte era la manera de disfrutar de felicidad, mientras seguimos moviéndonos hacia el final de la vida. A través de las virtudes mencionadas más arriba, fortalecen el carácter, al no dejarse dominar por el deseo de placer, el temor o el dolor.

Obviamente, la concepción de Dios de los estoicos distaba mucho del Dios de la Biblia y lo mismo podemos decir acerca del valor de la vida. Los estoicos creían que la sabiduría no es algo que proviene de Dios, sino que era el fruto de la razón, a través de la cual podemos alcanzar el control de nuestras emociones para vivir una vida balanceada y en armonía, tanto por prescindir de los bienes materiales, así como por trabajar en comunión con otros de manera justa y equitativa.

---

1. Tom Morris, PhD, *Philosophy for Dummies* (Hoboken, NJ: John Wiley & Dons, Inc., 2022), pág. 213 de 383.

2. Ibid, 214.

Vemos de nuevo el enfoque en lo terrenal, donde el hombre es capaz de crear el estado de paz interior al poder controlar las emociones «malas». Pero la realidad es que dichas emociones son un regalo de Dios, necesarias tanto para la sobrevivencia como para el disfrute de la vida, y son una parte integral de nuestra humanidad. Si trabajamos en la supresión de las emociones negativas y no sobre sus causas, dichas emociones seguirán apareciendo y continuarán como incógnitas para nosotros, no pudiendo entender su propósito, y terminarían frustrando a la persona, ya que esta no logrará obviar únicamente las «malas» emociones. Esto llevaría a las personas a un estado ficticio, al tratar de silenciar algo que forma parte de cómo Dios nos creó, y aunque no son algo físico que podemos tocar, la capacidad de sentir emociones fue dada por el Creador como señales de alerta para la supervivencia y para el mismo disfrute sano de la vida. Cuando las personas buscan silenciar o negar sus emociones expresan su falta de confianza en un Dios soberano que obra a nuestro favor, e ignoran que las emociones son nuestro sistema de alarma dado por Dios para protección. La Escritura nos anima a trabajar en nuestras emociones, a pensar en las causas y atacar la raíz, pero esto es imposible sin el poder de Dios y la confianza al creer que Él tiene la capacidad de protegernos en el proceso, proveyendo circunstancias propicias para nuestro crecimiento. Vivir negando esta realidad es un terreno inestable para nuestras vidas.

El escepticismo y su origen en los sofistas de la antigua Grecia

Para entender esta filosofía, necesitamos primero entender a los sofistas de este tiempo. Estos sofistas eran intelectuales y educadores profesionales que recorrieron el mundo ofreciendo educación en una amplia gama de temas, tales como la habilidad para hablar en público, con énfasis en persuadir y argumentar con el fin de obtener el éxito.[3] Su educación no estaba basada en aprender y defender la verdad ni en el desarrollo del conocimiento, sino en la capacidad de persuadir y debatir. Además, se apoyaba en la teoría de que el fin justifica los medios. Los sofistas dieron inicio al escepticismo que ha caracterizado a múltiples corrientes filosóficas.

Con esto en mente, podríamos decir que el escepticismo comenzó en la academia de Platón en 300 a. C., influenciado por el sofismo, el cual expresaba que la verdad no existía o, si existía, no era probable llegar a conocerla. Por lo tanto, el escepticismo rechazaba todo el conocimiento de otras personas, incluso lo más obvio. Todo era subjetivo, y la opinión dependía de la capacidad de la persona de persuadir, y no de la verdad absoluta.

Los escépticos creían en un estado de «ataraxia», o la paz que sería producida por no creer en nada, porque así se evitarían los conflictos. ¡Qué gran vacío! ¡Esta idea quita cualquier propósito o esperanza en la vida! Qué desesperante pensar solamente que nuestras decisiones nunca entrarán en el rango de la verdad y que nos enfrentaremos a tiempos inciertos o difíciles por el simple hecho de vivir en un mundo caído, y que esto afectará nuestras vidas sin importar cuánto nos esforcemos por negarlo. ¿No crees que esto produciría exactamente lo contrario a la paz? ¿No se considera esto una lucha innecesaria que ocasionaría solamente frustración e inseguridad? Bajo este pensamiento, el sufrimiento no tendría ningún propósito, buscar el mero placer sería la meta, pero tampoco existía ninguna razón para esforzarse por hacerlo. De esto podemos concluir cuán necesario es para el ser humano conocer la Verdad para encontrar el significado de su vida.

---

3. Internet Encyclopedia of Philosophy, *Ancient Greek Skepticism*, editores: James Fieser y Bradley Dowden, https://iep.utm.edu/ancient-greek-skepticism/.

De nuevo, vemos el enfoque totalmente centrado en el hombre, y es como una profecía autocumplida: si la verdad no existe, no hay razón para buscarla y, por ende, nunca se encontraría. Esta es otra evidencia de que, si colocamos al hombre en el trono y no a Dios, la vida no tiene sentido. Cuando Agustín demostró la existencia de la Verdad, esta filosofía se desvaneció, y revivió con René Descartes y su duda metódica durante el Renacimiento.[4] Descartes veía el progreso de este pensamiento, pero en dirección opuesta. Al contrario de Agustín, quien defendió la verdad, Descartes creía que la verdad existía, pero dudaba de que se pudiera encontrar a través de la naturaleza. Su forma de buscarla fue a través de dudar de todas las creencias que no eran absolutamente ciertas.

En el siglo XVIII, David Hume, un empirista, postuló que la única forma de encontrar la verdad era a través de los cinco sentidos.[5] En cuanto a esto, ofreció un nuevo y poderoso caso de escepticismo, porque tanto Dios como el alma y el yo son invisibles y, por lo tanto, como no pueden percibirse con los sentidos, Hume concluyó que no existían. Ahora no es solamente Dios el que no existe, sino tampoco el yo. Está claro que edificar las ideas sobre una mentira nunca nos llevará a la verdad, y de nuevo, vemos que quitar a Dios y Su revelación de la ecuación nos aleja del blanco de la verdad. La mayoría de los pensadores contemporáneos han construido sobre esta base del escepticismo al abandonar la búsqueda de los fundamentos verdaderos del conocimiento porque para ellos no existen. ¿Podemos ver que la ausencia de verdades absolutas comenzó 300 años antes de Jesucristo? De nuevo, es la arena movediza que afectaría a las generaciones futuras.

---

4. Jody L. Ondich, *Words of Wisdom, Intro to Philosophy, Rene Descartes, Part 1: The Principles of Human Knowledge*, https://mlpp.pressbooks.pub/introphil/chapter/descartes-on-dualism/.

5. Internet Encyclopedia of Philosophy, *David Hume*, editores: James Fieser y Bradley Dowden, https://iep.utm.edu/hume/.

El epicureísmo (los epicúreos - Epicuro, 341–270 a. C)

Este movimiento se inició con el filósofo griego Epicuro del siglo IV a. C. que dio lugar a una serie de creencias acerca de la vida y la búsqueda del placer. La filosofía epicúrea no era teórica, sino más bien práctica, y buscaba el sosiego necesario para una vida feliz y placentera, donde quedaban eliminados los temores al destino, a los dioses y a la muerte.[6] Pero ¿qué haríamos con la realidad en la que vivimos? Porque, si sumamos todo lo que nos ocurre en el diario vivir —y aún peor, si nuestra confianza no está en el Señor, quien es la Verdad, nos ama y nos protege—, entonces no tendríamos razones para una vida feliz, sino para caer en la locura, al no entender por qué la vida funciona así. Para encontrar el sosiego, Epicuro postulaba que con la muerte todo terminaba, incluida el alma, ignorando así la eternidad que Dios ha puesto en nuestros corazones (Ecl. 3:11) y lo que Juan Calvino llamó el *Sensus Divinitatus*.[7] Sin embargo, como es imposible ignorar a Dios, sostenía que, si otros dioses existían, los mismos eran remotos y no interferían con la vida humana.

Al reemplazar el propósito de vida que Dios nos ha dado hacia el contentamiento, se quedaron con algo muy inferior a lo que Dios diseñó: el gozo de deleitarnos en Él. Buscando la medicina del alma con su filosofía y disminuyendo el objetivo de la vida al placer, al eliminar la Verdad, quitaron también el propósito de la vida. En contraste con el día de hoy, la vida más placentera no se hallaba en las riquezas, sino en la sencillez y en la abstención de deseos innecesarios, algo muy parecido al budismo. Su filosofía era opuesta a la platónica, a la aristotélica y al estoicismo, ya que los placeres y la

---

6. Internet Encyclopedia of Philosophy, *Epicurus (341–271 B.C.E.)*, editores: James Fieser y Bradley Dowden. https://iep.utm.edu/epicur/.

7. Juan Calvino, *Institutes of the Christian Religion* (US: Westminster, John Knox Press, 1960).

ausencia del miedo eran lo que conducían a la paz. De nuevo, vemos que quitar a Dios de la ecuación nos aleja de la verdad. Cuando ignoramos la realidad de la eternidad y no buscamos a Aquel que llena tanto el aquí como el más allá, la duda nos invade y nos trae terror. Intentar cubrir esa realidad con placeres es realmente un engaño.

La base de esta filosofía ha tenido un gran impacto tanto en el pensamiento ético moderno como en el fundamento del hedonismo. En la antigüedad, el placer se buscaba a través de una vida sencilla (hedonismo austero), mientras que hoy está en buscar lo más moderno o lo más nuevo en la tecnología, los carros, las casas, la ropa, las vacaciones, etc. La meta y el ídolo de hoy es ganar mucho dinero con el menor esfuerzo posible, para llegar a la abundancia personal y así, darnos más tiempo para disfrutar la vida. Tanto al inicio de este pensamiento como ahora, Dios no es relevante en la vida del ser humano... y esto es como estar parado en arena movediza.

Clu, septiembre 2023

Epicuro (341–270 a. C.)

El neoplatonismo (Plotino, 204–270 d. C)

El neoplatonismo influenció la era de la Antigüedad tardía (siglo III–siglo VIII), Edad Media (siglo V–siglo XV) y el Renacimiento (siglo XV–siglo XVI), y fue el puente entre la era antigua y la moderna, edificando su filosofía sobre la base de Platón, y convirtiéndolo en el padre del *neoplatonismo*.[8] En el tiempo de Plotino, la fe cristiana estaba aumentando y la filosofía pagana estaba a punto de colapsar. Por eso, Plotino regresó en dirección a la Verdad, aunque no llegó a ella.

Plotino creía en la existencia de «Uno transcendente» que no pertenecía al reino material y que era la fuente de todo. Aunque este era perfecto, era impersonal y carecía de atributos, lo cual lo hacía inferior a la Verdad. Plotino creía que el «Uno» no creó el universo, sino que todo lo que existía emanaba de él, desbordando una serie de cascadas de emanaciones donde cada nivel estaba más lejos del original y era más corrupto.[9] Su teoría tenía un parecido a la de Platón, en cuanto a que había un dualismo donde la materia (la física) era mala y estaba sujeta a la corrupción, y en la muerte, el espíritu que era bueno y que había sido atrapado en la materia se liberaba. En el nivel más profundo del hombre, la materia podía llegar a unirse inseparablemente con lo espiritual, y ¿cómo un cuerpo malo podía unirse a lo divino? A través de la contemplación mística. Mientras más virtuosa se volvía la persona, más se acercaba a unirse a lo divino. En vez de tener un Dios creador, amoroso, todopoderoso, omnisciente, transcendente e inmanente, quien se reveló al hombre para que pudiéramos reconocerlo, con

8. Ben Pugh, *Epicurus and the Gospel*, Theology Everywhere, 6 de noviembre de 2023, https://theologyeverywhere.org/2023/11/06/epicurus-and-the-gospel/.

9. Marina Closs, *La filosofía de Plotino*, Revista de Filosofía, Junio-noviembre de 2024, vol. 54, núm. 1, Universidad Nacional de La Plata, https://www.rdf.fahce.unlp.edu.ar/article/view/rdfe099/19239.

Plotino tenemos al hombre que en sus fuerzas tiene la capacidad de llegar a ser dios.

La virtud estaba basada en el estado interno del alma y no en el intelecto, y a través de la contemplación, perderíamos nuestra propia identidad. ¿Es posible que la aparición de la idea del aprisionamiento en el cuerpo comenzó hace alrededor de 1800 años, claramente allanando el camino para una futura idea de que el género está atrapado en un cuerpo equivocado? Al igual que Platón pensaba, la materia estaba en sospecha, y por esta razón no podían aceptar a Jesús como Dios encarnado, porque revelaba sus arenas movedizas teológicas. En 1 Juan 2:22-25, claramente vemos que Jesús es el Cristo, y quien lo niega no tiene la Verdad ni vida eterna. La identidad de quién es Jesús, Dios-hombre, es vital para entender la Verdad, y esto se recibe por revelación divina y no por lo que existe dentro del hombre ni por el intelecto. Se nota de nuevo el peligro de edificar sobre la base del error preconcebido, porque caemos de nuevo en un terreno inestable como la arena movediza.

El gnosticismo

La última filosofía griega de la cual hablaré es el gnosticismo, que comenzó alrededor de 200 d. C., y es una colección de creencias religiosas que se unieron en el primer siglo y que afectaron tanto al judaísmo como al cristianismo de este tiempo.[10] Los gnósticos hacían énfasis en el conocimiento (*gnosis* en griego) espiritual y personal. Creían en divinidades, aunque había un dios que era el «Supremo bueno», que era ocultado por otras divinidades, las cuales eran inferiores y malévolas. Otro ser que emanó era Sofía (*sophia*

10. Internet Encyclopedia of Philosophy, *Gnosticism*, editores: James Fieser y Bradley Dowden, https://iep.utm.edu/gnostic/.

es «sabiduría» en griego), y ella creó el universo. Estos dioses inferiores (demiurgos) mienten para nublar las mentes espirituales de los seres humanos. Para ellos, el ser humano está formado de diferentes componentes: lo físico, lo psíquico y lo espiritual. Este último es la chispa divina, un fragmento de la esencia divina que está escondida en la persona y se libera con la muerte.

Una vez más, lo espiritual es bueno y la materia es defectuosa o malévola, y, por lo tanto, el «dios supremo» no podía crear un universo malo. La salvación no viene por el perdón de los pecados, sino por personajes salvíficos. La ignorancia producida por el pecado hizo que necesitáramos ayuda de algunos de estos personajes salvíficos como Set (hijo de Adán), Jesús o el profeta Mani. Es a través del conocimiento de la divinidad oculta que se alcanzaba la salvación, mediante una visión mística. La razón por la cual el dios creador y los otros intermediarios influenciaban al hombre se debía a sus propios defectos innatos de maldad. Entonces, aun cuando Jesús nos salva, no es por Su muerte, sino por Su vida de enseñanza; así quitaba la ignorancia de las personas, según ellos. Vemos de nuevo la influencia de Sócrates, quien enseñaba que las personas pecan por ignorancia; de Platón, con el pensamiento sobre la maldad de lo material; y ahora Plotino añade el componente místico donde la chispa divina es liberada de las limitaciones de la existencia terrenal mediante el conocimiento espiritual secreto. Como vimos con Plotino, es imposible aceptar que Cristo se encarnó en un cuerpo malo, sino que Jesús solo podía ser parecido al ser humano y, por lo tanto, no podía resucitar.

Enumeremos algunas de sus distorsiones más discordantes con la fe cristiana. Primero, hay más de un dios y Él no es santo. Segundo, el sufrimiento del mundo no vino como consecuencia de la caída después de la creación de un mundo perfecto, sino que el mundo fue creado malo. Tercero, ¡el pecado no es el resultado de nuestra naturaleza pecaminosa, sino de un dios! Y, por ende, no necesitamos arrepentimiento, sino liberarnos de la ignorancia. Cuarto, Jesús no murió para pagar nuestros pecados, porque como tenemos naturalezas espirituales buenas, el arrepentimiento no es necesario, sino que necesitamos liberarnos de la ignorancia debido al engaño de los *demiurgos*. Y quinto, la salvación es obtenida por adquirir conocimiento divino mediante nuestro obrar, combinado con la ayuda de la chispa divina.

En conclusión

Actualmente, estamos viendo la confusión y las tinieblas que reinaban cuando Cristo rompió la oscuridad al venir a esta tierra. Aunque las vidas de las personas eran muy diferentes a las nuestras, así como su forma de pensar, recordemos que fueron personas como nosotros, las cuales estaban tratando de levantar sus familias y hacer lo mejor que pudieran donde Dios las había colocado. Sus oportunidades fueron distintas; sin embargo, como no hay nada nuevo bajo el sol (Ecl. 1:9), sus anhelos y deseos fueron parecidos a los nuestros. Tenían una cosmovisión diferente a la nuestra y que dirigía sus acciones en direcciones diferentes. Sin embargo, al igual que nosotros, sus acciones iban alineadas con su forma de pensar, y vemos cuánto esta puede afectar una cosmovisión hasta el punto de que los judíos que esperaban al Mesías por generaciones lo asesinaron.

Esto nos hace evaluar nuestras vidas también. Nosotros tenemos la ventaja de haber sido colocados en el mundo después de la llegada de Cristo, donde tenemos todas Sus enseñanzas en la Biblia, escritas en nuestra propia lengua y hasta en diferentes traducciones, con generaciones de sabios que la han estudiado y explicado, y nos han dejado un legado que podemos continuar.

Como cada uno de nosotros fue colocado por Dios en el lugar donde vivimos, y Él tiene un propósito que se lleva a cabo en nuestras vidas, el mismo que experimentamos de forma diferente y tiene un impacto en la generación en la que interactuamos (Hech. 13:36), es crucial que nos preguntemos: *¿Cuáles son las ideas erradas de nuestra cultura?*, y *¿qué quiere Dios que hagamos con todo lo que nos ha entregado?* No importa dónde vivamos, nuestra cultura está dirigida por nuestro enemigo y, por eso, necesitamos ser sal y luz donde sea que vivamos, para que «así alumbre vuestra luz delante de los hombres, para que vean vuestras buenas obras, y glorifiquen a vuestro Padre que está en los cielos» (Mat. 5:16). Y Pablo también nos mandó a ser diferentes:

> «Por tanto, amados míos, como siempre habéis obedecido, no como en mi presencia solamente, sino mucho más ahora en mi ausencia, ocupaos en vuestra salvación con temor y temblor, porque Dios es el que en vosotros produce así el querer como el hacer, por su buena voluntad. Haced todo sin murmuraciones y contiendas, para que seáis irreprensibles y sencillos, hijos de Dios sin mancha en medio de una generación maligna y perversa, en medio de la cual resplandecéis como luminares en el mundo; asidos de la palabra de vida, para que en el día de Cristo yo pueda gloriarme de que no he corrido en vano, ni en vano he trabajado» (Fil. 2:12-16).

En el próximo capítulo, veremos cómo algunos teólogos y filósofos tuvieron la revelación de Dios y el valor de poner los fundamentos verdaderos, y caminaron en la dirección opuesta a la cultura, hacia la Verdad.

Encamíname en tu verdad, y enséñame,
Porque tú eres el Dios de mi salvación;
En ti he esperado todo el día.

Salmo 25:5

04

La Verdad contradice la verdad terrenal

La Edad Media (siglo v–siglo xv)

Aunque no tenemos muchos escritos sobre este tiempo, la Edad Media en Europa es llamada la edad oscura por el declive cultural, económico y científico, con muchos cambios que ocurrieron en la sociedad al mismo tiempo.[1] Fue una especie de agitación social que abarcaba muchas áreas de la vida. Previo a este tiempo, vimos en la Antigüedad a los filósofos griegos y romanos, pero durante este período, la historia se mantiene en silencio hasta que llegamos a la era moderna. Sabemos que la educación era el escolasticismo teológico estricto, y las universidades enseñaban la lógica aristotélica y los escritos de los primeros padres cristianos, enfatizando la tradición y el dogma, pero como todo era en latín, estaba dirigido exclusivamente a las élites.[2]

1. Tristan Hughes, *Why was 900 years of European History called "The Dark Ages"?*, History Hit, 26 de octubre de 2022, https://www.historyhit.com/why-were-the-early-middle-ages-called-the-dark-ages/.

2. El escolasticismo era un método de estudio típico de la Edad Media que buscaba conciliar la razón con la fe religiosa.

Los tiempos medievales fueron épocas de un aumento en la comunicación entre los países europeos y el Imperio otomano, con mucho intercambio de bienes, ideas y expresiones culturales, pero también fue un tiempo de muchas guerras donde la inseguridad reinaba por las amenazas de las conquistas extranjeras, algo que fue la norma en muchos países, produciendo cismas tanto dentro como fuera de la iglesia. En contraste con el orden que había en la antigüedad clásica y en el Imperio otomano y África, Europa estaba en un desorden donde abundaba la pobreza y la vida era de corta duración, y reinaba el feudalismo, donde la propiedad pertenecía a los reyes y el pueblo trabajaba a cambio de servicios.

Los cuatro acontecimientos que condujeron al Renacimiento que veremos más adelante fueron: 1) las cruzadas, 2) la peste negra, 3) el descubrimiento del arte griego y romano y 4) la entrada de la riqueza a Italia a través del comercio con el Imperio otomano. Para entender lo difícil de esa época, se estima que Europa y África del Norte perdieron entre 75 y 200 millones de personas debido a la plaga bubónica (la peste negra) y esto es sin contar aquellos muertos por las guerras y las cruzadas. Estas muertes representan números astronómicos si consideramos el tamaño de la población de aquel entonces. Las guerras producían mucha inestabilidad tanto política como religiosa. La supuesta razón que impulsaba las cruzadas era el celo por librar a las tierras santas de los «infieles», aunque sabemos que también fueron motivadas por dominio político y se convirtieron en vehículos de expansión económica.

A medida que la teología ascendió, la filosofía secular descendió y fue reemplazada por el pensamiento de los teólogos, quienes continuaron utilizando las herramientas filosóficas durante aproximadamente 1000 años. Entre Plotino (siglo III) y Descartes (siglo XIV-XV), los teólogos dominaban el escenario, haciendo que la filosofía y las culturas durante este período medieval estuvieran estrechamente relacionadas con la teología. Gracias a los monjes, la Biblia y los escritos clásicos —tanto en griego como en latín— fueron preservados. La iglesia proveyó a la sociedad una red de hospitales e instituciones caritativas y la ética del trabajo fue transformada hacia cultivar un trabajo honesto, y esto fue considerado una virtud, exaltando también el trabajo bien ejecutado. El bautismo cristiano llegó a ser una entrada en la sociedad y no solo espiritualmente, sino también social y políticamente.

Aunque la educación cristiana era la norma, fue fundada mayormente en los pronunciamientos de la iglesia y no por medio de la Biblia. Cuando Carlomagno se convirtió en el rey de los franceses en el Renacimiento, la asociación entre el Estado y la Iglesia Católica Romana se cimentó y la iglesia continuó alejándose de la doctrina bíblica influenciada por los intelectuales, lo cual, con el tiempo, produjo una división entre las enseñanzas de los reformadores y las enseñanzas humanistas. Este período se extendió entre la caída de la Roma imperial en el año 476 y el comienzo de la Europa moderna. Los dos filósofos cristianos de mayor influencia de los años tempranos de la Edad Media fueron Agustín de Hipona (354-430) y Boecio (480-524).

Agustín de Hipona (354-430)

Agustín fue influenciado por Plotino en cuanto a que las realidades espirituales existían y eran superiores sobre lo material, pero con muchas diferencias. Una diferencia entre el «Uno» de Plotino y el Dios de Agustín era el amor. Agustín entendía que Dios es un ser preocupado por los asuntos personales de los hombres y es capaz de ser conocido, aunque el ser humano no llegue a estar unido con Él.

Plotino postulaba una esencia centrada en el universo, mientras que Agustín postulaba dos: el espíritu y la materia, donde únicamente Dios es espíritu. Todo lo demás que existe es materia, y hay una distancia eterna entre ambas.

Agustín también fue influenciado por Platón, pero cambió sus ideales de la buena vida, como la felicidad y la bondad, por hacer el bien guardando los mandamientos de Dios. Las tres virtudes de Platón fueron reinterpretadas por Agustín. Cambió la templanza por el amor, manteniéndose puro para Dios. Cambió la valentía para hacer el mal por una valentía que surge de un amor correctamente ordenado hacia Dios y de una resistencia a las pasiones inferiores. Y definió la sabiduría como el amor de Dios en Su Palabra.

Agustín luchaba con el problema de la maldad porque, si Dios es totalmente bueno, no puede ser el responsable de la maldad, así que llegó a la conclusión de que la maldad era un producto del mal uso del libre albedrío humano.[3] En otras palabas, el ser humano elige hacer el bien o el mal en cada ocasión. Agustín sostenía que, a pesar de Su bondad, Dios permite la maldad para que sea el medio por el cual se logran mayores bienes. Su énfasis estaba en la importancia de la fe, la gracia y la iluminación divina para guiar a las personas hacia la fe. Aunque fuimos creados a imagen de Dios, como consecuencia de la caída (Gén. 3), la naturaleza del ser humano cambió de tal manera que toda persona ya está destinada a ser pecadora incluso antes de nacer, y es incapaz de hacer lo bueno (Rom. 3:10-20). Sin embargo, Dios en Su gracia eligió a quienes Él redimiría de su pecado (Ef. 1:4-5) y, aunque seguimos pecando debido a la voluntad esclavizada al

3. Agustín de Hipona, *On the Free Choice of the Will, On Grace and Free Choice, and Other Writings* (Cambridge University Press, 2010), 3-30.

pecado (Rom. 6:6, 16-17, 20) atada a una naturaleza pecaminosa, a través de la obra de Dios, la persona tiene la capacidad de elegir lo bueno (Ef. 2:8-10; Rom. 5:8).

En oposición a las creencias de este tiempo, Agustín señaló que la fe es la base sobre la cual llegamos al entendimiento y a la sabiduría, y por esto, la fe y la razón no eran contradictorias, sino complementarias. La razón necesita apoyar e iluminar la fe; sin embargo, como nuestro intelecto es finito y falible, existen misterios que no podemos explicar completamente sin la revelación de Dios. Las ideas de Agustín sobre la epistemología (la teoría de cómo conocer y confirmar la realidad) contradecían las de los filósofos antiguos en cuanto a que el hombre no era capaz de llegar al conocimiento total de la naturaleza por sus límites intelectuales, y necesitaba que Dios iluminara la mente humana, permitiéndole comprender. Podemos ver que, en los escritos de Agustín, se miraba a Dios en Su trono, donde siempre ha estado.

Agustín influenció a futuros filósofos como John Locke, quien utilizó lo que Agustín escribió sobre los derechos de propiedad dados por el Creador divino como «derechos naturales» en la formación de los gobiernos constitucionales, para que el gobierno fuera promulgado por individuos para proteger dichos derechos.

Agustín también influenció a René Descartes, el escéptico, porque podía reconocer la existencia de Dios y del alma, con su afirmación de que la perfección no puede provenir de nada imperfecto. Sin embargo, el enfoque de Agustín no estaba en el hombre, sino en Dios y en el Creador Jesucristo, clarificando los errores cometidos por los filósofos anteriores. Su conclusión fue que, por la misma caída, nuestra capacidad de entender a Dios se trastornó tanto (Isa. 55:8) que el hombre necesita la intervención de Dios para poder ser iluminado. Como Jesús es la Verdad

(Juan 14:6), Él es el único que puede revelarse a mentes finitas con la verdad.

Ilbusca, octubre 2013

Agustín de Hipona (354–430)

Boecio (480–524)

Podemos ver el impacto de Agustín sobre la cultura cuando Boecio, un historiador, filósofo y senador romano, el cual actuó como el intermediario entre la filosofía antigua y la Edad Media, con su énfasis en la filosofía y no en la teología, fue capaz de establecer sus ideas sobre la providencia de Dios. Vivir sus creencias lo llevó a ser injustamente encarcelado, torturado y finalmente asesinado al denunciar la corrupción en el gobierno.[4]

Al igual que Agustín, pensaba que el mal era producto de un uso incorrecto del libre albedrío y que Dios permitía la maldad,

4. John Marenbon, *Anicius Manlius Severinus Boethius*, Stanford Encyclopedia of Philosophy, 21 de septiembre de 2021, https://plato.stanford.edu/entries/boethius/.

el sufrimiento y la aparente aleatoriedad de los acontecimientos, usándolos como un medio para lograr mayores bienes. Y aunque perdamos todo, si confiamos en la providencia y el amor de Dios, Su providencia marcará el camino. En su mente, Dios todavía estaba en Su trono orquestando todo para nuestro bien (Rom. 8:28) y los seres humanos debían transformar su mente para alinearla con la de Él (Rom. 12:2). La influencia de Agustín fue muy evidente y Boecio la llevó al sector secular para impactar el mundo en el cual vivía.

Boecio era un gran escritor, y sus obras fueron el instrumento para moldear profundamente todo el concepto de la educación universitaria. Al traducir las obras de Aristóteles del griego al latín, involuntariamente contribuyó a preparar el camino para la gran crisis que ocurrió dentro del pensamiento cristiano en los siglos XII y XIII, cuando de repente se descubrió que Aristóteles tenía ideas metafísicas que no eran fáciles de acomodar dentro de un marco cristiano. Este problema fue el que dio origen a la gran obra de Tomás de Aquino.[5]

Anselmo de Canterbury (1033-1109)

Anselmo de Canterbury fue un teólogo famoso por su argumento ontológico sobre la existencia de Dios. También contribuyó al sistema filosófico y teológico escolástico, un sistema basado en la razón, utilizado para reconciliar la fe con la razón. Su principal objetivo era armonizar las enseñanzas cristianas con las obras de los filósofos griegos y luego enseñarlas al pueblo. Creía que era contradictorio negar que existe un *Ser* que es el más grande posible, porque Él es necesario para explicar lo que existe. Entonces,

5. *Ibid.*

podemos deducir la existencia de Dios a partir de la misma definición de Dios.

Fue influenciado por Agustín a la hora de considerar la fe como la base del conocimiento y que la razón era capaz de profundizar su fe; sin embargo, en vez de citar la Escritura, usaba las habilidades de la razón para llegar a sus conclusiones, aunque aceptaba que entender a un Dios trino iba más allá de las capacidades de la comprensión humana.

Aunque Anselmo hizo una separación de las creencias ortodoxas, todavía quedaban pinceladas. No creía en la revelación ni en la encarnación de Jesús, lo cual resultaba en cuestionar la autoridad de la Biblia. La razón por la cual creía que Dios existía es que, si Dios es lo más grande que existe y uno tiene la capacidad de concebirlo, entonces un Dios en la realidad debe ser aún más grande que nuestros pensamientos sobre Él. Por lo tanto, Él debía existir realmente.

Anselmo también desarrolló la idea de que la muerte de Cristo fue necesaria para la expiación de nuestros pecados para satisfacer la justicia divina y reparar la ofensa causada por el pecado humano que manchó la santidad de Dios, contrario a lo que la Iglesia Católica Romana enseñaba, diciendo que la muerte de Jesús fue el sacrificio pagado a Satanás por el rescate del hombre esclavizado por él. Ese punto es importantísimo porque Dios también es el Dios de Satanás, y Satanás no necesita recibir un «pago» por el pecado que él mismo provocó.

Anselmo, al igual que Agustín, creía que el hombre perdió el estado de justicia (su santidad) con la caída, pero tenía aún la responsabilidad moral y la tendencia a hacer un mal uso de la libertad otorgada por Dios para tomar decisiones. La justicia perdida en Génesis 3 fue restaurada por la gracia de Cristo en la redención, y entonces el pecado era incapaz de dañar la libertad que había sido restaurada. Al reflexionar sobre esto, vemos el amor incondicional de Dios, quien restauró al hombre, el cual voluntariamente eligió rechazar la habilidad de hacer lo correcto. Aunque su enfoque estaba desviado, es refrescante ver que la razón combinada con la revelación de Dios puede acercarnos afirmando nuestras creencias a través de la filosofía cuando tenemos un corazón devoto al Señor.

A diferencia de los otros filósofos estudiados, quiero introducir a uno de los islámicos por el impacto que tuvo sobre el mundo occidental, comenzando en Francia.

Averroes (1126-1198)

Influenciado por Aristóteles, Averroes creía que el mundo era eterno, aunque esto contradecía las creencias del islam. Para protegerse de los teólogos islámicos, Averroes postuló la teoría de la doble verdad, que consistía en que una premisa pudiera ser verdad en la filosofía, pero no ser verdad en la teología al mismo tiempo. Esto representa una contradicción a la ley de la no contradicción, que dice que «A» no puede ser «no A» al mismo tiempo, y en el mismo sentido estaba abriendo el camino hacia la verdad relativa y el deconstruccionismo de nuestros días. Como la idea del deconstruccionismo actual es, en parte, deshacernos de los valores que tradicionalmente han sido aceptados por siglos, entonces, una persona puede identificarse como perteneciente al sexo opuesto a pesar de que su apariencia física, biología, genética y hormonal sean contrarias a lo que esta persona afirma.

Tomás de Aquino se levantó para contrarrestar esta idea porque la existencia de Dios podría ser conocida tanto en la filosofía como en la naturaleza. Una complementaba a la otra, y entonces lo que es verdad en una, por necesidad es verdad en la otra. Como tanto la naturaleza como la Biblia revelan a Dios, y toda verdad es revelada por la gracia del Señor, entonces toda verdad es verdad de Dios.

Tomás de Aquino (1225-1274)

Tomás de Aquino es otro de los grandes pensadores del tiempo medieval, quien fue capaz de reconciliar, en cierta manera, la filosofía aristotélica con la teología cristiana. Aquino, al igual que Anselmo y Agustín, buscó la manera de reconciliar la fe con la razón, porque en su mente no eran mutuamente excluyentes. Ambas podían llegar a la verdad, aunque la teología pudiera hacer el entendimiento más completo, mientras los argumentos filosóficos pudieran mejorar el entendimiento de los conceptos teológicos.

Tomás apelaba a que había principios morales en las leyes naturales que nos guiaban a tomar decisiones éticas (Rom. 1:20). Si el mundo existe, por definición, Dios existe, porque debe haber una primera causa o, como Aristóteles lo llamaba, el «promotor inmóvil», y a través de estudiar la naturaleza podemos conocer algo de Dios. Él creía que Dios estaba en un reino metafísico, lo no visible; sin embargo, podemos conocerlo a través de lo que vemos. Otra similitud con Aristóteles es que nuestra búsqueda debe ser lo «bueno» para así vivir vidas morales.

La revelación de Dios ilumina la mente finita haciéndola capaz de entender más de Dios, aunque nunca llegaríamos a entenderlo en Su totalidad. La capacidad de Aquino para considerar la fe y la razón en el mismo contexto ha contribuido a la aceptación de que las universidades religiosas pudieran centrarse también en la investigación científica. Aunque no inventó el método científico, para llegar a sus conclusiones postuló algo parecido: cuando se formula una pregunta, se declaran las objeciones o los contrarios, y luego se responde a cada uno para llegar a la verdad.

En el mundo moderno, donde se percibe una contradicción entre la revelación divina y la razón humana, la ciencia y la religión, la filosofía y la teología, y lo natural y lo sobrenatural, Aquino ayudó a disipar la confusión entre los principios de la fe y los principios de la razón mediante un análisis de cada uno, y luego concluyó haciendo una síntesis de cada uno para unirlos. El resultado final es que la revelación divina ilumina la razón humana y la razón humana explica la revelación divina.

Tomás de Aquino (1225–1274)

El nominalismo

Quiero mencionar otra rama de la filosofía que comenzó en esta época como reacción al realismo platónico, conocida como nominalismo, iniciada por Guillermo de Ockham (1287–1347), un fraile franciscano, filósofo y teólogo inglés.

Tanto Platón como Aristóteles creían en los universales, las «formas», una representación perfecta de todo lo que existía. Para Platón, los universales existían en el reino invisible, mientras que para Aristóteles existían en el objeto. Para Guillermo, las ideas de los universales eran meros nombres sin ninguna realidad correspondiente, porque lo que cada persona imaginaba era distinto; por lo tanto, solo existían en la imaginación o en los particulares. Ahora, para entender los universales y los particulares, los universales son características compartidas que pueden atribuirse a la suma de los particulares en los objetos. Por ejemplo, un perro es un animal mamífero, carnívoro, cuadrúpedo de la especie canina que normalmente tiene un rabo y que ladra. Los particulares, por el contrario, son componentes individuales de un objeto como el rabo o las patas del perro.[6] En otras palabras, alguien pudiera usar el nombre «perro» para designar otro animal u otra cosa, aunque estas no tengan las características típicas del perro. Esto nos deja ver que ciertamente las ideas tienen consecuencias. Digo lo anterior porque hoy en día se ha aceptado toda una ideología de género que postula que un hombre puede ser una mujer aunque carezca de todas las características típicas del sexo femenino.

Las autoridades acusaban a Guillermo de herejía doctrinal por cuestionar mucho la teología tradicional, como la compatibilidad de la fe con la razón y la posibilidad de demostrar la existencia de Dios, la inmortalidad del alma y la infinitud de Dios, porque estas cosas se conocen solo por revelación, y se alejaba de Tomás de Aquino, quien había devuelto el énfasis en la teología y la filosofía de su tiempo. En aquel tiempo, ya se entendía que la ley natural no podía desarrollar la ética, sino que es por un mandato de Dios.

La razón por la cual revisamos el punto de vista de Guillermo es porque representa la base de lo que estamos viendo hoy, una

---

6. Nikolai Bachter, *Thinking about Thinking, A Sketchbook about Philosophical Ideas*, Philnotesblog, 2 de abril de 2017, https://philnotesblog.wordpress.com/2017/04/02/universals-and-particulars/.

forma de neonominalismo. La palabra «nominalismo» proviene del latín *nomen*, que significa «palabra», y se refiere a sonidos asignados a algo que refleje el objeto.[7] El nominalismo medieval sugiere que las cosas existen en su cualidad individual y que todo concepto general es inferido o asignado por el hombre y que no existe en realidad. Esto afecta la forma en que definimos las cosas en el presente.[8]

Por ejemplo: el concepto general de «hombre» o «mujer» se entiende como «construcciones» humanas que no existen en la realidad. Y como son meras palabras, tenemos el derecho de ir más allá de ellas porque se entienden como conceptos generales o categorías humanas, y fácilmente, según este pensamiento, pueden asignarse nuevas palabras para describir estas realidades. Por eso, parte de la sociedad cree que, cuando vemos a un hombre o a una mujer, somos capaces de ver las diferencias, pero al ser el «género» algo que habita solo en los pensamientos o en el lenguaje que usamos, entonces podemos considerarnos como nos nombramos. Con esto, muchos concluyen que el «género» puede ser asignado al nacer y que no se trata de una descripción de lo creado o lo que existe.

Este pensamiento también permite que las personas cambien los nombres que describen conceptos generales, porque para ellos, esos conceptos son lo que uno imagina. Por ejemplo: el concepto de que el aborto ahora es salud reproductiva de la mujer y lo que

---

7. Online Etymology Dictionary, *nominalism (n.)*, https://www.etymonline.com/word/nominalism. También se puede consultar en la Escuela de Guerra Naval, Mario Enrique Sacchi, *Guillermo de Ockham: El apogeo del nominalismo escolástico y la imposibilidad de la metafísica*, https://repositorio.uca.edu.ar/bitstream/123456789/12286/1/guillermo-ockham-apogeo-nominalismo.pdf.

8. Filosofía.org, *Nominalismo*, https://www.filosofia.org/enc/ros/nom.htm#:~:text=El%20nominalismo%20era%20una%20corriente,sino%20que%20tampoco%20reflejan%20sus.

una persona cree sobre su género le da una nueva categoría. Según las personas que defienden la idea de neonominalismo, si alguien define su sexo asignado al nacer, de la misma manera que define su género, esa persona es llamada «cismujer» o «cishombre», y una mujer que cree que es hombre es «transhombre» y un hombre que cree que es mujer es «transmujer».[9] La idea de que podemos cambiar los conceptos como lo estamos viviendo hoy, donde ninguno se sostiene como verdad absoluta, no es algo moderno, sino una consecuencia del pasado; estas ideas tienen una trayectoria que comenzó hace generaciones. Pero por haber empezado en la era medieval, no quiere decir que sea la verdad, porque al revisar la historia vemos a quienes se oponían a esas ideas en defensa de la verdad.

El valor que nuestras culturas le dan a la verdad relativa es algo que ha evolucionado a través de muchas generaciones. El problema es que si la verdad, por definición, no puede cambiar, entonces la idea de que «tu verdad está bien para ti» y «mi verdad está bien para mí» es imposible cuando las dos son contradictorias porque, como dije, la ley de no contradicción implica que, al haber proposiciones contradictorias, ambas no pueden ser verdaderas en el mismo sentido y al mismo tiempo.[10]

---

9. Un cishombre es un hombre y una cismujer es una mujer (como siempre lo hemos entendido en ambos casos), pero estos términos han sido provistos en los últimos años con el afán de apoyar una agenda específica. Por ejemplo: Planned Parenthood es una organización con ideas políticas liberales que apoya el aborto y ha desarrollado un documento que explica estos términos, https://www.plannedparenthood.org/es/temas-de-salud/para-adolescentes/todo-sobre-sexo-genero-e-identidad-de-genero/que-significa-transgenero-y-cisgenero#:~:text=A%20estas%20personas%20se%20las,son%20transg%C3%A9nero%20(o%20trans).

10. Filosofía y educación, *Tema 9: El principio de no contradicción: la ley suprema del ente*, https://www.filosofiayeducacion.es/TEMA-9-EL-PRINCIPIO-DE-NO-CONTRADICCION-LA-LEY-SUPREMA-DEL-ENTE-DE-DONDE-NO-HAY-C-230.html.

Si defendemos la existencia de la relatividad, ¿quién decide qué es la verdad? La definición de la verdad para quienes defienden ciertas filosofías es que «el propio concepto de verdad cuenta con tantos matices y variedades como explicaciones, por lo que no puede reducirse a una definición única».[11] Para este grupo de personas, la verdad ya no es lo que es, sino como el hombre la define. Esto refleja cambios que en principio parecían pequeños; sin embargo, con el paso de las generaciones, se han agrandado y han traído resultados desastrosos para la sociedad.

Es vital entender que los cambios en la forma de pensar del pueblo no ocurren en un vacío ni sin ser afectados por la cultura, sino en una relación estrecha con ella y con lo que está ocurriendo en ese espacio de tiempo específicamente. Aunque los filósofos son aquellos que han impulsado e influenciado la cultura y la forma de pensar del pueblo, también están influenciados por los acontecimientos. Nadie vive en un vacío y con una mente en blanco, sino en medio de un pueblo con circunstancias específicas.

Los pensamientos que construimos poseen una influencia externa y están relacionados con nuestros afectos y nuestras acciones. Por eso, si no evaluamos nuestros pensamientos y la forma en que afectarán la dirección de nuestras vidas, seremos ciegos ante los patrones que están produciendo y las consecuencias buenas o malas de nuestra cosmovisión. Los filósofos están comprometidos a examinar y evaluar la vida para dar significado a las experiencias humanas, tanto personales como de la comunidad. El problema es que son falibles porque son humanos caídos, y entonces sus opiniones son precisamente meras opiniones, y no necesariamente

---

11. Iñaki Domínguez, *¿Qué es la verdad? Siete definiciones desde la filosofía*, Ethic, 4 de septiembre de 2024, https://ethic.es/2024/09/que-es-la-verdad-siete-definiciones-desde-la-filosofia/#:~:text=De%20acuerdo%20con%20la%20teor%C3%ADa,es%20la%20idea%20del%20Bien.

verdades absolutas sobre las cuales deberíamos formar nuestras ideas y tomar decisiones. El único lugar donde encontraremos la verdad absoluta es en Dios, y el lugar donde Él ha plasmado esa verdad es la Biblia.

En conclusión

Quiero animarte a evaluar lo que creemos comparándolo con la Escritura, a meditar sobre la verdad bíblica y nuestras motivaciones, que suelen ser imperceptibles y engañosas (Jer. 17:9). Debemos ejercitarnos en pedirle al Espíritu Santo que ilumine las áreas de nuestra mente que están entenebrecidas (Ef. 4:18) para transformar nuestra mente (Rom. 12:2) y alinearla con la mente de Cristo (1 Cor. 2:16). Este debe ser nuestro norte, lo que guíe nuestra cosmovisión a pesar de los preceptos que los filósofos profesan. Esto es para prevenir que vivamos como la cultura dicta, que sería igual a simplemente «movernos como por control remoto» sin capacidad de razonar. Nuestra cosmovisión dirige nuestros pensamientos, lo que a su vez dirige nuestras acciones y afecta nuestra cultura.

Al examinar los pensamientos filosóficos, vemos que cada generación tiene una gama de ideas que se contradicen unas con otras aun en la misma generación; sin embargo, cuando uno evalúa con un lente amplio, se nota que cada generación se aleja más de la verdad porque las ideas nuevas están basadas sobre los errores de la anterior.

Sabemos quién es el príncipe de este mundo (Ef. 2:2) y entonces, lo que vemos es precisamente lo que uno esperaría. Los filósofos son grandes pensadores, personas inteligentes; no obstante, no necesariamente son sabios. La sabiduría no es solamente conocer información, sino saber cómo aplicarla correctamente a tu vida, y sin conocer al Sabio, esto es imposible. Sin embargo, nosotros podemos ser sabios, como nos asegura el Salmo 19:7: «La ley del Señor es perfecta, que restaura el alma; el testimonio del Señor es seguro, que hace sabio al sencillo» (NBLA).

Aunque el mundo confía en su «sabiduría», nosotros conocemos la verdad. Si hay algo que la Biblia y la vida nos han demostrado es que nunca podemos confiar en la sabiduría del mundo porque es terrenal, natural y diabólica (Sant. 3:15). Por definición, la verdad es algo que no cambia, y entonces, que las filosofías siempre estén cambiando pone en evidencia que no son confiables.

Pues habiendo conocido a Dios, no le glorificaron como a Dios, ni le dieron gracias, sino que se envanecieron en sus razonamientos, y su necio corazón fue entenebrecido. Profesando ser sabios, se hicieron necios, y cambiaron la gloria del Dios incorruptible en semejanza de imagen de hombre corruptible, de aves, de cuadrúpedos y de reptiles.

Romanos 1:21-23

05

El hombre como el centro

Es importante entender que, aunque los historiadores les han puesto diferentes nombres a las diversas épocas, y de esta manera dan la impresión de que son bloques aislados, realmente la historia se desarrolla como ríos que fluyen el uno hacia el otro, y en muchos casos son ideas, circunstancias, eventos superpuestos. La influencia que ejercen las decisiones tomadas en el transcurrir de la historia puede ser imperceptible en lo cotidiano. Sin embargo, esto no erradica el efecto poderoso que tienen sobre el desarrollo del pensamiento de unos y que a su vez afecta a la próxima generación.

El período del Renacimiento (siglos XIV-XV) marcó una transición de la era medieval a la moderna, ayudando a dar forma a la trayectoria del pensamiento occidental en los siglos venideros. La forma de pensar se convirtió en el humanismo centrado en el hombre y en la observación empírica de la naturaleza (la obtención de información o datos a través de la experiencia directa y la observación de fenómenos), dando lugar a la Revolución Científica de los siglos XVI y XVII. Esto ocurrió en todas las áreas de la ciencia. Los cambios fueron sísmicos e impactaron no solo la educación, sino también la literatura, la economía, las culturas, la política y hasta la religión. Anteriormente, Dios era el centro de la vida y todo se hacía para traer gloria a Él. Ahora, todo apuntaba hacia el hombre. Fue un cambio total en la cosmovisión; no solo en Italia donde comenzó, sino que se esparció al resto del mundo debido a los avances en la tecnología, como la invención de la imprenta.

El Renacimiento se caracterizó por el «retorno a la Antigüedad», y esto produjo una recuperación de la tradición filosófica, artística y política tanto de Grecia como de Roma, las mismas que anteriormente el catolicismo había tenido como paganas durante siglos.[1] Esto contribuyó al surgimiento y difusión de las ideas del humanismo con una nueva concepción del hombre y del mundo. En términos filosóficos, el Renacimiento fue un movimiento que se alejó del catolicismo y del escolasticismo (combinación de la fe y la razón) medieval, enfocándose más en lo «humano» con un énfasis cada vez mayor en lo temporal y personal (humanismo e individualismo), en lugar de simplemente ver este mundo como una puerta de entrada al «más allá» cristiano.

El Renacimiento surgió por primera vez en Florencia, Italia, como un movimiento cultural que buscaba recuperar los valores e ideales de la cultura clásica que habían perdido.[2] La principal característica radicaba en la secularización y reorganización de la sociedad, alejándose de la doctrina religiosa y acercándose a un estado autónomo y con intereses diversos. En vez de educar únicamente a las élites, tanto a los aristocráticos como a los religiosos, y hacerlo en latín, comenzaron a alcanzar a todo tipo de personas en su propia

1. Los editores de Encyclopaedia Britannica, «Renaissance European History», Encyclopedia Britannica, actualizado el 7 de febrero de 2025, https://www.britannica.com/event/Renaissance.

2. *Ibid.*

lengua, dándoles una mayor libertad de investigar las áreas culturales, filosóficas, científicas y artísticas.

Y, como en cualquier cultura, el arte de aquel entonces mostraba las creencias de la época. Además, las figuras humanas en las pinturas o en las esculturas se representaban de manera más naturalista pero idealizada. Los artistas estudiaron la anatomía para ser capaces de desarrollar el arte con detalles precisos. Otro cambio significativo de la época fue que los artistas comenzaron a firmar sus obras adjudicándose el crédito, a diferencia de la época del Prerrenacimiento, donde la gloria era para Dios. Este antropocentrismo, fundado en el humanismo, hizo que el ser humano creyera que realmente era la criatura predilecta de Dios, llevándolo gradualmente a considerarse el centro del universo, por lo cual cree que debe recibir toda la gloria, en vez de dar dicha gloria a Dios.

Es interesante ver cómo los acontecimientos no ocurren aislados, sino que uno afecta al otro, y esto cambia la forma de pensar de la gente. Con la caída de Constantinopla en 1453 a manos del Imperio otomano, muchos eruditos orientales huyeron hacia Italia y llevaron consigo sus libros y manuscritos sobre el conocimiento griego clásico, lo que ayudó a fomentar las ideas y los valores del Renacimiento en Europa. Esto trajo un resurgimiento de las filosofías romanas y griegas que se convirtieron en el modelo de referencia. Estas nuevas ideas no se enfocaron en la providencia de Dios para explicar los fenómenos, sino que, al comenzar el pensamiento racional (tanto el científico como el filosófico), tuvieron como motivación el desarrollo de herramientas para el descubrimiento del mundo, de la naturaleza y del hombre.

Uno de los cambios relevantes en la forma de pensar de la sociedad produjo el movimiento de la Revolución Científica (1543-1687), que se caracterizó por plantear nuevas maneras de comprender el funcionamiento de la naturaleza a través del mismo razonamiento. Como notaron que la naturaleza era un sistema ordenado e invariable, comenzaron a utilizar la observación, la experimentación y el razonamiento (método científico) para llegar a conclusiones sobre el mundo físico, que dependía de sus propias observaciones, llevándolos a conclusiones lógicas. Desafortunadamente, extendieron sus ideas más allá de la ciencia para incluir otras áreas, y esto se convirtió en la única fuente de verdad.

Algunos científicos de influencia de esa época, y de quienes hablaré en un capítulo subsecuente, son Copérnico, Newton y Galileo. Copérnico refutó la idea de que la Tierra era el centro del universo y propuso en su lugar al Sol como el centro (1543).[3] Esto lo llevó a ser etiquetado como hereje por la Iglesia Católica Romana, la cual condenó y ejecutó al filósofo y fraile Giordano Bruno por creer también en esta teoría. Por otro lado, Isaac Newton descubrió la ley de la gravitación y Galileo, conocido como el padre de la ciencia, confirmó la teoría de Copérnico y descubrió el concepto de la inercia. Además, desarrolló el telescopio, con lo cual descubrió diferentes planetas, tal como Júpiter.[4]

Los avances en la ciencia fueron grandes, y el uso de la imprenta aumentó la divulgación del conocimiento entre los alfabetizados. La sociedad, que en su mayoría era agrícola y sin educación formal, estaba cambiando hacia el sector urbano, y esta es una de las razones por las cuales las ciudades alcanzaron mayor auge y fueron impuestas como centros de referencia. Esta fue una de las formas en que se produjo la liberación del feudalismo, al dar a la sociedad mayor

---

3. Sheila Rabin, «*Nicolaus Copernicus*», Stanford Encyclopedia of Philosophy, 29 de septiembre de 2023, https://plato.stanford.edu/entries/copernicus/.

4. Christopher J. Wells, «*Classical Physics - From Copernicus to Newton*», Technology UK, 30 de abril de 2018, https://www.technologyuk.net/science/classical-physics/from-copernicus-to-newton.shtml.

libertad política y formar pueblos con sus propios gobiernos locales. Se nota cómo los cambios estaban afectando muchas áreas como la religión, la ciencia, la estructura política y la económica, lo que dejó al mundo medieval en ruinas, mientras se formaban las condiciones perfectas para moverse hacia la modernización, llevándolos hacia lo que conocemos como el Renacimiento y el humanismo.

En 1448, Johannes Gutenberg introdujo una imprenta moderna, la cual aumentó la capacidad de producir libros con mayor rapidez y que contribuyó al crecimiento tanto de la alfabetización como de la comunicación y la educación.[5] El primer libro impreso y el más reconocido fue la Biblia de Gutenberg, en 1455.

Como mencioné antes, entre las filosofías que nacieron en este tiempo está el humanismo, donde el enfoque estaba en el hombre, el valor humano y la dignidad del individuo, pero también incluía la perspectiva del individualismo, el escepticismo, el secularismo, el clasicismo y el mecenazgo.[6] Esto provocó un cambio en todas las áreas de la vida, alejando al pueblo de Dios y acercándolo a un enfoque en el ser humano cada vez mayor, en lo temporal y personal, que reemplazaba el enfoque en la comunidad y en Dios.

Y como si esto no fuera suficiente, al mismo tiempo había otra revolución que estaba ocurriendo dentro de la Iglesia, la Reforma protestante (1517-1648). El mundo secular estaba apartándose del control antibíblico que la Iglesia Católica Romana había ejercido y el pueblo estaba educándose, y dentro del mismo sacerdocio estaban Martín Lutero y otros como Calvino, Erasmo, Hyldrich y

---

5. The Information Architects of Encyclopedia Britannica, «*Johannes Gutenberg: Facts & Related Content*», Britannica, https://www.britannica.com/facts/Johannes-Gutenberg.

6. El mecenazgo es la ayuda prestada a una actividad cultural, artística o científica, procurando su desarrollo y crecimiento.

Zwingly, quienes también estaban influenciados por los ideales humanistas, pero sobre todo por la verdad bíblica, y reaccionaron contra la corrupción y los abusos; el más famoso de todos fue la venta de indulgencias.

En 1517, Lutero clavó sus 95 tesis en la puerta de la Iglesia del Castillo en Wittenberg, Alemania, en las cuales llamaba a la Iglesia a revisar sus creencias, sobre todo aquellas relativas al perdón de pecados.[7] Su meta nunca fue dividir la Iglesia, sino traerla de regreso a la verdad bíblica. Sin embargo, la reacción de las autoridades fue más agresiva de lo que esperaba. Al leer la Biblia, Lutero entendió que la única autoridad en todos los asuntos de fe y conducta era la Escritura y que la salvación era solo por la gracia de Dios y solo a través de la fe en Jesucristo. El impacto que tuvo en la sociedad fue sobre la libertad de religión, la libertad de conciencia, la dignidad del individuo y hasta la democracia política. Aunque el enfoque de Lutero estaba dirigido hacia Dios, la influencia del humanismo en la sociedad provocó desconfianza hacia las autoridades religiosas. Otro de los resultados fue un grupo de personas que buscó el conocimiento y una relación personal con Jesús a través de la lectura de la Biblia, desligándose de la Iglesia Católica Romana.

En resumen, vemos una progresión en la Edad Media; la importancia fue colocada en la comunidad en lugar de la Iglesia, mientras que, en el Renacimiento, la cosmovisión cambió hacia el individualismo, con el deseo de aprovechar la vida. En vez de vivir y trabajar en familia como una entidad en el campo, las ciudades comenzaron a tener la prominencia, dirigiendo al pueblo hacia la

---

7. David B. Morris, «*Martin Luther as Priest, Heretic and Outlaw*», Library of Congress Research Guides, 6 de noviembre de 2023, https://guides.loc.gov/martin-luther-priest-heretic-outlaw.

revolución industrial que, aunque mejoró las diferentes economías, trajo abusos culturales y deterioró la unidad de la familia por sacar al padre del cuadro familiar.

La concepción de Dios para el ser humano fue cambiando de manera positiva, pero también de manera negativa. En la época medieval, la cosmovisión acerca del hombre era que somos pecadores sin la capacidad de hacer lo bueno, y esto producía temor porque Dios era visto como el juez. En el Renacimiento, a través de la educación, el hombre fue visto como lo más destacado de la creación y, aunque el hombre era pecador y Dios era aún el juez, era imposible ganar la salvación. La Reforma protestante ayudó a revelar que nuestro Dios es misericordioso y anhela salvar a Su pueblo.

Hasta este punto, las personas habían buscado la respuesta a los problemas de la vida en la Iglesia, donde la mayoría de los pensadores influyentes eran figuras eclesiásticas; sin embargo, las personas empezaron a capacitarse, desarrollando nuevas ideas, y muchas decidieron obviar la verdad bíblica. De una forma u otra, la sociedad empezaba a pensar por sí misma. Con la Biblia accesible y traducida a la lengua del pueblo, los cristianos ya podían tener una relación más íntima y personal con Dios. La educación se extendió también a otros campos como la historia, la astronomía, la literatura, el arte y la retórica, con un énfasis en la conducta y las habilidades humanas.

Más adelante veremos dos gigantes que comenzaron a abrir el paso para la Reforma y desviaron el enfoque del humanismo que había entrado en la Iglesia. El primero fue John Wycliffe (1320-1384) y el segundo, Jan Hus (1369-1415).[8] Wycliffe, un

---

8. Dr. Jack Kilcrease, «*Reformers Prior to the Reformation*», Lutheran Reformation .org, 5 de octubre de 2017, https://lutheranreformation.org/history/reformers -prior-reformation/.

profesor de Oxford, enseñaba que la Biblia era la suprema autoridad y que el hombre necesitaba volver a Cristo a través de ella. Por consiguiente, terminó traduciendo la Biblia al inglés y, al mismo tiempo, influenció a Jan Hus, que pensaba de manera similar. Ellos lucharon contra el humanismo que había penetrado en la Iglesia y que colocaba la importancia sobre el hombre, y donde la autoridad eclesiástica se colocaba por encima de la Biblia, enseñando que el hombre debía tener algún mérito para ganar la salvación. Después de las enseñanzas de estos dos hombres, surgieron dos caminos en el Renacimiento: uno hacia el humanismo, donde el hombre era autónomo e independiente, y el segundo hacia la Reforma.

La Reforma

Martín Lutero (1483-1546) fue la persona que inició la Reforma protestante cuando clavó las 95 tesis en la puerta de la iglesia en Wittenberg en 1517.[9] Lutero era teólogo, sacerdote, fraile católico y profesor de filosofía en la universidad de dicha ciudad. Al estudiar las epístolas de Hebreos, Romanos y Gálatas en preparación para enseñar sus clases, su entendimiento sobre la gracia y la salvación cambió radicalmente su forma de pensar. Hasta este punto, Lutero creía que Dios era primariamente un juez, y por momentos odiaba Su justicia porque no encontraba la forma de ganar Su amor por sus propias obras; sin embargo, al leer Romanos 1:17, su carga fue aliviada porque reconoció que la salvación era un regalo para los culpables y no una recompensa para los justos, y esto lo llevó a sentirse liberado.

---

9. Hans J. Hillerbrand, «*Martin Luther, German Religious Leader*», Britannica, actualizado el 14 de febrero de 2025, https://www.britannica.com/biography/Martin-Luther.

Lutero fue excomulgado de la Iglesia en 1521, acusado de atacar tanto al papa como las incongruencias eclesiásticas. Sin embargo, siguió predicando, enseñando, escribiendo y dando conferencias hasta su muerte. Su intención nunca fue dividir a la Iglesia, sino ayudar a reformarla, pero Dios tuvo otros planes y la iglesia protestante nació.

¿Qué cambios ocurrieron con la iglesia protestante? Esencialmente, se eliminaron las distorsiones humanistas que habían entrado en la Iglesia y se volvió al estudio de la Escritura y al sometimiento a su autoridad. La Reforma protestante defendió la salvación mediante la fe y no por obras, dio a conocer el sacerdocio que todos los creyentes tienen (1 Ped. 2:9), la relación personal que cada uno tiene con Cristo, y esto requirió que se limitaran los sacramentos al bautismo, la Santa Cena y el matrimonio. Este último terminó siendo eliminado también como sacramento.

Para que los creyentes pudieran ejercer su rol de sacerdotes, el pueblo necesitaba conocer la Biblia, y por tanto, fue traducida al idioma de la gente. Esto incentivó la comunicación directa entre el pueblo y Dios, en lugar del uso de un mediador entre Dios y Su pueblo, como era el caso de los sacerdotes católicos. La cultura fue impactada por la dignidad que cada persona poseía por ser creada a la imagen de Dios, dándoles libertad de conciencia y de religión, e impartió una pasión por la educación. Según la Escritura, como el mundo fue creado bueno por Dios, los creyentes somos responsables de cuidarlo, y es posible estudiar las leyes científicas por el orden y precisión que tienen por ser creación divina.

Como la congregación se acostumbró a participar democráticamente en la iglesia, fue fácil transferir esto a la formación de la democracia y la libertad civil. La ética de trabajo también fue transformada y esto ayudó a la economía y al capitalismo por una mejoría en la forma de trabajar basada en la honestidad, la diligencia y la convicción de que el trabajo era un llamado de Dios. Al hacerlo bien, el ser humano cumplía el propósito para su vida. También elevó el matrimonio al nivel más alto de la vida cristiana, fortaleciendo el rol del hombre como líder en la familia.

Además, ya que Dios enseña en Su Palabra que hay que preocuparse por los pobres y defender la causa de los oprimidos, algo opuesto a la cosmovisión del mundo, las personas comenzaron a tomar un papel más activo en estas causas sociales, incluyendo la abolición de la esclavitud, la reforma penitenciara y la mejoría en las condiciones de vida. A su vez, la ayuda a los pobres y el establecimiento de los derechos de las mujeres fueron encabezados por movimientos cristianos con enseñanzas bíblicas.

La Iglesia adquirió una nueva urgencia para la evangelización, que dio origen a diversos movimientos misioneros, tanto nacionales como extranjeros. Y debido a que Lutero enseñaba sobre la autoridad bíblica, y al mismo tiempo el pueblo se enteró de la corrupción dentro de la Iglesia de Roma, esto no solo desafió la autoridad de la Iglesia Católica Romana, sino que también creó un rechazo al sometimiento al papa, a sus obispos y sacerdotes, y esto poco a poco fue alimentando el escepticismo e individualismo. Desafortunadamente, el reconocimiento de la habilidad de funcionar fuera de la Iglesia también impulsó el pensamiento de los humanistas, potenciando su cosmovisión. Lutero hizo la recopilación de lo que hoy se conoce como las cinco solas: sola Escritura, solo Cristo, sola fe, sola gracia y solo a Dios la gloria.[10]

---

10. Ryan M. McGraw, «*¿Qué son las cinco solas?*», Ministerios Ligonier, 5 de diciembre de 2024, https://es.ligonier.org/articulos/que-son-las-cinco-solas/#:~:text=Este%20es%20el%20primer%20art%C3%ADculo,y%20vivimos%20en%20este%20mundo.

Martín Lutero (1483–1546)

Juan Calvino (1509–1564) también jugó un papel importante en la Reforma protestante. Como Agustín, Calvino creía que los creyentes fueron predestinados por elección; sin embargo, Calvino edificó aún más sobre la exclusividad de Dios en llevar a cabo la obra de salvación. La obra de Calvino pudiera ser resumida en la centralidad de la Palabra de Dios, la soberanía de Dios en el gobierno del universo y la creencia en que la fe cristiana debe impactar la ética de trabajo. Sin embargo, Calvino es más conocido por lo que muchos conocen como el «TULIP», un acróstico que resume su teología en inglés:

T*otal depravity* – Depravación total
U*nconditional election* – Elección incondicional
L*imited atonement* – Expiación limitada
I*rresistible grace* – Gracia irresistible
P*erseverance of the Saints* – Perseverancia de los santos

Explicación de los términos

- **Depravación total**: todas las facultades del ser humano fueron afectadas por el pecado.
- **Elección incondicional:** la salvación es por gracia, sin mérito alguno.
- **Expiación limitada:** Cristo murió por Sus elegidos solamente.
- **Gracia irresistible:** cuando Dios llama a alguien, esa persona responde a Su llamado.
- **Perseverancia de los santos:** las personas verdaderamente salvas son preservados por Dios y por tanto, perseveran hasta entrar a la presencia de Dios, sin posibilidad de perder su salvación.

No abundaremos más sobre estos puntos porque no es el propósito de esta obra brindar una explicación teológica exhaustiva de las diferentes teologías de los autores mencionados. Como información de interés, Calvino nunca usó este acróstico (TULIP), mencionado más arriba. Algunos de sus discípulos lo usaron muchos años después (siglo XX) para abreviar la teología de este gran maestro de la Palabra.

Clu, enero 2023

Juan Calvino (1509–1564)

En conclusión

Los cristianos son salvos únicamente por gracia (Ef. 2:8-9), únicamente mediante la fe (Rom. 5:1), únicamente en Cristo (Hech. 4:12), únicamente como lo revela la Escritura (2 Tim. 3:16-17) y únicamente para la gloria de Dios (Rom. 11:36). Toda la obra es por y para Dios, porque el hombre está muerto en sus delitos y pecados (Ef. 2:1), y un muerto no puede hacer nada. Como la autoridad del magisterio de la Iglesia había sido colocada al mismo nivel e incluso por encima de la Escritura, los reformadores cuestionaron y cambiaron dicho entendimiento. Por tanto, la Reforma jugó un papel importante para entender la autoridad de la Biblia. Posteriormente, otros terminaron combinando algunas de estas enseñanzas con el humanismo.

El humanismo del que hablamos más arriba concedió al hombre un alto valor, pero al no estar fundamentado en la verdad de Dios, que reconoce al hombre como reflejo de la imagen de Dios y le confiere dignidad porque fue creado a Su imagen, el valor del ser humano terminó decayendo hasta el punto de convertirlo en una «máquina de producción». Sin embargo, hubo otro sector de la sociedad que, al sostener la cosmovisión bíblica, buscó restaurar el verdadero valor del ser humano.

Como hemos visto, todas las filosofías seculares son reduccionistas porque son incapaces de abarcar todos los aspectos de la vida y explicar la realidad por completo. En contraste, la cosmovisión bíblica puede brindar respuestas coherentes a las interrogantes más importantes acerca de la vida:

- ¿De dónde vengo? - Origen
- ¿Para qué estoy aquí? - Propósito
- ¿Qué es bueno y qué es malo? Moralidad
- ¿Para dónde voy? - Destino

Aun con la coherencia brindada por la cosmovisión cristiana a estas y múltiples otras preguntas, la mayoría de los intelectuales de los últimos dos mil años, no lo han visto. ¿Por qué? Porque, como bien dice Juan 3:19: «Y esta es la condenación: que la luz vino al mundo, y los hombres amaron más las tinieblas que la luz, porque sus obras eran malas». El problema del hombre no es la ignorancia, sino el rechazo de la verdad. Con el humanismo, se llegó a creer que el hombre era «lo máximo», independiente de Dios, y por lo tanto, se niega a someterse a su Creador. A pesar de que la verdad es que una vida de rendición al Señor le traería satisfacción, libertad, propósito de vida y gozo, el hombre natural (sin Dios) no lo cree así, pues se considera capaz de encontrar todo lo anterior por sí mismo. El ser humano ve la sumisión y la búsqueda del Señor como algo inferior, incluso como una forma de esclavitud, cuando en realidad es todo lo contrario.

Engañoso es el corazón más que todas las cosas,
y perverso; ¿quién lo conocerá? Yo Jehová,
que escudriño la mente, que pruebo el corazón,
para dar a cada uno según su camino, según el
fruto de sus obras.

Jeremías 17:9-10

06

La razón como la autoridad

En resumen, la era moderna temprana siguió a la época medieval y se piensa que se extendió desde 1500 a 1800 aproximadamente. Fue un período caracterizado por progresos culturales, sociales, intelectuales y aun religiosos. Durante este período tuvieron lugar el Renacimiento/Humanismo (1400–1500), del cual ya hablamos, la Reforma protestante (1517–1648) y la Ilustración (1650–1815). Todas estas fechas son aproximadas, ya que las diferentes épocas no surgen ni desaparecen de la noche a la mañana. El fin de una se superpone por unos años al comienzo de la otra. La fecha de la era moderna tardía varía de una fuente a otra. Algunos creen que comenzó en la segunda mitad del siglo XVIII con la Revolución Industrial y que terminó con la Segunda Guerra Mundial en 1945. Durante este tiempo se produjo una gran transición. El comercio dejó atrás la producción manual y comenzó a usar máquinas, lo que aumentó la productividad. Sin embargo, algunos extienden este período de la época moderna tardía hasta el año 1989, cuando cayó el muro de Berlín. De nuevo, las fechas no son exactas. Más bien, se escoge un año en particular para marcar el inicio o final de las épocas donde ocurrió un hecho trascendente que sirve de marcador. A manera de ilustración podemos mencionar: 1517, que correspondió al año cuando Martín Lutero clavó sus 95 tesis en la puerta de la catedral de Wittenberg; 1945, que fue el año que marcó el fin de la Segunda Guerra Mundial; y 1989, que fue el año de la caída del muro de Berlín, lo cual llevó eventualmente a la caída del bloque comunista europeo. Algunos usan el año 1989 para marcar el inicio de la época posmoderna.

La era de los descubrimientos (1400-1600)

La era de los descubrimientos, también conocida como la era de la exploración, fue un período de aproximadamente 200 años. Durante este tiempo, se incrementó la exploración de nuevos territorios, lo que llevó a la expansión del poderío de las naciones europeas involucradas. Dichas naciones no solo exploraron, sino que también se propusieron conquistar esas tierras y establecieron colonias que reclamaron como suyas. Este fue un período interesante porque, mientras ocurría este nuevo colonialismo, en Europa surgieron nuevos pensadores con mucho escepticismo y cuestionamientos de la fe cristiana. Pero Dios se encargó de levantar todo un movimiento, conocido como la Reforma protestante que inició con Martín Lutero (1517). Este creció y se fortaleció hasta eventualmente cruzar el Atlántico y llegar a Estados Unidos.

En mi opinión, la Reforma protestante terminó ganando la lucha de ideas al ver el fortalecimiento de la iglesia protestante por muchos años con la influencia de grandes teólogos y líderes cristianos y, más adelante, con la influencia del Gran Avivamiento en Estados Unidos liderado por Jonathan Edwards y George Whitefield, como veremos más adelante. Con la caída de Constantinopla en 1453, la ruta comercial entre Europa y Medio Oriente desapareció, incitando la exploración europea hacia afuera, enriqueciendo la economía europea, induciendo el capitalismo y aumentando su influencia en el resto del mundo. Al mismo tiempo, comenzó la globalización mundial con un aumento del comercio mundial entre el Viejo Mundo (Europa, Asia y África) y el Nuevo Mundo (América y Australia).[1] La invención de los instrumentos de navegación permitió el mapeo global, dando como resultado una nueva visión del mundo y el conocimiento de civilizaciones lejanas.

La expedición inició con Fernando de Magallanes y luego siguió con Cristóbal Colón, expandiendo el territorio de los poderes políticos, mayormente España, Portugal y Francia. Sin embargo, las consecuencias para los nativos de estas tierras fueron desastrosas. Perdieron su tierra, su cultura, recursos y hasta la vida. Muchos se enfrentaron a la esclavitud y a las enfermedades traídas, y 90 % de la población indígena murió. A continuación, iremos viendo algunos personajes importantes de este período denominado la era de los descubrimientos.

Nicolás Copérnico (1473–1543) fue un astrónomo que logró influenciar a otros como Descartes, Galileo, Kepler y Newton.[2] Copérnico cambió la forma en la cual los científicos utilizaban la física y la astronomía para entender el universo, al descubrir que la Tierra no era su centro, y desmintió lo que había sido aceptado como verdad por generaciones. La controversia no solo fue en el mundo científico, sino también en el religioso, porque la Iglesia pensaba que la Escritura —el Salmo 93:1 y Eclesiastés 1:4, entre otros— declaraba que la Tierra era el centro del universo, y por esa razón prohibieron sus escritos por unos 200 años. Galileo vivió

---

1. Jacques Barzun, Timothy C. Champion y otros, «*The emergence of modern Europe, 1500–1648*», Britannica, 17 de enero de 2025, https://www.britannica.com/topic/history-of-Europe/The-economic-background.

2. Robert S. Westman, «*How did Nicolaus Copernicus influence others?*», Britannica, 2025, https://www.britannica.com/question/How-did-Nicolaus-Copernicus-influence-others.

nueve años bajo prisión domiciliaria por enseñar esta «herejía», y esta fue la razón por la cual el filósofo y fraile Giordano Bruno fue quemado en la hoguera. Esto tuvo un impacto sobre el dogmatismo de la Iglesia romana que funcionaba como un estado totalitario, porque lo consideraban como una afrenta a su autoridad.

Nicolás Maquiavelo (1469-1527) aunque este no fue uno de los filósofos más notables de su época, lo incluyo en nuestro estudio porque con él vemos otro cambio que ha afectado la cosmovisión moderna, mayormente la política. Habíamos visto previamente entre los filósofos una pérdida progresiva en el énfasis en las virtudes; sin embargo, Maquiavelo las enterró con su preocupación por la adquisición y retención del poder a cualquier costo. Aunque realmente era como la política funcionaba, las ideas de Maquiavelo influyeron, aún más, en el desarrollo de esta forma de gobernar.

Una de las ideas hacía referencia a que, para lograr el fin propuesto, los líderes deberían estar dispuestos a emplear medios tanto virtuosos como inescrupulosos para lograrlo. Otra idea tenía que ver con que la autoridad no debiera ser religiosa, sino estatal, y basada en la experiencia más que en los conceptos religiosos o morales. La confianza ya no estaba en un Dios soberano y poderoso, sino en el hombre, que decidía su propio destino. Combinando la naturaleza pecaminosa con la cultura basada en el individualismo y humanismo, la manera de pensar seguía reflejando un alejamiento de Dios, estimulando al pueblo a lograr sus propios deseos y no los de Él. Aunque las ideas de Maquiavelo eran contrarias a la Iglesia, proponía utilizar los ideales religiosos como herramientas políticas, ya que «el fin justifica los medios».[3]

---

3. Cary Nederman, «*Niccolò Machiavelli*», Stanford Encyclopedia of Philosophy, 13 de septiembre de 2005, https://plato.stanford.edu/entries/machiavelli/#MoraReliPoli.

Desiderio Erasmo (1466–1536) fue un filósofo, humanista y teólogo católico de origen neerlandés que impulsó la educación clásica.[4] Fue la primera persona que tradujo la Biblia del griego al latín, y que, a pesar de ser católico, creía que leer la Biblia era la forma de conocer a Cristo.[5] Su crítica sobre la Iglesia contribuyó a la Reforma protestante, a pesar de que él nunca la apoyó. Su concepto de la encarnación divina en Cristo apoyó el humanismo, unificando lo secular con lo sagrado, y otorgando importancia a la humanidad. Dado que el hombre tiene la capacidad para superarse a través de la educación y desarrollar el pensamiento crítico, Erasmo era capaz de entender los dogmas. También enfatizó los principios universales de la dignidad humana, la libertad individual y la importancia de la felicidad para vivir una vida plena, tratando al prójimo con compasión, como componentes esenciales de las enseñanzas de Cristo.

Sus creencias humanistas también fueron vistas en que, a diferencia de Calvino y Lutero, Erasmo sostuvo que las doctrinas del arrepentimiento, la conversión y el bautismo dependían de la existencia del libre albedrío y no eran por la elección de Dios. Con esto, Erasmo claramente se desviaba de la verdad de Juan 15:16. Según Erasmo, como el hombre podía resistir la gracia divina, entonces la gracia de Dios no era irresistible (también llamada gracia eficaz), contradiciendo lo que leemos en Juan 10:27–30. Debemos recordar que, mientras nuestro enfoque esté en el humanismo, es imposible entender la incapacidad que tenemos para elegir a Dios

---

4. La educación clásica es un abordaje que da importancia al estudio de las artes y las ciencias clásicas, así como a la literatura grecolatina, la filosofía, la historia y la retórica.

5. Rummel, Erika y Eric MacPhail, *Desiderius Erasmus.* Stanford Encyclopedia of Philosophy, 27 de septiembre de 2017. https://plato.stanford.edu/entries/erasmus/

(Rom. 3:10-12), y esto disminuye la idea que el ser humano tiene del inmenso amor y poder de Dios.

Nastasic, diciembre 2017

Desiderio Erasmo (1466-1536)

Michel de Montaigne (1533-1592) fue un escéptico influenciado por el humanismo e individualismo, que dudaba de la capacidad de la razón humana para llegar al conocimiento de Dios, porque solo la fe podía lograrlo a través de la introspección y la autoexaminación, y no por los sentidos.[6] Para Montaigne, la educación no debería consistir solo en un cúmulo de conocimiento, sino en la capacidad de desarrollar la autoconciencia y el pensamiento crítico. La cultura debería estar abierta a diferentes puntos de vista y permitir la expresión de pensamientos, aun si estos iban en contra de lo convencional. Aunque esto parecería correcto, terminó siendo el principio de la distorsión del concepto de tolerancia, extendiéndose

6. Christopher Edelman, «*Michel de Montaigne (1533-1592)*», Internet Encyclopedia of Philosophy, https://iep.utm.edu/montaigne/#H4.

al relativismo moral porque, según Montaigne, cada cultura decidía su propia verdad. Esta idea no es solo una malinterpretación de lo que realmente es la verdad, sino que también allana el camino hacia lo que vemos hoy: la creencia de que la verdad es individual o personal.

El problema con esto es que el concepto de moralidad puede cambiar de cultura a cultura, pero las verdades no lo hacen. Vemos que la gente se estaba acostumbrando a aceptar las creencias de otros como algo de igual valor entre sociedades, confundiendo la verdad absoluta, aquello que corresponde a la realidad, con la «verdad» relativa, que se ajusta a las culturas y épocas. También vemos la minimización del Dios sabio y soberano, al desviar la atención hacia el hombre y sus preferencias, atribuyéndole a cada ser humano la autoridad para decidir lo que es verdad, y abriendo el camino hacia la abolición de verdades absolutas.

Como para Montaigne todas las religiones eran iguales, tampoco hay razón para evangelizar ni discipular, porque sus creencias son iguales entre ellas, a pesar de que la verdad no concuerde aún con la realidad. Al leer estas ideas, podemos ver la gran diferencia que existe entre aceptar esas ideas y creer en la Verdad que nunca cambia (Isa. 40:8; 1 Ped. 1:25). Esta creencia, la verdad relativa, es el principio que nos ha llevado a la ignorancia de la verdad absoluta. La mayoría de los pensadores escépticos contemporáneos han abandonado la búsqueda de la verdad porque, al creer que no hay forma de encontrarla, concluyeron que no existe. Como hemos visto, apartarse de la Verdad lleva a vivir en arenas movedizas.

Francis Bacon (1561–1626) fue el padre del empirismo y uno de los precursores de la Ilustración.[7] Como buen estudiante de la

7. David Simpson, «*Francis Bacon (1561–1626)*», Internet Encyclopedia of Philosophy, https://iep.utm.edu/francis-bacon/.

Revolución Científica, puso el énfasis sobre la observación empírica: la experimentación y la colección de información que nos lleva al razonamiento inductivo, similar a lo que propuso John Locke. Bacon quería desechar la filosofía antigua para reconstruirla, pero no con el propósito de entender la naturaleza, sino para dominarla y controlarla con el fin de mejorar el bienestar humano. Debido a la caída descrita en Génesis 3, sabemos que el hombre perdió no solo su estado de inocencia, sino el dominio sobre la creación. Bacon postulaba que ambos podían repararse en parte: la inocencia mediante la religión y la fe, y el dominio mediante las artes y las ciencias; es decir, ambas áreas revertirían los efectos de la caída.

Desde un contexto histórico, la filosofía surgió en búsqueda de la verdad, y sabemos que, a su vez, afectaría la historia por las acciones de las personas, quienes actuarían según las filosofías que moldearían la cosmovisión de la época. La Revolución Científica produjo el descubrimiento de Copérnico (el Sol como centro del sistema solar y no la Tierra), lo que nos llevó al escepticismo (Descartes) y a la comprensión de que el hombre no podía seguir aceptando la verdad ciegamente, por ser propagada por las instituciones, sino que necesitaba buscarla por sí mismo. ¿Cómo lo hizo? Al seguir el método científico, que consistía en llegar al conocimiento por medio de la observación, experimentación, análisis y formulación de hipótesis. De esta forma se establece una base nueva, y se llega a la verdad a través de un proceso de pruebas y resultados, cada vez revelando más de la verdad. Bacon, como deísta, en un principio creyó en Dios como Creador, pero luego lo dejó a un lado para pensar en función de las leyes naturales. De nuevo, hubo un cambio sutil en la forma de llegar a la verdad de las leyes de la naturaleza, a través de los sentidos y la observación de cómo seguían las leyes. Esto reemplazó a Dios en la idea humana como autoridad y colocó a los sentidos en su lugar.

Desafortunadamente, Bacon rechazó la interpretación literal de la Biblia abriendo el camino al pluralismo doctrinal y separando la ciencia de la fe, porque los misterios de la fe, como la Trinidad, necesitan ser aceptados por fe y no por métodos científicos. Entonces, según Bacon, no podíamos utilizar las Escrituras como una fuente de información científica. Esto produjo un dualismo, una división entre la teología y la filosofía, que finalmente socavó el fundamento de la doctrina ortodoxa, restringiendo la doctrina a las áreas de la moralidad y la fe, abriendo así la puerta a la tolerancia religiosa. Este secularismo científico quitó a Dios como la causa primaria de la ciencia y como la fuente de adquisición del conocimiento por medio de ella. Es penoso pensar que, aunque Bacon era anglicano, sus filosofías contribuyeron a la secularización del pensamiento occidental, porque caminaba en dirección opuesta a lo que dice Romanos 12:2, que nos insta a transformar la mente según las verdades bíblicas.

Después de Bacon, la filosofía se dividió en dos: el racionalismo, con René Descartes, y el empirismo, con David Hume. Sus ideas socavaron tanto la autoridad de la monarquía como de los funcionarios religiosos y allanaron el camino para las revoluciones políticas de los siglos XVIII y XIX.[8]

René Descartes (1596–1650) fue considerado como el padre de la filosofía moderna, aunque sus ideas impactaron también el pensamiento de la época de la Ilustración. Como había mencionado antes, cuando Agustín demostró la verdad, la filosofía humana se desvaneció, pero revivió con Descartes y su duda metódica, que

8. Kyle Murnen, «*Introduction to Western Philosophy*. Hillsdale College», 25 de febrero de 2023, https://online.hillsdale.edu/courses/promo/introduction-to-western-philosophy?utm_medium=pmax&utm_source=google&utm_campaign=west_phil_oc&utm_term=&utm_content=oc_course&cq_cmp=17816421581&gad_source=1&gclid=CjwKCAiAw5W-BhAhEiwApv4goEna4kaoTWuGZAFIvyhvBr.

consiste en el rechazo de cualquier idea o postulado que pudiera ser dudado. Su idea era encontrar algo que fuera imposible de dudar buscando una base sólida para establecer la verdad. Descartes llegó a dudar incluso que nuestros sentidos pudieran percibir la realidad como realmente es y por eso dudaba de las impresiones sensoriales. Aunque la verdad existe, Descartes dudaba de que fuera posible encontrarla a través de los propósitos de la naturaleza, lo que también ayudó a eliminar el teocentrismo para dar paso al antropocentrismo. Esto produjo una corriente de pensamiento donde el escepticismo paulatinamente volvió a cobrar importancia, sentando las bases para el desarrollo del racionalismo. Vimos que la verdad se escapaba de los filósofos y que la confianza en la Iglesia estaba disminuyendo por una división entre reclamos rivales de autoridades. Esto se combinó con el hecho de que la ciencia también ayudó a que el pueblo perdiera credibilidad en ella, especialmente con el descubrimiento revolucionario de Copérnico, que contradijo lo que la Iglesia creía. Entonces, Descartes buscaba la credibilidad dudando de todo lo que podía.

Como la matemática es una ciencia exacta, y dos más dos siempre es cuatro, Descartes la extendió como una extensión de la lógica, comenzando desde cero y dudando de todo hasta encontrar algo que no se pudiera refutar, y luego comenzó a edificar sobre esta verdad. En su mente, como Dios es racional, Él es quien nos da la habilidad para razonar. Descartes utilizó el razonamiento inductivo, donde reducía las ideas complejas a sus componentes más sencillos y manejables, como el fundamento sobre el cual edificaba el sistema de la verdad; esencialmente, comenzar con algo particular para llegar a lo universal. Descartes abrió el camino hacia la modernidad y el racionalismo porque planteaba la autosuficiencia racional a pesar de que el hombre y los sentidos podían equivocarse (Hech. 17:11). Él confiaba en que Dios garantizaría la fiabilidad de las ideas, y entonces confiaba en las conclusiones humanas. Su duda era tan profunda que incluso llegó a dudar de su propia existencia, llegando a la conclusión de que sí existía porque tenía la capacidad de dudar, lo que lo llevó a su famosa frase: *Cogito, ergo sum*: «Pienso, por tanto, existo».[9]

Recordemos que existía un dualismo entre lo sobrenatural y lo terrenal, el cual ahora se extendió al cuerpo y la mente, donde la mente es inmaterial, pensante y no espacial, mientras que el cuerpo es material, extendido en el espacio y no pensante (dualismo cartesiano).[10] Entonces, para que la racionalidad y el intelecto tengan algún significado, la mente y el cuerpo deben ser separados, y la mente debería tener mayor valor que la materia. Este es el primer paso para allanar el camino hacia un lugar en donde lo que pienses (lo inmaterial) tenga más valor que el cuerpo (lo material). Cuando combinamos esta idea con el nominalismo, del que hablamos antes, vemos el desarrollo de la idea de un mundo transgénero que presenciamos hoy.[11]

Mientras los filósofos empiristas trataron de construir su concepto del conocimiento basándose exclusivamente en los sentidos, los racionalistas lo construían solo a partir de la lógica. A diferencia de Locke y Bacon, Descartes entendía que había un Dios y creía que todos nacemos con este conocimiento, el *sensus divinitatis* de Tomás de Aquino, y que Dios no nos engañaría acerca de la realidad de

9. Gary Hatfield, «*René Descartes*», Stanford Encyclopedia of Philosophy, 3 de diciembre de 2008, https://plato.stanford.edu/cgi-bin/encyclopedia/archinfo.cgi?entry=descartes.

10. *Ibid.*

11. Recordemos que el nominalismo postula que las palabras o nombres que utilizamos para referirnos a objetos o ideas individuales no corresponden a ideas o cosas concretas, sino que son simplemente la forma como decidimos nombrar algo sin ninguna objetividad aparente.

la naturaleza.[12] Al poner a Dios en la ecuación, por lo menos era posible encontrar algunas verdades.

Sus creencias católicas no fueron incluidas en su filosofía, allanando el camino para la separación de la «evidencia» de las creencias religiosas. Sin embargo, con Descartes se produjo un cambio sutil en la cosmovisión cultural, ya que su forma de llegar a la verdad era a través del pensamiento, siguiendo las leyes matemáticas que sutilmente reemplazaban a Dios y colocando el intelecto en su lugar. Ahora, recordemos que lo racional puede funcionar en las cosas medibles como la ciencia; sin embargo, puede causar confusión con ideas abstractas.

Estas filosofías contribuyeron a la secularización del pensamiento occidental, acentuando la necesidad de los creyentes con respecto a lo que Pablo enseñó en Romanos 12:2, de transformar la mente con las verdades bíblicas. De nuevo, vemos que los pensamientos humanos equivocados nos llevan no solamente a creer mentiras, sino a cambiar la forma de pensar que afectaría la formulación de nuestras conclusiones. En este caso, la dependencia y la centralidad recaían en la capacidad de pensar del hombre. Ya no era el Dios eterno, trascendente e inmanente quien completaba la filosofía, sino un dios ausente en la cotidianidad.

Pero Dios, que nunca nos deja solos, paralelamente proveyó algunos avivamientos cristianos mientras la cultura secular estaba alejándose de Él. A manera de ilustración, podemos mencionar el avivamiento evangélico en Gran Bretaña, bajo el liderazgo de **John Wesley** (1703-1791), quien fue levantado por Dios para causar un gran avivamiento. De hecho, algunos historiadores han dicho

12. Gary Hatfield, «*René Descartes*», Stanford Encyclopedia of Philosophy, 3 de diciembre de 2008, https://plato.stanford.edu/cgi-bin/encyclopedia/archinfo.cgi?entry=descartes.

que este avivamiento que Dios trajo por medio de Wesley evitó que Inglaterra pasara por otra revolución como la que sufrió Francia a partir de 1789. John Wesley fue un predicador, misionero y evangelista anglicano que fundó la iglesia metodista. Comenzó a desviarse de los reformadores porque creía que las personas podían ser salvadas por la gracia común y el libre albedrío y no específicamente por la obra de Dios. Influenciado por Martín Lutero, fue convencido de que la salvación era por fe, y la misma era justificadora y santificadora. Su énfasis era en el evangelismo, el discipulado, la santificación y la demostración de la fe a través de la justicia social. A diferencia de Lutero, creía que era posible llegar a la santificación perfecta en este lado de la gloria.

El Señor lo utilizó para producir un avivamiento no solo en Inglaterra, sino a través de los misioneros que llegaron a múltiples países de Europa, así como a regiones de América del Norte, América del Sur, África, Asia (como India y China) y Oceanía (como Australia), entre otros lugares.

TonyBaggett, septiembre 2012

John Wesley (1703-1791)

El Pietismo

Otro movimiento de la iglesia protestante fue el pietismo en Alemania en el siglo XVII-XVIII, encabezado por Phillip Jacob Spencer, un teólogo luterano.[13] Ellos rechazaban la ortodoxia por el intelecto, poniendo más énfasis en la piedad práctica, la moral y en los devocionales sobre la doctrina, para producir un enfoque social. Otro de los énfasis de este movimiento, era la idea de que necesitamos una relación cercana con Dios más que la doctrina, llevando a muchos a pensar que no necesitaban una iglesia. Este movimiento impactó a las iglesias metodistas y a los moravos, dejando un legado contemporáneo de individualismo y moralismo, con una tendencia al activismo, allanando el camino hacia la teología liberal.

Blaise Pascal (1623-1662) fue un científico, conocido como el padre del cálculo y un apologista cristiano. Pascal defendió la autoridad de la Biblia, y dado que el mundo fue creado por Dios, creía que sus reglas eran precisas y podían ser estudiadas. Refutó a René Descartes, quien creía que Dios había abandonado el mundo a las leyes de la naturaleza después de crearlo, lo cual llevó a poner el énfasis en la razón. Pascal entendía la maldad del hombre cuando dijo que «el hombre es capaz de la grandeza y de la miseria».[14] Para Pascal, la religión cristiana no era puramente intelectual, sino que el corazón era el centro perceptivo de las experiencias sobre las cuales la razón funcionaba. Por esto dijo: «El corazón sabe razones que la razón no sabe».[15] La Escritura era el ancla de su fe con Cristo en el centro porque, para él, el hombre sin la Escritura se quedaba en la oscuridad.

---

13. Notas del curso «*Cosmovisión y Apologética II*», Instituto Integridad & Sabiduría, Prof. José Mendoza, enero-abril 2024.

14. James Fieser y Bradley Dowden, «*Blaise Pascal*», Internet Encyclopedia of Philosophy, https://iep.utm.edu/pascal-b/#SH4a.

15. *Ibid.*

La época de la Ilustración en América

El norte del continente americano fue influenciado por las ideas de la Ilustración importadas de Inglaterra, las ideas del escepticismo francés y los pensamientos de Escocia. La influencia política se centró en la libertad, la democracia y la tolerancia religiosa, lo que llevó a la guerra con Gran Bretaña, estimulada por Thomas Paine.

Como el gobierno de Estados Unidos fue formado por deístas como Thomas Jefferson y Thomas Paine, quienes fueron contra el cristianismo, rechazaban las revelaciones sobrenaturales como la inspiración de la Biblia por parte de Dios, las profecías y los milagros. Thomas Paine escribió los «Derechos del Hombre», influenciado por John Locke, pero lo propuesto no era un resultado del sometimiento a Dios (Rom. 13:2), sino que eran derechos inherentes.[16] El gobierno era necesario para mantener la vivencia en comunidad. Un ejemplo es la Declaración de Independencia de los Estados Unidos, que fue un acuerdo mayormente de deístas con solo algunos cristianos como firmantes. El gobierno descansaba sobre ciertas verdades autoevidentes, tanto acerca de Dios como del hombre y del gobierno, que podían ser encontradas en Su creación (ley natural) por haber sido creada por Dios, pero no reveladas en la Escritura.

John Locke (1632-1704) fue un filósofo empirista, médico y gran pensador, reconocido por muchos como la figura más influyente de la era de la Ilustración o el Siglo de las Luces, como también se le llama.[17] Locke también ha sido reconocido como el

---

16. Arnold Fayette, «*How Paine Transformed Locke*», The Thomas Paine National Historic Association, 2023, https://www.thomaspaine.org/pages/resources/how-paine-transformed-locke-by-fayette-arnold.html.

17. William Uzgalis, «*John Locke*», The Stanford Encyclopedia of Philosophy (ed. invierno 2024), eds. Edward N. Zalta y Uri Nodelman, https://plato.stanford.edu/archives/win2024/entries/locke/.

padre del liberalismo y alguien que tuvo una tremenda influencia sobre los fundadores de la nación norteamericana. Su cosmovisión fue fundada sobre las ideas del Renacimiento, promoviendo el ejercicio de la razón crítica basada en la creación y su orden natural. Locke eligió esto en lugar del dogmatismo religioso de su época, debido a los abusos que existían, los cuales influyeron en las revoluciones americanas y francesas. Su creencia en el Dios eterno no la atribuyó al hecho de que el hombre nace con un conocimiento en su conciencia acerca de la existencia de Dios, sino porque era necesaria para explicar la existencia del universo. Si tenemos un universo, por definición, de debe existir una primera causa y esa «causa» es una persona, Dios. Sin embargo, sus creencias se diferenciaban de las de Descartes en que postulaban que cada persona nacía sin el pecado original, ni con información previa, y que el conocimiento era obtenido a través de la percepción sensorial de las experiencias, que Descartes consideraba no confiables. Las ideas se convertían en bloques de construcción y, a través de la conciencia, la duda y el razonamiento, llegaríamos a las ideas complejas. Así nunca hubiésemos podido tener una percepción directa de la esencia de los objetos, si no fuera por las cualidades de ellos.

La filosofía de Locke estaba mayormente en el área política, influenciada grandemente por su formación de los Estados Unidos de América. Según Locke, el hombre tenía derechos inalienables, tanto personales como comunitarios, que incluían el derecho a la vida, la libertad y la propiedad. Estos derechos eran considerados inalienables porque derivan de la naturaleza misma. Locke defendía la idea de un contrato social que obligara al gobierno a defender los derechos naturales de los individuos. Pero a diferencia de lo que planteaba Thomas Hobbes, dicho contrato no implicaba un poder absoluto dado al gobierno, sino un poder gubernamental restringido, donde los individuos en el Estado se unían para formar una sociedad civil que protegía los derechos naturales del pueblo y promovía el bien común. La razón de esto era que la cosmovisión todavía mantenía algo de la influencia que había sido profundamente afectada por una visión bíblica de la humanidad y del gobierno, aunque estaba cambiando. Así, los derechos humanos individuales seguían siendo otorgados por Dios, no creados por el hombre. El gobierno nunca debía interferir con asuntos de conciencia ni de religión, aunque el pueblo debía mantener estos temas en el reino privado, allanando el camino para la separación de la fe y las acciones aceptadas en la sociedad. De este modo, el país fue fundado sin una religión establecida, aunque Locke y los otros fundadores pensaran desde una cierta perspectiva bíblica, creyeran o no.

Aunque Locke creía en la Biblia, realmente no creía en la Trinidad, y para él, Jesús no era divino. Esto abrió el camino hacia el liberalismo cristiano y el unitarismo. El establecimiento de la ley se basó en tres aspectos que continúan ejerciendo influencia aun en nuestra generación: la opinión pública, la ley civil impuesta por el gobierno y la ley divina con sus principios de moralidad interpretados a través de la razón y no de la Biblia.[18] Con esto vemos claramente que, como la Biblia no fue el fundamento de las leyes, esta idea ha llevado a muchos a aceptar prácticas que hoy son consideradas legales que van contra las leyes naturales y bíblicas, como ha ocurrido con el establecimiento del aborto como derecho de la mujer.

Jonathan Edwards (1703–1758) fue un pastor, evangelista, teólogo, filósofo y apologista estadounidense que tuvo un gran impacto sobre la sociedad. Edwards fue elegido como el académico más

---

18. *Ibid.*

grande de Estados Unidos por la Enciclopedia Británica.[19] Jugó un papel fundamental en el desarrollo del Primer Gran Despertar y supervisó algunos de los primeros avivamientos en Massachusetts. Aunque fue influenciado por John Locke, difería de él en que creía que el mundo natural era evidencia del diseño magistral de Dios. Edwards «esperaba rescatar al cristianismo del peso muerto del racionalismo y de la inercia paralizante del escepticismo».[20]

Edwards defendía la idea del avivamiento y el calvinismo, porque sabía que la fe cristiana no puede descansar sobre el intelecto, al ser incapaz de mover la voluntad hacia la obediencia. Él fue quien mejor articuló la combinación y la interacción entre el intelecto, las emociones, la voluntad y la imaginación, y cómo todas ellas cooperan para no tener un intelectualismo frío en un extremo, ni tampoco un emocionalismo en el otro extremo. La fe debe afectar tanto el intelecto como las emociones, porque las personas adquieren una convicción primero, y esas creencias informan sus emociones. De esta manera, tanto lo que conocen como lo que sienten influyen en la voluntad.

Edwards también intentó reconciliar el libre albedrío humano con la soberanía de un Dios todopoderoso, en el sentido de que Dios siempre es la causa de las inclinaciones de una persona; sin embargo, la libertad es lo que le permite llevar a cabo esas inclinaciones. Para Edwards, la voluntad humana era moralmente afectada por su naturaleza caída, y por eso era inferior a la soberanía perfecta de Dios. Él definió el avivamiento como la obra sorpresiva de Dios que llevaba a un aumento tanto en la adoración a Cristo

---

19. William Wainwright, «*Jonathan Edwards*», The Stanford Encyclopedia of Philosophy, 15 de enero de 2002, Edward N. Zalta y Uri Nodelman (eds.), https://plato.stanford.edu/archives/sum2024/entries/edwards.

20. John E. Smith, Harry S. Stout y Kenneth P. A. Minkema, *Jonathan Edwards Reader* (New Haven: Yale University Press, eds., 1995).

como en el amor por la Escritura y por los hermanos, junto con un rechazo al pecado y a la obra de Satanás. Este pensamiento era opuesto al de los pensadores de la Ilustración, donde el enfoque estaba en el hombre y su felicidad. Edwards enseñaba que la evaluación de la vida debería hacerse desde la perspectiva del propósito por el cual Dios creó Su universo (para Su gloria) y de nuestra dependencia del Señor (Rom. 11:36).

Christine_Kohler, diciembre 2020

Jonathan Edwards (1703-1758)

George Whitefield (1714-1770) fue un ministro y evangelista inglés que trabajó con Wesley en fundar la iglesia metodista.[21] Nunca fue pastor de una iglesia, sino que, como evangelista, fue un predicador que viajaba a diferentes lugares. El Señor lo condujo hacia el continente americano, donde predicó una serie de sermones que produjeron avivamientos que se convirtieron en parte del gran despertar de Estados Unidos. Whitefield fundó dos orfanatos,

21. Rupert E. Davies, «*George Whitefield*», Britannica, 23 de diciembre de 2024, https://www.britannica.com/biography/George-Whitefield.

el primero para los caucásicos y el segundo para los negros, y aunque estaban separados, trató a cada uno con dignidad. A pesar de lo que acabamos de mencionar, la cultura afectó parte de su pensamiento, y decimos esto porque Whitefield estuvo a favor de la esclavitud y tuvo esclavos para levantar fondos para los orfanatos; pero nunca los trató como ciudadanos de segunda categoría. Les predicaba y denunciaba a aquellos que no los trataban bien. Whitefield predicó las ideas de la Ilustración, pero espiritualizadas, en el sentido de que la razón es la forma en que una persona entra en la verdad, pero iluminada por la gracia de Dios.

En conclusión

Las consecuencias del movimiento de la Ilustración fueron monumentales y por esa misma razón solo pudimos mencionar algunas caraterísticas relevantes. Por un lado, del teísmo (la creencia en un Dios creador que permaneció en control de Su creación y en contacto con Sus criaturas), pasamos al deísmo (la creencia en un Dios que, luego de crear, abandonó Su creación para que funcionara conforme a las leyes de la naturaleza). Para el ser humano, Dios dejó de ser inmanente (cercano) y luego también dejó de ser trascendente (más allá de la comprensión humana y fuera del tiempo y del espacio). Las leyes ya no se veían provenientes de Dios, sino que se abrazó el concepto de la ley natural. Con la desaparición del concepto de la revelación, desapareció la idea de que Dios inspiró la Biblia y se comenzó a creer que la Biblia no era más que un libro de autores humanos. Al mismo tiempo, la confianza se desplazó de Dios hacia la razón humana. La Iglesia dejó de ser la institución de confianza y fue desplazada por la universidad. Así mismo, el empirismo y el racionalismo crearon un vacío existencial en la sociedad. Desde entonces, la confianza ha estado en la ciencia con la base sobre el gobierno secular. La separación entre el mundo espiritual y el natural se agigantó hasta el punto de que ya no era posible la comunicación entre los dos.

Obviamente, este énfasis en la libertad intelectual y los derechos individuales contribuyó enormemente a los conflictos con los establecimientos políticos y religiosos europeos que cambiaron no solo a Europa, sino que se extendieron al resto del mundo occidental, sobre todo Norteamérica. Hasta la época moderna, Dios siempre formó parte de la cosmovisión humana, pero en el período de la Ilustración, se marcó la separación entre lo sagrado y lo secular, aunque la ética todavía era un puente entre ambos. Entonces, podemos ver cómo gradualmente el alejamiento de Dios continuó hasta el punto en que Nietzsche declaró que Dios había muerto, en el sentido de que la idea de Dios fue sacada del pensamiento del ser humano.

También vimos a Nicolás Copérnico, quien, siendo astrónomo, influenció a otros como Descartes, Galileo, Kepler y Newton en el uso de la física y la astronomía para entender el universo. Luego revisamos algunas de las ideas del filósofo Nicolás Maquiavelo, con su preocupación central en la adquisición y retención del poder a cualquier costo. Michel de Montaigne promovió el relativismo moral y cultural, donde la verdad podía variar entre las culturas. Desiderio Erasmo, quien por lo menos creía en la doctrina cristiana, pero cuyas ideas flaqueaban por la influencia del humanismo, llegando a creer que la conversión dependía del libre albedrío del hombre y no de la elección de Dios. Francis Bacon, un deísta, rechazó la creencia de que había un propósito intrínseco en la ciencia, removiendo lo divino de las leyes naturales. También tenemos a Juan Calvino, que se enfocó en colocar a Dios en el centro, propulsando Su soberanía en todas las áreas de la vida. Vimos a René Descartes, quien creía que la verdad se conocía a través del pensamiento y por seguir las leyes matemáticas, llegando a reemplazar a Dios como autoridad con el intelecto.

Observando los mismos acontecimientos con otra perspectiva, mirando el punto de vista del gran plan del enemigo, vemos que, paso a paso, Satanás ha estado pacientemente llevando a cabo la destrucción del hombre. Los filósofos han ido colocando uno a uno los componentes necesarios para llegar donde estamos hoy. Es evidente que, aunque las perspectivas son distintas, la meta de todos ha sido lograr una vida feliz evitando el dolor y el temor. El diablo se ha afianzado en nuestras vidas y efectivamente ha hechizado al mundo, haciéndolo creer sus mentiras desde el mismo jardín del Edén.

La combinación del rechazo o la malinterpretación de la Biblia, una cultura que se aleja del dogmatismo para aceptar una cultura que no confía y a veces ni siquiera reconoce ningún tipo de autoridad, junto con una filosofía que enfatiza el intelecto del hombre, ha llevado a que todo se dirija hacia una visión centrada solamente en el hombre como el protagonista. Al igual que Copérnico quitó la Tierra del centro del universo con el desarrollo de la ciencia, ahora la población secular ha quitado a Dios como el centro de la humanidad. El pueblo se había despertado a los abusos de las grandes instituciones como la Iglesia (no bíblica) y el gobierno, mientras estaba siendo impulsado a pensar por sí mismo, lo cual ocasionó un malestar en la sociedad y contribuyó a las revoluciones francesa y americana.

Para entender cómo la cosmovisión afecta la historia, vemos la Revolución Estadounidense (1775-1783), donde las trece colonias del noreste en el Nuevo Mundo prosperaron por más de cien años, independientes y autosuficientes.[22] En 1763, al ganar la guerra con Francia, Gran Bretaña trató de imponer mayor control sobre

22. Willard M. Wallace, «*American Revolution*», Britannica, 7 de febrero de 2025, https://www.britannica.com/event/American-Revolution.

las colonias, restringiendo los territorios que podían colonizar e incrementando los impuestos, no solo sobre los bienes importados, sino también sobre los bienes producidos localmente, para poder pagar la deuda que acumuló durante los años de guerra. Tanto la inconstitucionalidad por no tener representación en el parlamento británico como el aumento en los impuestos, junto con la cosmovisión del racionalismo e individualismo, produjeron en los colonos un malestar y, a través de varias confrontaciones, lucharon hasta lograr separarse y declararse un país independiente. Todo caminaba en la misma dirección: los poderes totalitarios estaban perdiendo su control sobre las sociedades mientras el pueblo creía tener la razón, pero no basada en principios bíblicos, sino apoyándose en su propia sabiduría. Sin embargo, Dios nos dijo hace mucho tiempo atrás: «Fíate de Jehová de todo tu corazón, Y no te apoyes en tu propia prudencia. Reconócelo en todos tus caminos, Y él enderezará tus veredas. No seas sabio en tu propia opinión; Teme a Jehová, y apártate del mal; Porque será medicina a tu cuerpo, Y refrigerio para tus huesos» (Prov. 3:5-8).

07

El alejamiento de la Verdad

La filosofía moderna

La filosofía moderna proveyó un gran giro para la sociedad, porque algunas personas dejaron de creer que sus vidas estaban siendo dirigidas por Dios y que el ser humano podía hacer el bien por naturaleza. En su lugar, comenzó a desviarse hacia otra dirección para rehacer el mundo y hacia los intereses propios de los individuos. Incluso con una mirada superficial, con esta cosmovisión sería imposible mantener la paz en la comunidad. Cuando todos están preocupados solo por sí mismos, la vida placentera se desvanece y aumentan los temores porque no existe la confianza ni aun en los vecinos. Entonces, con todo esto, muchos dejaron a un lado la filosofía, como una forma de buscar la verdad y el bienestar, para comenzar a usarla en el ejercicio del poder, lo que finalmente dio lugar a los «sueños totalitarios».

La era de la Ilustración, también conocida como la «Era de la Razón» (1650–1815), fue un período en la historia europea, mayormente en Inglaterra, Francia y Alemania, aunque Estados Unidos también recibió el impacto.[1] Esta época se caracterizaba por una creencia exagerada en la perfección de la humanidad, basada en

1. William Bristow, «*Enlightenment*», The Stanford Encyclopedia of Philosophy, 29 de agosto de 2017, https://plato.stanford.edu/entries/enlightenment/.

el individualismo y la libertad, los cuales primaron sobre la fe, el colectivismo y la opresión. Fue un movimiento intelectual y cultural que puso énfasis en la razón sobre la «superstición» o, dicho de otra manera, la ciencia sobre la «fe ciega». Aun en la forma de expresarse se nota el concepto anti-Dios y antirreligioso. Esencialmente, sintetizó una cosmovisión en la cual, aunque incluía tanto a Dios como al hombre y a la naturaleza, la única manera de entender el universo, según este nuevo movimiento, era a través de la razón humana y la ciencia. Los filósofos cuestionaron el conocimiento de todo lo aceptado y difundieron nuevas ideas, incluyendo la apertura a nuevas ideas, como la investigación científica y la tolerancia religiosa. Es aquí donde las creencias protestantes fueron reemplazadas con el deísmo y el unitarismo (la creencia en un dios unipersonal, en contraposición al Dios trino de la fe cristiana). Un sistema de creencias donde la razón predominaba tanto en la consciencia como en el carácter, y esto es lo que dictaminaba el criterio para las creencias y prácticas de la religión.

La era de la Ilustración fue considerada un importante punto de inflexión en la civilización occidental, donde el hombre, que ahora estaba «iluminado», había entrado en la «era de la luz», reemplazando la era de la oscuridad. Comenzó a celebrar «la razón» como el poder por medio del cual el universo sería entendido, con la meta de mejorar las condiciones humanas. Esta fue la bisagra sobre la cual cambió la forma de pensar de ser teocéntrica a ser antropocéntrica. Y aunque Dios y lo sobrenatural todavía existían, no tenían influencia sobre el mundo que seguía funcionando por medio de las leyes de la naturaleza (deísmo). En otras palabras, se cree que Dios creo el universo, lo puso en operación y lo dejó para que se sostuviera por sí solo por medio de las leyes inherentes al diseño creado y Dios se desconectó de Su mundo a partir de ese entonces.

Esencialmente, la pregunta que buscaban contestar era: «¿Qué es la verdad?», pero dejaron de aceptar a Dios como la Verdad y el origen de la verdad, dado el antropomorfismo de la época. Desafortunadamente, el ver tantas luchas entre las iglesias y las diferentes denominaciones, no ayudó a su escepticismo acerca de las iglesias. Aun la Reforma no produjo la paz que buscaban, sino, por el contrario, produjo un siglo de guerras religiosas. Las filosofías clásicas de la antigüedad también tuvieron sus discrepancias y fracasaron en encontrar la verdad en la metafísica (el estudio de la realidad que nos rodea y aún más allá, buscando entender si lo que vemos es todo lo que existe o si, por el contrario, hay mucho más que no podemos observar ni investigar en el presente). De esa forma, el hombre comenzó a buscar la verdad en un área diferente y más accesible que Dios, en el individuo. Esto dirigió a Occidente hacia el camino del humanismo, donde el empirismo (la información recibida exclusivamente por las impresiones sensoriales) y luego el racionalismo (la información recibida exclusivamente por la razón humana) se convirtieron en las fuentes de la verdad.[2] Por lógica, entonces, esto excluye todo lo sobrenatural como los milagros, la Trinidad, la encarnación de Jesús, la revelación divina, etc. Por primera vez, el cristianismo tuvo que defenderse en el conflicto que surgió entre la teología y la filosofía. Hasta este punto, ambas habían sido consideradas ramas diferentes. La filosofía ahora se consideraba la rama suprema del saber, mientras que la teología fue relegada, junto con todos los que creían en Dios. Por primera vez, era aceptable declararse ateo y hasta atacar la religión públicamente, algo inimaginable previo a este tiempo. Antes de la Ilustración, era

2. Edward N. Zalta y Uri Nodelman, «*Enlightenment*», The Stanford Encyclopedia of Philosophy, Edición otoño 2023, https://plato.stanford.edu/archives/fall2023/entries/enlightenment.

prácticamente imposible no creer en Dios. Pero con el énfasis en la razón durante esta era, se hizo posible negar la existencia de Dios. Pero las cosas han seguido empeorando desde entonces hasta nuestros días de manera que, para muchos hoy, es imposible creer en ese Dios.[3] Durante la Ilustración, buscaban una forma de cimentar la verdad sobre un fundamento «seguro», sin contar con la revelación divina, la cual pensaban que no había podido ser probada como verdad.

Vemos nuevamente que la sociedad fue construyendo sus creencias sobre aquellas que comenzaron en el período del Renacimiento, llevándonos a la revolución científica y al escepticismo que, aunque había comenzado en el período anterior, tomó más importancia. En el pico de este tiempo, se desataron dos revoluciones importantes: la americana (1775-1783) y la francesa (1789-1799), y produjeron que estas ideas disminuyeran. Tanto el Renacimiento como la Reforma fueron movimientos en favor de la libertad intelectual y no una búsqueda intencional de cambiar la autoridad, pero ambas apelaron a autoridades diferentes: el Renacimiento exaltó al hombre como autoridad en su vida y la Reforma exaltó a Dios como la autoridad de la vida de la humanidad; esto contribuyó a la ruptura entre estos dos movimientos.

La Revolución Científica aceptaba que la aplicación exitosa de la razón a cualquier asunto dependía de su correcta aplicación del desarrollo de una metodología de razonamiento que sirviera como su propia garantía de validez.[4] Esta revolución, combinada con el poder de la imprenta, difundió las nuevas ideas tanto de **John Locke**

---

3. Charles Taylor, *A Secular Age* (Cambridge, MA: The Belknap Press of Harvard University Press, 2007), 3.

4. Thomas Nickles, «*Scientific Revolutions*», The Stanford Encyclopedia of Philosophy, 28 de noviembre de 2017, https://plato.stanford.edu/entries/scientific-revolutions/.

como de **Isaac Newton** y **Voltaire**. Sus enseñanzas produjeron un cuestionamiento del conocimiento que había sido aceptado socialmente hasta este punto.

Al revisar la historia, en especial la historia narrada en el Antiguo Testamento, vemos que, en cada generación, Dios siempre ha dejado Sus «profetas» o voces proféticas luego de ese período inicial. Otras veces, Dios nos ha dejado a personas que han servido de faro de luz en medio de la oscuridad. Espero que puedas ver conmigo que, en ese tiempo que estamos analizando, **Isaac Newton** fue uno de esos personajes. Newton fue un teólogo, matemático y científico que descubrió las leyes del movimiento, como la de la inercia. Sin embargo, a diferencia de los otros pensadores de su época, pensaba que el estudio de la ciencia era confiable porque el universo fue creado por un Dios de orden, y la razón es lo que Dios usa para que nosotros entendamos lo revelado por Él.

Para la sociedad, las metas culturales cambiaron también. En vez de la búsqueda de la verdad de Dios, ahora era la búsqueda del conocimiento. En vez de buscar la libertad, ahora era la felicidad. En combinación, todos estos cambios produjeron un alejamiento de Dios y un redireccionamiento de los pensamientos hacia el hombre. De tal manera que, al final, lo inevitable terminó ocurriendo: la separación entre lo sagrado y lo secular.[5] Es así como la sociedad occidental dejó de pensar en la necesidad de seguir las leyes de Dios reveladas en Su Palabra y en la creación (ley natural) y desarrolló los valores éticos basados en la razón humana, como bien explica R.C. Sproul en su serie de enseñanza titulada *The Battle for Our Minds* [La batalla por nuestras mentes].

5. Brian Duignan, «*Enlightenment: European history*», Britannica, Actualizado el 13 de enero de 2025, www.britannica.com/EBchecked/topic/188441/Enlightenment.

François-Marie Arouet, conocido como **Voltaire** (1694-1778), fue un deísta considerado el símbolo de la Ilustración en Francia y quien ganó fama por sus críticas constantes a la Iglesia Católica Romana y al judaísmo.[6] Sus críticas incluyeron el señalamiento de la Iglesia por ser opresiva y supersticiosa. Como deísta, Voltaire creía que Dios creó el mundo y luego se alejó de Él para que funcionara de acuerdo con las leyes naturales. De esta manera, Dios pasó a existir en la mente del ser humano, un Dios impersonal y sin la capacidad de revelarse, incluso a través de la Biblia. No creía en la divinidad de Cristo, porque entendía que lo que se escribió sobre él, fue hecho siglos después de Su muerte, y esto tuvo como consecuencia abrir el camino al desarrollo de las iglesias liberales, influenciando al pueblo y produciendo dudas. Las enseñanzas de Voltaire etiquetaban las doctrinas cristianas fundamentales como piedras de tropiezo y prescindibles, porque mantenían a la gente alejada de las enseñanzas de Jesús, y hasta redujo la religión exclusivamente al área de la moralidad. Como vivió en una época en la que la Iglesia y el Estado colaboraban entre sí de una forma corrupta, su conclusión fue un llamado a eliminar el cristianismo organizado. Como deísta, el único «evangelio» en el cual Voltaire creía era que la naturaleza fue creada por Dios. Aunque no tuvo una filosofía en sí, Voltaire estimulaba al pueblo a la duda debido a sus críticas constantes.

Voltaire sostenía enseñanzas chocantes y, en ocasiones, contradictorias. Por un lado, creía que los judíos merecían ser castigados, pero estaba en contra de la esclavitud, mientras que al mismo tiempo enseñaba que las personas negras eran inferiores. A pesar de defender la libertad de expresión y la tolerancia al sostener que todas las religiones habían sido creadas por el mismo Dios, sus

---

6. N. E. Cronk, «*Voltaire Foundation for Enlightenment Studies*», University of Oxford, https://www.voltaire.ox.ac.uk/about-voltaire/.

escritos se alejaban de la idea de que Dios creó a toda la humanidad a partir de Adán y Eva, quizás, en parte, debido a su antisemitismo y a sus ideas racistas. Aunque combatía contra la corrupción del gobierno, no confiaba en la capacidad del hombre para gobernarse a sí mismo y, por ende, consideraba necesario un rey fuerte que también fuera bueno.

Voltaire promovió el conocimiento de lo que inicialmente fue conocido como la teoría de la fuerza de la gravedad de Isaac Newton. El hecho de que Newton haya propuesto esta nueva idea basada en la razón y la observación fue de gran motivación para Voltaire. Como era de esperarse, dado su rechazo de las enseñanzas bíblicas, popularizó este descubrimiento de una forma secularizada. Se opuso a Blaise Pascal por su creencia en milagros y a Agustín por su énfasis en el pecado original, así como en la predestinación y la necesidad de la gracia. La confianza de Voltaire en el poder de la razón, la ciencia y la capacidad del hombre desplazó la teología a un nivel inferior, levantando el poder de la ciencia. Sus críticas no fueron solo contra la Iglesia, sino contra toda la sociedad francesa, lo cual estimuló cambios políticos. Fue cómplice de destruir la confianza en Dios con sus críticas a la Iglesia; sin embargo, tampoco confiaba en el hombre, hasta el punto de creer que la educación era incapaz de preparar a los jóvenes para el mundo.

Aunque los escépticos dudaban de la posibilidad de llegar a la verdad, las críticas de Voltaire producían duda y agitación en todo su entorno. Su vida fue la antítesis de Romanos 12:18: «Si es posible, en cuanto dependa de vosotros, estad en paz con todos los hombres». Además, jugó un rol importante al contribuir con sus ideas a las causas de la Revolución Francesa, en la que cientos de miles de soldados perdieron sus vidas. Luego de que la guerra terminara, el país se reinició como una nación anti-monarquía, anti-religión y anti-catolicismo, formándose como un estado de deísmo teocrático.

En contraste con Voltaire, René Descartes, de quien ya hablamos, profesaba ser cristiano, creía que Dios existía y era un Ser perfecto y, por ende, en Su bondad, no decepcionaba a Su mundo. Descartes insistía en que la verdad puede ser conocida y comprendida, lo que ayudó a cerrar la brecha entre la comprensión intelectual y la fe confiada. Pero Voltaire extendió la duda y alimentó el negativismo, porque, para él, Dios era solo trascendente, pero no inmanente (cercano) y, por tanto, era un Dios que no se relacionaba con Sus criaturas. Entonces, el ser humano no podía confiar en Su bondad.

Una vez más, vemos que las ideas tienen consecuencias, y que los errores se agravan cuando están tergiversados o se edifican sobre errores previos.

Clu, marzo 2022

Voltaire (1694–1778)

David Hume (1711-1776), al llegar el siglo XVIII, ofreció un nuevo y poderoso caso de escepticismo.[7] Al igual que John Locke, fue un empirista, por lo cual creía que nacemos sin ningún conocimiento y que todo se deriva únicamente de las experiencias sensoriales. Para Hume, «Dios, el alma y el yo» son invisibles e imperceptibles para los sentidos y, por lo tanto, no existían, a pesar de que Descartes lógicamente había llegado a la conclusión de que el «yo» existía porque éramos capaces de pensar.

Para Hume, todas las percepciones de la mente humana se dividían en dos: impresiones e ideas. La impresión es lo que recibimos sensorialmente y las ideas se originan en la reflexión sobre las impresiones que obtenemos al analizar las experiencias, moviéndonos hacia el racionalismo y el poder de la razón. Hume pensaba que el conocimiento genuino solo se encuentra en las matemáticas y las disciplinas experimentales, excluyendo las creencias religiosas y morales por no ser capaces de probarse y, por lo tanto, quedan relegadas a meros sentimientos.

De nuevo, ¡vemos cómo el error progresa y estamos en medio de las consecuencias naturales de sacar a Dios de la ecuación, ya que ni el hombre podía probar Su existencia! Es fácil conectar todo esto con la idea del transgenerismo que llegó muchos años después, afirmando que nuestro género no existe como binario, ya que lo masculino y lo femenino no existen de manera objetiva, sino que dependen de cómo nosotros interpretamos lo que vemos. Pero esto sí prueba claramente que edificar las ideas sobre una mentira nunca nos llevará a la verdad. Para Hume, en la dinámica de causa y efecto, el ser humano no puede percibir con

7. William Edward Morris y Charlotte R. Brown, «*Hume*», The Stanford Encyclopedia of Philosophy, primera publicación el 26 de febrero de 2001, revisado el 1 de noviembre de 2023, https://plato.stanford.edu/entries/hume/.

exactitud «la causa» de un «efecto» específico. Pero por lógica todo efecto debe tener una «causa»; sin embargo, la razón por la cual las personas relacionan una «causa» con un «efecto» es que, en su experiencia, las han visto repetirse constantemente. El problema es que nunca podemos determinar precisamente la causa por la cual somos incapaces de percibir la causalidad cuando ocurre. Él no dudaba de que las causas existían, sino que la duda estaba en cómo llegamos a conocerlas, y esto abrió el camino para que los filósofos futuros llegaran a la conclusión de que no hay causalidad. Esto efectivamente excluye la necesidad de Dios como Creador, así como la necesidad de un diseñador inteligente.

La Revolución Científica cambió la forma de definir la verdad, por tanto, para sus defensores, la verdad necesitaba ser medible y, por consiguiente, la revolución convirtió la ciencia en la única fuente de verdad. Con este nuevo entendimiento, aumentó la separación entre lo material y lo espiritual. También desafió no solo la noción tradicional de un «yo» unificado y duradero, sino que como somos una colección de percepciones y experiencias que siempre está cambiando por la acumulación de ideas, el «yo» siempre está cambiando. David Hume, concluyó que no existen explicaciones sobrenaturales para nuestras experiencias en vista de la no existencia de almas y, por tanto, pensó que el mundo debe ser entendido exclusivamente a través de los sentidos y las experiencias vividas.

Para Hume, el sentido de lo moral no estaba relacionado a la razón, sino a nuestros sentimientos y emociones. Si esto es cierto, entonces, basado en lo que cada cual sienta o experimente emocionalmente, podríamos justificar múltiples acciones que pueden atentar contra el florecimiento humano. De hecho, los sentimientos personales serían entonces una razón incuestionable para tomar decisiones en la vida. Esta idea creó una división en la filosofía tradicional, porque hasta este punto, la verdad había sido concebida como algo integral, que relacionaba el orden natural con el moral. En la actualidad, muchos consideran que lo natural y lo moral están separados, porque el orden moral, al no ser una verdad objetiva, no es percibida por los sentidos, y entonces, la moralidad queda reducida a sentimientos subjetivos o preferencias, y no a la verdad misma. Esta cosmovisión estaba en dirección opuesta a la reinante hasta ese momento, donde la razón gobernaba las acciones.

Aunque esta cosmovisión no negaba la posibilidad de la existencia de Dios, Él (Dios) tampoco podía regular la vida debido a Su supuesta desconexión con la creación (falta de inmanencia). Además, dicha desconexión se evidenciaba por la falta de verificación empírica. En otras palabras, ni la observación ni la razón podían comprobar la interacción de ese Dios con nuestro mundo. Hume tampoco creía en la inerrancia de la Biblia, y los milagros quedaron descartados, incluida la divinidad de Jesús. Entonces, la religión, con sus afirmaciones teológicas dogmáticas, fue reducida a sentimientos privados y no a verdades absolutas. El mundo había quedado dividido en dos: la esfera de la fe y la esfera de los hechos. Por nunca ser capaz de confirmar una causa, cualquier persona dogmática, tanto creyente como no creyente, era considerada irracional, lo cual abrió paso al posmodernismo y a la verdad relativa, como precursores del liberalismo. Esto explica el antagonismo no solo hacia la Iglesia, sino también hacia las verdades expresadas, porque estas ideas, en primer lugar, debían quedar en el dominio privado. En segundo lugar, al no poder probarlas, se consideraban dogmas y no verdades, lo que las hacía rechazables. En tercer lugar, se popularizó el uso de la frase: «Son verdades tuyas y no mías». Y, en cuarto lugar, los deseos se consideraron capaces de crear la verdad. Entonces, aun cuando hoy hablemos en amor sobre nuestras diferencias, esto es considerado como una afrenta a muchas personas.

Denisko, marzo 2013

David Hume (1711-1776)

El siglo XIX

Immanuel Kant (1724-1804) fue un símbolo de la época de la Ilustración en Alemania. Al igual que F. Bacon en Inglaterra, trató de sintetizar el racionalismo con el empirismo debido al escepticismo que se había producido.[8] Hume había reducido el escepticismo a la imposibilidad de verificar las causas invisibles, y esto hizo que

8. Michael Rohlf, «*Immanuel Kant*», The Stanford Encyclopedia of Philosophy, 31 de julio de 2024, https://plato.stanford.edu/entries/kant/#LawGivNat.

el conocimiento completo fuera inalcanzable aun en la ciencia; entonces, Kant quería revivir la validez de las relaciones causales. Vemos ahora dos filósofos de la misma época contradiciéndose entre sí.

Kant sostuvo que sus ideas tenían el mismo impacto en la filosofía que el impacto que tuvieron las ideas de Copérnico en la ciencia, en términos del cambio producido en la forma de pensar. Así como Copérnico cambió nuestra comprensión del universo físico, pasando de un modelo geocéntrico (con la Tierra en el centro) a uno heliocéntrico (el Sol como centro de nuestro sistema planetario), Kant transformó la filosofía al pasar de enfocarse en el mundo exterior a centrarse en el interior humano, examinando la estructura de la razón y su papel en la configuración de nuestra comprensión de la realidad. Todo nuestro conocimiento comienza con los sentidos, luego continúa con el entendimiento y termina llegando a la razón, lo más elevado del conocimiento. Se llegó a unificar el empirismo con el racionalismo, al proponer que los cinco sentidos proporcionan los datos básicos (empirismo), mientras que la razón da la forma racional del conocimiento, llevando las ideas de Hume a otro nivel (racionalismo).

Kant dividió el conocimiento en dos: conocimiento *a priori* (racionalistas) y *a posteriori* (empiristas). El primero es conocimiento independiente de la experiencia y derivado de la razón humana y la estructura de nuestra mente, como la lógica o la matemática, mientras que el segundo está derivado de las experiencias empíricas que solamente conocemos a través de los filtros de nuestras categorías mentales. De nuevo, esto nos lleva a la incapacidad de conocerlos por lo que realmente son, dejando la puerta bien abierta para el relativismo en todos sus aspectos.

Kant también dividió el mundo en dos reinos: el «noúmeno» y el «fenómenos»:

a. **Noúmeno:** aquello que es o existe de manera independiente a la experiencia y al conocimiento humano. Se refiere a algo que está más allá de lo que podemos conocer por nuestra observación o razón.
b. **Fenómenos:** hace referencia a las cosas o hechos que podemos observar o percibir por medio de nuestros sentidos... eventos (fenómenos) que ocurren en el tiempo y espacio.[9]

Kant creía en la existencia real de las cosas en el **mundo noumenal**, pero como estas están más allá de nuestros sentidos, nunca podríamos llegar a conocerlas y entonces están desconectadas, incluida la teología, y deben quedarse en el ámbito de lo privado porque son especulaciones, mientras que las cosas que podemos percibir están colocadas en el **mundo fenomenal**, como la ciencia, por lo tanto, son de la vida pública. Estamos viendo ahora la separación de la realidad en dos mundos diferentes, que son incomunicables y finalmente nos llevarán a otorgar valores diferentes a cada uno. En vez de que la ciencia (fenomenal) siga investigando lo que Dios (noúmeno) creó para descubrir su diseño, para Kant estos dos mundos son tan diferentes que ninguno afecta al otro. Esto es opuesto a lo que la Biblia enseña en Hebreos 1:2-3, que Dios creó el universo y sostiene todas las cosas por la palabra de Su poder, y aún más, «porque en Él vivimos, nos movemos y existimos» (Hech. 17:28, NBLA). Con esta separación entre Dios y el mundo, la verdad es inalcanzable, la moralidad desaparecerá y el hombre se quedaría alienado tanto de Dios como de sí mismo, de otras personas, de

---

9. Edward N. Zalta y Uri Nodelman, «*Immanuel Kant*», The Stanford Encyclopedia of Philosophy, ed. otoño 2024, https://plato.stanford.edu/archives/fall2024/entries/kant.

la naturaleza y de las instituciones, lo que produce una desconfianza en todo.

Para Kant, no son los objetos los que nos dan la información, sino la mente la que de forma activa interpreta lo que vemos. Entonces, el conocimiento es un proceso sinergético entre la mente y los sentidos. El problema es que, con la idea de Kant, estamos viendo ahora que la mente humana no se ajusta a la realidad, sino que la realidad se ajusta a la mente humana y la hace ininteligible. También postuló que era la mente la que creaba el orden en el universo mediante su forma de categorizarlo, y no porque el universo realmente tenga un orden en sí mismo. Entonces, el mundo no fue ordenado por su Creador, sino que es la mente humana la que le da orden y define la verdad. La revolución consistía entonces en que los pensamientos pasaban a determinar la realidad, acercándonos una vez más al camino de la ideología de género.

Kant fue la primera persona que acuñó la palabra «cosmovisión», que en alemán es *Weltanschauung*, que significa una visión del mundo y de la vida.[10] Nuevamente, vemos un mayor enfoque hacia el hombre, que cimenta el camino que conducía hacia el relativismo. Kant sostuvo que los seres humanos pertenecemos a dos mundos: el de la ley natural, donde necesitamos seguir sus normas y no estamos totalmente libres, y el de la libertad, donde tomamos decisiones morales.

El pensamiento de Kant era: como somos libres para tomar decisiones, las acciones morales deberían estar guiadas por principios racionales y no por los resultados de la acción, porque hay una

10. Albert M. Wolters, «*Sobre la idea de cosmovisión y su relación con la filosofía*», Stoa, volumen 2, número 4 (2011), pp. 95–108, https://dialnet.unirioja.es/descarga/articulo/7988148.pdf.

ley moral que debemos seguir independientemente de nuestros deseos, la cual él llamaba el «imperativo categórico».[11] La razón, entonces, debe dominar sobre nuestros sentimientos. Como los resultados pueden estar fuera de nuestro control, no necesariamente logramos lo que queremos, y entonces la moralidad de nuestras acciones no puede depender del resultado. Aquí ya estamos viendo otro escalón para eventualmente llegar a la filosofía LGBTQ+, al afirmar que tenemos el derecho y la capacidad de crear nuestra propia realidad y determinar nuestro fin, siempre y cuando no haga daño a otros. Los que siguen esta idea creen que el resultado no es lo que dirige nuestras acciones, sino lo que creemos que es lo correcto.

Con Kant, la concepción teocéntrica que estábamos perdiendo terminó por ser enterrada. Aunque él decía que el cristianismo era la religión ética suprema, rechazó las doctrinas cardinales, transformándola en una religión deísta que no necesitaba milagros ni verificación externa. Muchos pensadores posteriores mantuvieron la idea kantiana de que la verdad está determinada en parte por la mente humana, abriendo el camino al relativismo, donde la verdad es relativa a cada persona.

Kant luchaba con un componente de su teoría, diciendo que somos de una naturaleza, sin la capacidad de conocer la existencia de Dios, y planteando la pregunta: «¿Cómo es posible que tengamos la capacidad de tomar decisiones morales?», y realmente nunca lo resolvió. ¿De dónde viene la ley moral que tenemos si no hay conexión con Dios? A pesar de que Kant creía que la única evidencia indudable de la presencia de Dios era la existencia de la conciencia humana —y entonces, por lógica, debe existir el sentido de lo moral. Además, pensaba que era necesario

11. Zalta y Nodelman, *Immanuel Kant*.

que exista un juez y que, como no vemos la justicia perfecta en este mundo, debe existir un estado futuro donde la justicia prevalezca. Para que esto ocurriera, el juez necesitaba ser perfecto y omnisciente. Al final, Kant permaneció como agnóstico, siendo una persona que dice no tener suficiente conocimiento de Dios para poder afirmar Su existencia, pero sin negar categóricamente que Él exista. Como no es posible demostrar a Dios, concluyó diciendo que debemos vivir como si Él existiera para convivir con un sentido de moralidad. Aunque entendía que el hombre era malo, no creía en la caída de Adán, como tampoco creía en los elementos sobrenaturales presentes en toda la Biblia. Esto dejó una puerta abierta para que el filósofo ruso **Fiódor Dostoyevski**, quien nació veinte años después de la muerte de Kant, declarara: «Si no hay Dios, todo está permitido»,[12] confirmando lo que G. K. Chesterton había dicho, que no debiéramos remover una valla existente por años hasta que sepas la razón por la cual fue colocada.[13]

Aunque Kant creía que era posible combinar la ciencia con la moralidad, lo que los teólogos posteriores hicieron para edificar sobre sus ideas fue separar aún más los dos mundos, dejando la naturaleza a los científicos y la teología a los teólogos o a los religiosos en general. En la filosofía griega y medieval, el pensamiento filosófico comenzó con Dios y condujo a una discusión sobre el hombre y la naturaleza. En contraste, con Kant el punto de partida era la humanidad, y luego concibió a Dios como uno de los conceptos del intelecto humano.

---

12. Julio Esteban Lalanne, «*Si Dios no existe ¿todo está permitido?*», Instituto de Estudios Teológicos Tomás de Aquino, https://viadialectica.com/comunicaciones/si_dios_noexiste.pdf.

13. La cita representa una paráfrasis del libro de G.K. Chesterton, *Why I Am a Catholic* (Por qué soy Católico), 1929.

Como Kant acuñó el término «cosmovisión», quiero brevemente mencionar a **Abraham Kuyper** (1837-1920) porque fue quien utilizó el término en relación con los cristianos. Kuyper fue un periodista y pastor que llegó a ser el primer ministro de los Países Bajos entre 1901 y 1905, y fue un influyente teólogo neocalvinista, que estableció las iglesias reformadas en su país.[14] En sus conferencias en Princeton en 1898, argumentó que el calvinismo era más que una teología porque proporcionaba una visión integral del mundo, brindando un sistema de valores que permite el desarrollo de la humanidad de una manera que agrada a Dios y promueve el florecimiento humano. Aunque **James Orr** (1844-1913), ministro presbiteriano y profesor de historia de la Iglesia y de teología, fue quien introdujo el término «cosmovisión cristiana» en la teología bíblica, fue Abraham Kuyper quien lo popularizó como un sistema de valores, que además de ofrecer una visión bíblica del mundo y de la vida, debe proporcionar las bases para impactar y transformar la cultura y la sociedad.

En conclusión

Hasta este punto, los filósofos evaluaban la realidad basándose en la observación (empirismo, como en Locke y Hume) y en el uso de la razón para interpretar lo observado (racionalismo, como en Descartes). Estos pensadores supusieron que el conocimiento debe ajustarse a los objetos que observamos porque nuestras mentes son receptores pasivos del mundo externo. Sin embargo, para Kant, el ser humano no observa la realidad exactamente como es porque su razón la reinterpreta de acuerdo con categorías que

14. Abraham Kuyper, «*Lectures on Calvinism: The Stone Lectures of 1898*», capítulo 1, https://reformed.org/wp-content/uploads/2019/04/LecturesonCalvinism-Abraham Kuyper.pdf.

son innatas de la mente humana. Kant esencialmente revirtió esta idea al proponer que «los objetos deben ajustarse a nuestro conocimiento»[15].

En términos de lo moral, Kant entendió que el individuo necesita actuar de acuerdo con un sentido interno del deber que él llamó «imperativos categóricos», como vimos más arriba. Para él, dichos imperativos proveen la única base para juzgar una acción como buena y válida, independientemente de las emociones y sentimientos. Esta filosofía brindó fuerza para que el hombre pudiera pensar que él es capaz de actuar correctamente independientemente de la existencia de Dios, la cual Kant no llegó a negar completamente, pero se sintió incapaz de afirmarla. Para nosotros, los cristianos, el sentido interno del deber es derivado del hecho de que somos portadores de la imagen de Dios porque fuimos creados a Su imagen y semejanza. Debido a esta creación del hombre a la imagen de su Creador, cada ser humano nace con una ley moral escrita en su corazón (Rom. 2:1-16).

Kant afirmó aún más la autonomía humana al sostener que el hombre es quien determina la realidad y actúa moralmente conforme a principios internos que le permitirían crear leyes universales para actuar conforme al sentido del deber. No es difícil ver cómo estas ideas estaban allanando el camino hacia la idea de que el ser humano decide lo que es verdad; algo que ha influido hoy aun en la manera en que negamos la biología para justificar la ideología de género.

Vemos cómo Kant removió a Dios y Su revelación del centro de la ecuación, alejándonos aún más del centro de la verdad. En su momento, el Señor usó a Kuyper para regresar la idea de Dios al

15. Immanuel Kant, *Critique of Pure Reason*, Preface to the Second Edition (B edition), Bxvi.

centro. Aunque Kuyper demostró que la verdad tiene un impacto en la sociedad, la mayoría de los pensadores contemporáneos han construido sobre la base del escepticismo, lo que los ha llevado a abandonar la búsqueda de los fundamentos ciertos del conocimiento humano al creer que no existen. El resultado obvio fue edificar sobre la arena movediza de las ideas humanas, en lugar de considerar la verdad que rige nuestra existencia.

Esto, pues, digo y requiero en el Señor: que ya
no andéis como los otros gentiles, que andan en
la vanidad de su mente, teniendo el entendimiento
entenebrecido, ajenos de la vida de Dios por la
ignorancia que en ellos hay, por la dureza de
su corazón.

Efesios 4:17-18

08

La vida sin Dios es vacía

La era de la Ilustración se extendió desde finales del siglo XVII hasta principios del siglo XIX. Algunos autores la delimitan de manera más precisa entre los años 1685 y 1815, aunque estas fechas son aproximadas, como se mencionó anteriormente. Otros utilizan el año 1804 para marcar el final de esta era simplemente porque fue el año en que murió Immanuel Kant, quien fue un gigante de esta época. A partir de este momento, la filosofía se dividió en dos campos opuestos: los herederos del período del Romanticismo y los herederos del período de la Ilustración.[1] La era de la Ilustración ha sido acusada de haber influenciado cada momento funesto de la historia humana, incluida la destrucción de la moralidad. El presagio del individualismo egoísta actuó como un ladrón y robó el significado de la vida, y el imperialismo cultural sentó las bases de lo que ocurriría en la Segunda Guerra Mundial: el Holocausto. Recordemos que durante el período de la Ilustración se decía que «la razón» era el único medio que poseíamos para entender la vida porque no se creía que Dios hubiera hecho revelación alguna de sí mismo a los seres humanos. Por eso durante esa época en Europa occidental se pasó de ser teístas

1. Vinod Lakshmipathy, «*Kant & the Turn to Romanticism*», volumen 3, número 2 (KRITIKE, diciembre 2009), 90-102, https://www.kritike.org/journal/issue_6/lakshmipathy_december2009.pdf.

a ser deístas. En resumen, los resultados de la era de la Ilustración incluyeron:

1. El teísmo bíblico pasó a ser deísmo.
2. Dios dejó de ser reconocido como inmanente y, con el tiempo, incluso como trascendente.
3. El concepto de revelación desapareció.
4. La confianza se desplazó de las autoridades a la razón humana.
5. La Iglesia dejó de ser la institución de confianza y la universidad surgió para ocupar su lugar.
6. El vacío dejado por la desaparición de la revelación fue llenado por el empirismo y el racionalismo.
7. La confianza se transfirió de la Iglesia a la ciencia.
8. Se sentaron las bases para un gobierno secular.
9. Se creó una separación entre el mundo espiritual y el natural, sin comunicación entre ambos.
10. Las leyes de Dios fueron dejadas a un lado para abrazar el concepto de la ley natural.

El hombre empezó a descansar en sí mismo como el capitán de su propio destino. Pero como bien dijo Dios a través de Jeremías 17:5: «Maldito el hombre que en el hombre confía, y hace de la carne su fortaleza, y del Señor se aparta su corazón» (NBLA).

Tanto la Revolución americana como la francesa ocurrieron en medio de los períodos de la Ilustración y el Romanticismo, alimentadas por las ideas radicales del humanismo y el individualismo. Ambas buscaron cambiar la cosmovisión mundial, al dejar de confiar en las autoridades y centrar la atención en el hombre y su búsqueda de libertad y felicidad. La Revolución francesa fue un tiempo sanguinario y lleno de agitación, durante el cual se perdieron más de 2,5 millones de personas en las guerras.[2] La corrupción de los oficiales reales era

2. M. Clodfelter, *Warfare and Armed Conflicts: A Statistical Encyclopedia of Casualty and Other Figures, 1492-2015*, 4ta. ed. (Jefferson, NC: McFarland, 2017).

desenfrenada; vivían en opulencia a pesar de que el gobierno estaba al punto de la quiebra y la sociedad vivía con dificultades económicas. Algo que nos permite entender la secularización de Francia es que, en el fondo, defendían la idea de que no hay Dios, no hay rey y no hay patria.[3] En esencia, confiaban solo en el «yo». Esta revolución produjo la abolición de la monarquía y la declaración de la primera república. Al menos, la esclavitud fue abolida en las colonias francesas y la Iglesia se separó del Estado. La represión hacia todas las religiones comenzó con la creación de una nueva «religión» secular llamada «el culto a la razón», un sistema ateo.[4]

El antisemitismo prevalecía desde antes de la revolución. Sin embargo, con las ideas de la era de la Ilustración liderada por Voltaire, se empezó a considerar a las personas como objetos de odio. A los judíos y musulmanes se les otorgó la emancipación con la Revolución, pero, al igual que todas las religiones, debían mantener sus creencias en privado. Solamente la ciencia era considerada objetiva y, por ende, podía presentarse públicamente, mientras que la religión era considerada como subjetiva y debía permanecer en el ámbito privado.

La Revolución Industrial (1750-1900)

Comenzó durante el período de la Ilustración y continuó simultáneamente con otras revoluciones de la época, en las que unas influían en otras. Fue un tiempo de gran agitación que comenzó

3. Alberto M. Piedra, «*The Dechristianization of France during the French Revolution*», Institute of World Politics, 12 de enero de 2018, https://www.iwp.edu/articles/2018/01/12/the-dechristianization-of-france-during-the-french-revolution/.

4. *Chapters in Western civilization*, vol. 1 (New York: Columbia University Press, 2012), 465. Holbach llevó el culto a la razón y a la naturaleza a su culminación en una negación atea del Ser supremo de los deístas, y realizó el ataque más influyente contra la religión racional.

en Europa, pero afectó al mundo entero. Desde 1800 hasta 1914 se vivió la era del imperialismo y las conquistas, durante la cual países como Francia, España, Inglaterra, Estados Unidos y otros comenzaron a colonizar diversas naciones sin tener en cuenta el bienestar de los habitantes y mostrando un alto grado de egocentrismo nacional.[5] Esto no solo fue causado por la antigua cosmovisión, sino que a su vez se mezcló con los cambios introducidos por las nuevas ideas.

Esta revolución produjo importantes cambios sociales, económicos y tecnológicos, que dieron lugar a varios filósofos que lideraron tanto las implicaciones de esta nueva forma de pensar como su impacto en la sociedad. Esta revolución influyó favorablemente en la economía, aumentó la producción y, en Estados Unidos, se finalizó el canal de Erie[6], lo que estimuló el primer gran movimiento de colonos americanos hacia el oeste. Sin embargo, también aumentó la desintegración familiar.[7] En contexto, la familia entera trabajaba unida en casa —madre, padre e hijos—, pero con la industrialización, el padre fue sacado de casa para ir a las factorías, lo que rompió la relación entre los esposos y el vínculo que unía a estos hombres con sus hijos. El padre ya no era el sacerdote de su familia, enseñándoles la Palabra y mostrándola en acción dentro del hogar, sino que se fomentó el individualismo, porque en el trabajo, el hombre tenía que probar su valor por encima de sus compañeros. Para los empleadores, la medida de su producción y la ganancia eran lo más importante, reduciendo el valor humano de

---

5. Walter A. McDougall y Harry Magdoff, «*New Imperialism*», Britannica, 24 de diciembre de 2024, https://www.britannica.com/topic/New-Imperialism.

6. El canal del Erie fue un sistema fluvial que, hasta hoy, se extiende desde Búfalo (Nueva York), en el lago Erie, hasta Albany, en el río Hudson, conectando los Grandes Lagos con el océano Atlántico.

7. Frances C. Robb, «*Erie Canal*», Britannica, 11 de enero de 2025, https://www.britannica.com/topic/Erie-Canal.

los empleados al valor de una máquina. Los admirables atributos masculinos de amar, servir y apoyar a su familia se convirtieron en vicios como la autonomía, agresividad, rivalidad y egocentrismo. Todo esto lo impulsó al autoengrandecimiento y a ser «trabajólico»,[8] cuestiones que fueron reemplazando virtudes cristianas como la humildad y la vida centrada en la familia. Aunque estos cambios parecen ser aislados, en realidad se superponen, y este será mi punto al hablar del período romántico, el cual ocurrió en medio de la Revolución Industrial. Esta era de la Ilustración demostró que verdaderamente las ideas tienen consecuencias. Es impresionante ver que las ideas que se discuten a nivel académico durante una época, con el paso de los años comienzan a discutirse a nivel privado en el hogar y eventualmente terminan circulando en las calles de nuestras ciudades. Todo ese proceso puede durar 100 años o más, pero ha ocurrido más de una vez.

Período romántico (1798–1870)

Se originó en Europa y, para la mayor parte del mundo occidental, alcanzó su apogeo aproximadamente entre 1800 y 1850.[9] El Romanticismo buscaba proteger el reino de los valores que estaban desapareciendo con la industrialización y, por eso, sus defensores hicieron énfasis en las creencias medievales y clásicas, así como en la glorificación del pasado, incorporando nuevamente, desde la perspectiva del mundo, el valor de las emociones del individuo. El Romanticismo trató de contrarrestar la Revolución Industrial, la racionalización científica de la naturaleza y el materialismo, que disminuían el valor de las personas al nivel de objetos de producción.

8. Real Academia Española, *Diccionario de la lengua española*, s.v. «*trabajólico, -ca*», acceso el 3 de febrero de 2025, https://dle.rae.es/trabaj%C3%B3lico.

9. Varios editores, «*Romanticism*», Encyclopedia Britannica, 6 de febrero de 2025, https://www.britannica.com/art/Romanticism.

El movimiento del Romanticismo se fundamentó en la idea de que la realidad consistía no solo en la mente, sino también en el espíritu (idealismo), otorgando una nueva importancia a las experiencias sobre las emociones. Los románticos enfatizaron la nobleza del arte popular y las prácticas culturales antiguas, mientras defendieron la política radical, el comportamiento poco convencional y la espontaneidad auténtica. En contraste con el racionalismo y el clasicismo de la Ilustración, el romanticismo tuvo una visión muy crítica de los cambios sociales que estaban ocurriendo, incluida la urbanización que fue provocada por la industrialización. Se estaba reaccionando a la realidad de lo que ocurría, como la desvalorización del hombre, pero al mismo tiempo se enfatizaba el individualismo. Esto estimuló también la espontaneidad, la libertad de reglas, la vida solitaria en lugar de la vida en sociedad, la imaginación como superior a la razón, y el valor de la belleza, el amor y la adoración a la naturaleza en lugar de la devoción. Desafortunadamente, la fascinación por el pasado incluyó el misticismo de la Edad Media. Al tratar de recuperar el valor del hombre, mal influenciado por el individualismo, el hombre y sus deseos se convirtieron en la regla del orden, alejándose nuevamente de Dios. Con todo esto, vemos una vez más que la cosmovisión fue creada sobre los errores del pasado, alejándonos aún más del blanco de la verdad.

Jean-Jacques Rousseau (1712–1778). Aunque fue un filósofo francés del período de la Ilustración y vivió principalmente antes del período de Romanticismo, sus creencias impulsaron la forma de pensar de los románticos.[10] Él se desvió de su creencia cristiana básica y fue en la dirección opuesta. Rousseau pensaba que el hombre no tiene una naturaleza pecaminosa, sino que es básicamente

10. Christopher Bertram, «*Jean-Jacques Rousseau*», The Stanford Encyclopedia of Philosophy, 21 de abril de 2023, Edward N. Zalta y Uri Nodelman (eds.), https://plato.stanford.edu/entries/rousseau/.

bueno, y que se corrompe al ser expuesto a la injusticia y la desigualdad. También creía que el hombre había perdido su libertad. Y esto, según Rousseau, se evidencia en los eventos históricos y en la sociedad. Dado que las leyes civiles afectan la libertad, debían ser determinadas por la voluntad colectiva de los ciudadanos. Para Rousseau, la autoridad no era Dios ni estaba basada en el razonamiento humano, sino en los sentimientos, que fueron la fuente de la verdad, el fundamento de la realidad y lo que declaraba la identidad de la persona.

Entonces, ¿cómo vemos la influencia de las ideas de Rousseau en nuestra cultura? Claramente, nuestra sociedad piensa que nuestros sentimientos definen nuestra realidad, identidad y las normas morales de la sociedad. El «yo» auténtico es lo que «siento de mí» y no lo que Dios o la ciencia dicen, algo que realmente es otra manifestación de la tentación inicial de la serpiente en el Edén, como leemos en Génesis 3:5: «seréis como Dios» (ver capítulo 1). La religión entonces está basada en el hombre y lo que él considera como la verdad moral. Por lo tanto, según ellos, quien no afirma la identidad elegida por una persona, está cometiendo un error moral. Si para estas personas los sentimientos son la guía para la moralidad, entonces cada uno debe seguir lo que su corazón le dicta. Pero sabemos que el problema del ser humano está en el corazón porque es engañoso (Jer. 17:9). Esto claramente sienta nuevas bases para la posterior ideología de género que nuestra generación enfrentaría.

Al considerar la naturaleza del hombre como buena, la libertad moral se apoyó en la autonomía y en la obediencia a la ley personal, promoviendo el ser interdependientes y no individualistas, porque el individualismo socavaría la igualdad natural de las personas. Esta idea propone que el hombre no fue esclavizado al pecado debido a la naturaleza pecaminosa, sino a la civilización. Entonces, para ellos, la libertad no era el fruto de una dependencia y relación con Dios, sino algo que se obtenía mediante la independencia del gobierno y de Dios mismo. Esto influyó en la política que dio origen a los Estados Unidos y sentó las bases de la Revolución francesa de 1789.

Lo que se hace evidente es cómo nuestra cosmovisión afecta nuestra forma de pensar y nos hace cómplices de llegar a defender conclusiones erradas e ilógicas. Dado que la humanidad, agrupada bajo características específicas, conforma una sociedad, y esta sociedad está compuesta de hombres y mujeres que, según Rousseau, tienen naturalezas buenas y pacíficas, la pregunta obvia es: ¿de dónde viene la corrupción en la humanidad y cómo se propaga? ¡La sociedad, que es una entidad conceptual que no piensa ni actúa, es catalogada como mala, en lugar de responsabilizar a las personas pensantes que la componen! ¡Y peor aún, si el problema está en la sociedad y no en el individuo, la única forma de resolverlo es reestructurar la sociedad desarrollada durante generaciones a través de revoluciones, que al final incapacita a la misma gente!

En este punto, ya te habrás dado cuenta de que el problema es que están dándole una nueva definición a la moralidad. Si nuestros sentimientos definen nuestra realidad, identidad y las normas morales de la sociedad, entonces la verdad es relativa a nuestros sentimientos. Es increíble que, aunque Rousseau sostenía que el hombre es bueno por naturaleza y que es la sociedad (con el sistema que la constituye) la que lo corrompe, haya dejado a sus cinco hijos en un orfanato donde se corromperían o terminarían muriendo más tempranamente que los niños criados en sus hogares. Rousseau ni siquiera nombró a cuatro de sus cinco hijos.[11] Posteriormente, Rousseau apoyó la idea de que el Estado debiera encargarse de la educación de los hijos. No hay duda de que frecuentemente el

11. James J. Delaney, «*Jean-Jacques Rousseau (1712–1778)*», Internet Encyclopedia of Philosophy, https://iep.utm.edu/rousseau.

hombre peca y luego construye una cosmovisión que justifica su pecado.

La Biblia no se equivoca cuando dice que del corazón provienen los malos pensamientos (Mat. 15:19). Entonces, al no culpar al ser humano por su pecado, caímos en el error de confiar en nuestro corazón para determinar la verdad. Esto dio inicio a una espiral descendente de errores, como la idea de que nuestro género depende de lo que sentimos, y que el sexo es «asignado» al nacer. Por lo tanto, se afirma erróneamente que no es dado por Dios ni demostrado por la biología ni defendido por la ciencia, sino que cada persona seguirá su corazón y decidirá por sí misma.

Søren Kierkegaard (1813–1855) fue un filósofo y teólogo cristiano existencialista que enfatizó la subjetividad individual y la fe. Se centró en la experiencia subjetiva del individuo y la importancia de la elección y la responsabilidad personal, donde cada persona busca su propio significado y autenticidad. Como la fe es personal y no racional, debido a la falta de evidencia medible (pues es la convicción de lo que no se ve, Heb. 11:1), para Kierkegaard era necesario comprometerse a creer a pesar de la ausencia de evidencia. Él dividió la existencia en tres etapas progresivas: la estética, la ética y la religiosa. En la primera, el individuo busca gratificación inmediata a través de los placeres y realmente es un espectador de lo que otros creen y enseñan. En la segunda, el individuo se adhiere a principios morales universales. En la tercera etapa, la más elevada, la existencial, el individuo tiene pasión y está comprometido con una relación personal con Dios. Kierkegaard utilizó la historia de Abraham y la petición del Señor de sacrificar a Isaac en el monte Moriah para demostrar su punto sobre la necesidad de un salto de fe. El problema con estas tres etapas progresivas es la excesiva importancia dada a la experiencia, lo que demuestra que Kierkegaard estaba apegado a la creencia de que la razón no es parte de la fe. Esto contradice lo que la Biblia dice, especialmente en Juan 17:3: «Y esta es la vida eterna: que te conozcan a ti, el único Dios verdadero, y a Jesucristo, a quien has enviado». El conocimiento y la transformación de la razón son importantes para el crecimiento del creyente.

Arthur Schopenhauer (1788-1860). En contraste con Kierkegaard, es conocido por su filosofía del pesimismo y sostenía que la vida tenía que ser un error.[12] Según Schopenhauer, el sufrimiento es inherente a la existencia humana, y buscar la felicidad suele ser inútil porque nuestros deseos y ambiciones nos conducen a una insatisfacción interminable, haciéndonos cautivos de nuestra propia voluntad que nos condena a sufrir.

La «voluntad» era la fuerza fundamental y subyacente en el universo, y lo que motivaba a todos los seres vivientes. Esta voluntad se convertía en la fuente tanto de nuestros deseos como de nuestro sufrimiento, arrastrándonos a un ciclo de constante insatisfacción. Todo esto me trae a la mente lo que Salomón dijo en su reflexión sobre la vida al probar todo lo que el mundo ofrecía; su conclusión sobre la vida fue: «He visto todas las obras que se han hecho bajo el sol, y he aquí, todo es vanidad y correr tras el viento» (Ecl. 1:14, NBLA). La cruel realidad es que, al vivir en un mundo caído, el dolor y las frustraciones son normales (Gén. 3:13-19) y, al vivir sin Dios, el mundo no solo pierde su propósito y valor, sino que los deseos mal alineados aumentan el dolor y la frustración. Lo que Schopenhauer observaba es la realidad de una vida centrada en el hombre, y no en Dios. Fue influenciado por las filosofías budistas con la idea del nirvana y la liberación del sufrimiento mediante la extinción de los deseos.

---

12. Robert Wicks, «*Arthur Schopenhauer*», The Stanford Encyclopedia of Philosophy (ed. primavera 2024), eds. Edward N. Zalta y Uri Nodelman, 9 de septiembre de 2021, https://plato.stanford.edu/entries/schopenhauer/.

He llamado «arena movediza» a ese anhelo de remover los deseos, que también remueve las emociones placenteras y la razón de seguir viviendo. Para Schopenhauer, la vía de escape temporal para sentir placer era a través del arte, y se convirtió en una experiencia cuasi religiosa. Vemos claramente que, si Dios no es el objeto de nuestra adoración, terminamos adorando ídolos, porque fuimos creados para adorar (Sal. 66:4). Más allá de su pesimismo, un beneficio que podemos resaltar del pensamiento de Schopenhauer es que el arte se convirtió en algo elogiado y vital, algo necesario para la salud de la sociedad, y dejó de ser considerado una diversión frívola. Esto impactó a la sociedad al aumentar la producción de obras artísticas y contribuir a la definición del movimiento romántico del siglo XIX, que aún persiste en la actualidad.

Nastasic, septiembre 2018

Arthur Schopenhauer (1788-1860)

En conclusión

La realidad queda ejemplificada en la vida de Salomón: una vida sin Dios es vacía. Esto también puede ilustrarse con esta historia sobre Arthur Schopenhauer. Como personaje excéntrico, este conocido filósofo solía vestirse como un pordiosero o incluso como un vagabundo. Se cuenta que una noche, Schopenhauer se sentó en un banco de un parque de Berlín y se quedó allí un largo tiempo meditando. Su apariencia despertó sospechas en un policía, quien le preguntó: «¿Quién es usted?». Schopenhauer respondió: «Ojalá lo supiera». Así de perdido estaba y así es la vida de aquellos que han decidido caminar sin Dios: están perdidos.

El rey Salomón experimentó todo lo que el mundo podía ofrecer, todo tipo de poder, riqueza, fama y placeres; sin embargo, nada lo satisfizo y esto desencadenó una búsqueda para llenar el vacío existencial que tenía, al igual que todos nosotros. ¡Él es un ejemplo magistral de cómo una vida desenfocada nos deja ciegos! Recibió mayor sabiduría que cualquier otra persona (1 Rey. 4:29-34) y malgastó su vida al perder esta sabiduría por no seguir a Dios. Este es el vacío existencial del cual hablaba Blaise Pascal: «Un vacío que tiene la forma de Dios en el corazón de cada persona que no puede ser llenado por ninguna cosa creada, sino solo por Dios el Creador, que se encarnó en la persona de Jesucristo».[13] A pesar de todo lo que el rey Salomón experimentó en su corazón, pudo conciliar que «la conclusión, cuando todo se ha oído, es esta: Teme a Dios y guarda Sus mandamientos, porque esto concierne a toda persona» (Ecl. 12:13, NBLA). Es la misma conclusión a la que todos, aun hoy, debemos llegar, porque no hay forma de que nuestra alma sea satisfecha con las cosas que nos rodean o con nosotros mismos; necesitamos algo o alguien eterno y profundo. La gran conclusión

13. Blaise Pascal, *Pensées* (Nueva York: Penguin Books, 1966), 75.

que le dará descanso a nuestra alma es entender que el gozo viene del Señor (Neh. 8:10).

Mientras caminamos juntos por la vida de varias personas, tanto en este capítulo como en los anteriores, ya debe ser evidente que ni tú ni yo encontraremos la verdad buscándola en el mundo. Esa búsqueda solo nos llenará de una frustración inexplicable, «porque el Señor da sabiduría, de Su boca vienen el conocimiento y la inteligencia» (Prov. 2:6, NBLA). Parece ser que la inteligencia no lo es todo, sino que necesitamos sabiduría para aplicar la verdad a nuestras vidas.

Las ideas de Schopenhauer influyeron en Friedrich Nietzsche y en el desarrollo del pensamiento existencialista, el cual sostiene que el conocimiento de toda realidad se basa en la experiencia inmediata de la propia existencia. Se empezó a creer que el hombre era capaz de crear no solamente la verdad, sino la realidad. Vemos cuán difícil le resulta a la sociedad entender el principio que Pablo comparte en Efesios: «porque somos hechura suya, creados en Cristo Jesús para buenas obras, las cuales Dios preparó de antemano para que anduviésemos en ellas» (Ef. 2:10), y por ende, la gente camina en tinieblas alejándose de la verdad de Dios al rehusarse a mostrar humildad ante un Dios sabio, perfecto y todopoderoso que llevará a cabo Su plan a pesar de nosotros y, sobre todo, a pesar de nuestras ideas.

Quiero hacerte un llamado a despertar. Si has llegado hasta este punto del libro, es porque realmente es importante para ti no vivir bajo mentiras que han sido preservadas a lo largo de los años. Y para eso quiero que reflexionemos en las palabras de Charles Carroll, uno de los firmantes de la Declaración de Independencia de los Estados Unidos, quien dijo: «Sin moral, una república no puede subsistir por mucho tiempo; por lo tanto, aquellos que denuncian la religión cristiana, cuya moralidad es tan sublime y pura [...] están socavando los sólidos cimientos de la moralidad, la mejor seguridad durante la duración de los gobiernos libres».[14] Esto no es solo para un país, sino que es para todos los países, porque es una verdad para la sociedad en general. No estoy segura de cuánto de la historia que hemos revisado te ha asombrado o dado una perspectiva diferente, pero anhelo que podamos estar de acuerdo en decir que es obvio que somos incapaces de hacer lo bueno sin la intervención de Dios.

Dios nos explicó cómo se corrompió el hombre desde temprano, como vemos en Génesis 6:5: «era mucha la maldad de los hombres en la tierra, y [...] toda intención de los pensamientos de su corazón era solo hacer siempre el mal» (NBLA). Pero ahora, el creyente es la morada del Espíritu Santo, y es capaz de vivir humildemente y siguiendo los pasos del Señor. Así como vemos el juicio del Señor cuando destruyó la tierra con el diluvio, de igual manera, Su juicio vendrá en un tiempo futuro y la destrucción final tomará lugar. Con esa misma urgencia, el autor de Hebreos nos advirtió: «Mirad, hermanos, que no haya en ninguno de vosotros corazón malo de incredulidad para apartarse del Dios vivo; antes exhortaos los unos a los otros cada día, entre tanto que se dice: Hoy; para que ninguno de vosotros se endurezca por el engaño del pecado» (3:12-13), porque como creyentes, necesitamos estar atentos a las mentiras que pueden surgir, primero de nuestro propio corazón y también de la sociedad en la que vivimos. El creyente tiene la promesa de que será preservado a pesar de que la sociedad perezca; por lo tanto, puede confiar en las palabras de Hebreos 12:1-2: «Por tanto,

---

14. *The American Renewal Project*, abril de 2023, https://theamericanrenewalproject.org/2016/11/without-morals-a-republic-cannot-subsist-they-decrying-the-christian-religion-are-undermining-the-best-security-of-free-governments-charles-carroll-longest-living-signer-of-declarati/.

nosotros también, teniendo en derredor nuestro tan grande nube de testigos, despojémonos de todo peso y del pecado que nos asedia, y corramos con paciencia la carrera que tenemos por delante, puestos los ojos en Jesús, el autor y consumador de la fe, el cual por el gozo puesto delante de él sufrió la cruz, menospreciando el oprobio, y se sentó a la diestra del trono de Dios».

Es hermoso reconocer que la razón por la que estudiamos la historia de la filosofía no es solamente para ganar información y crecer en inteligencia, sino para analizar el carácter del ser humano en contraste con el carácter de Dios, y para que, bajo una sumisión activa a la Palabra de Dios, podamos recibir sabiduría de lo alto (Sant. 3:17-18) para vivir en la verdad, discerniendo los tiempos y viviendo fielmente para nuestro Dios. La razón por la que fuimos creados es glorificar Su nombre (1 Cor. 10:31).

Y ciertamente, aun estimo todas las cosas como pérdida por la excelencia del conocimiento de Cristo Jesús, mi Señor, por amor del cual lo he perdido todo, y lo tengo por basura, para ganar a Cristo, y ser hallado en él, no teniendo mi propia justicia, que es por la ley, sino la que es por la fe de Cristo, la justicia que es de Dios por la fe; a fin de conocerle, y el poder de su resurrección, y la participación de sus padecimientos, llegando a ser semejante a él en su muerte, si en alguna manera llegase a la resurrección de entre los muertos.

Filipenses 3:8-11

09

«Dios ha muerto»

Cuando pienso en un tapiz, esos de pared con diseños, el primer pensamiento que viene a mi mente es su belleza y complejidad; sin embargo, hay un tapiz que no es para nada bello, es bastante complejo y es Satanás quien lo está tejiendo. Este «tapiz» comenzó en Génesis 3 y sigue añadiendo pinceladas hasta hoy, aunque sabemos cómo terminará la historia representada por el tapiz: Dios triunfará y el tapiz quedará destruido. Mientras tanto, todos anhelamos ese día y, hasta que ocurra, podemos estar seguros de algo: la batalla contra los hijos de Dios se intensificará y la maldad aumentará. A lo largo de este libro, he tratado de mostrarte brevemente ciertos trazos o dibujos a través de las generaciones, y confiadamente creo que este tapiz está llegando a su final. A continuación, seguimos con nuestra revisión de los diferentes pensadores y filósofos que han marcado la historia a través de los siglos.

Dentro del período de la Ilustración

Jeremy Bentham (1748–1832) fue uno de los filósofos de la época de la Ilustración, considerado el padre del utilitarismo, quien creía que el curso de acción correcto es aquel que maximiza la felicidad y minimiza el dolor o el sufrimiento para la mayoría.[1] Los tres principios del utilitarismo son:

1) El placer y la felicidad son la única meta con valor intrínseco.
2) Las acciones son buenas si promueven la felicidad y son malas si promueven la infelicidad.
3) La felicidad cuenta por igual para todos.

Entonces, para que una acción sea considerada correcta, depende de cuánto placer produce, cuánto dolor evita y cuánto tiempo dura. Por lo tanto, Bentham abogó por reformas sociales y legales orientadas a alcanzar este objetivo. Sin embargo, sus motivaciones difieren de las enseñanzas de Cristo. El propósito de la vida ya no era servir a Dios, quien nos enseñaría a encontrar el gozo en medio de las circunstancias, sino que el enfoque estaba en el hombre, evitando el dolor y buscando la felicidad a través de la evaluación de los sentimientos. Vemos el desvío hacia la idea de Maquiavelo de que «el fin justifica los medios», aunque obviamente por razones diferentes. Para Maquiavelo, el fin justificaba los medios para mantener el poder; con Bentham, la motivación era alcanzar la felicidad. En ambos casos, erramos al poner al hombre en el centro y no a Dios.

John Stuart Mill (1806–1873) fue influenciado por Bentham y, por consiguiente, pertenecía a la escuela del utilitarismo o consecuencialismo. Del utilitarismo ya hemos hablado, y el consecuencialismo puede definirse como una escuela filosófica que postula que la moralidad de una acción solo debe medirse en términos de sus consecuencias. Mill negaba la creación a partir de un Creador y, al mismo tiempo, negaba la ley de la causalidad, que establece que todo efecto tiene una causa. Él postulaba que la naturaleza

1. James E. Crimmins, «*Jeremy Bentham*», The Stanford Encyclopedia of Philosophy, 8 de diciembre de 2021, ed. otoño 2024, eds. Edward N. Zalta y Uri Noldeman, https://plato.stanford.edu/archives/fall2024/entries/bentham.

tenía en sí misma un elemento permanente y no necesitaba una causa esencial, descartando al Dios bíblico.[2] Tentado a evitar las consecuencias obvias que resultarían de vivir para los placeres sin la existencia de Dios, Mill trató de desarrollar aún más el hedonismo de Bentham, dividiendo los placeres en dos categorías: los superiores, relacionados con la mente, y los inferiores, relacionados con el cuerpo. Los placeres superiores, compuestos por las satisfacciones intelectuales como la razón, la imaginación y el juicio moral, tenían más importancia que los físicos o sensuales, ya que conducían a una sensación de satisfacción y felicidad más profunda y duradera, y por eso se les otorgaba un estatus más alto en comparación con otros. Es interesante notar que, a pesar de que algunos de estos principios guardan cierta relación con la fe cristiana, la motivación ni venía de Dios ni iba hacia Él. Por tanto, los resultados se alejaban cada vez más de la verdad. Por ejemplo, se creía que las experiencias en la vida permiten a las personas encontrar sus propios caminos hacia la realización personal, y entonces, la individualidad y la diversidad de ideas son vitales para el progreso social. Por ende, los individuos deberían ser libres de hacer lo que quieren, siempre y cuando sus acciones no dañen ni infrinjan los derechos de otros; esto sería actuar según lo que cada uno entienda por «daño al otro».

Mientras lees esto, ¿puedes ver la relación con la manera en que vivimos hoy? ¿Puedes reconocer el fundamento de las creencias actuales? Ahora se le dice a la sociedad que debe llamar a las personas por su pronombre preferido (él o ella, independientemente de su sexo o género biológico) para no restringir su libertad ni causarles daño emocional. De nuevo, bajo esta óptica, las

---

2. Christopher Macleod, «*John Stuart Mill*», The Stanford Encyclopedia of Philosophy, 25 de agosto de 2016, ed. verano 2020, eds. Edward N. Zalta, https://plato.stanford.edu/entries/mill/.

emociones son el motor de la vida, pero esa idea no corresponde a la verdad. Sin un punto fijo de verdad objetiva, nos enfrentamos a la imposibilidad de distinguir la verdad del error. Con una verdad relativa, cada persona creerá en una «verdad» diferente, y será imposible ponernos de acuerdo con todos porque algunas de esas «verdades» serán contrarias a otras y siempre habrá alguien que se sentirá restringido por no sentirse apoyado o afirmado por un grupo.

Karl Marx (1818-1883) y **Friedrich Engels** (1820-1895) desarrollaron la teoría del marxismo, que guarda cierta similitud con las ideas de Hegel respecto a que la historia avanza a través de diferentes crisis; pero para Marx, la lucha se daba entre las clases económicas y sociales.[3] Así, se promovió la división de las clases: por un lado, quienes tenían relación con los medios de producción y de poder (la burguesía); y, por otro, el proletariado, los trabajadores o empleados. La Revolución Industrial había provocado un crecimiento de las ciudades con la aparición de una numerosa clase obrera urbana. Al mismo tiempo, la Revolución Científica empoderaba a los más educados con la esperanza de que el progreso era inevitable.

Como se esperaría en una sociedad sin Dios, los trabajadores en las fábricas o minas trabajaban bajo condiciones vulnerables, peligrosas, inseguras y con salarios injustamente bajos, especialmente cuando los comparaban con la espectacular riqueza y poder amasados por los empresarios. Esto desvaloró al hombre y tuvo un gran impacto en su propia estima, trayendo un sentido de impotencia, y el distanciamiento de su hogar afectó su liderazgo

3. David T. McLellan y Henri Chambre, «*Analysis of society*», en *Marxism*, en *The thought of Karl Marx*, Britannica, actualizado el 21 de enero de 2025, https://www.britannica.com/topic/Marxism/Analysis-of-society.

familiar cambiando su concepto de Dios. El capitalismo, entonces, condujo a la desigualdad, donde los trabajadores eran tratados como meras mercancías, y con la agitación política por la Revolución Francesa todavía en existencia, surgió una división marcada entre los propietarios de los medios de producción y los trabajadores por intereses conflictivos. Obviamente, existían injusticias reales que debían abordarse; sin embargo, sus ideas no fueron basadas en principios bíblicos y tampoco se quedaron en el ámbito laboral, sino que su manifiesto incluyó la abolición de la familia. En el Manifiesto del Partido Comunista, se cuestiona la autoridad paterna, la estructura de la familia tradicional y el rol de la mujer en el hogar, porque según este nuevo concepto, el hombre oprime a la mujer y a los hijos.[4]

En la cosmovisión alemana, la fuerza motriz de la historia eran las ideas; sin embargo, para Marx, lo eran los factores materiales. Se creía que la clase que posee los «medios de producción» en una sociedad, incluida la religión, era capaz de oprimir a los demás, y acusaban a la religión de cumplir una siniestra función social como el «opio de las masas», mitigando su dolor y adormeciendo a las personas de manera que aceptaran somnolientamente su propia opresión con promesas de recompensa en el más allá.

Por esta razón, Marx proponía una sociedad comunista en la que la producción fuera de propiedad colectiva, porque consideraba que la privada estaba incluida en la raíz de la opresión. Al eliminar la distinción de clases, los individuos contribuirían según sus capacidades y recibirían según sus necesidades, dando lugar a una sociedad sin clases y sin Estado. De esta manera, desaparecerían los males sociales como la pobreza, la desigualdad, la delincuencia

4. Carlos Marx, Federico Engels, *Manifiesto comunista*, https://sociologia1unpsjb.wordpress.com/wp-content/uploads/2008/03/marx-manifiesto-comunista.pdf.

y, finalmente, la necesidad de un gobierno, ya que llegaríamos a una utopía.

Marx captó bien la maldad de la burguesía; sin embargo, se le olvidó incluir la maldad del proletariado. Pero si consideramos las palabras de Pablo: «Como está escrito: No hay justo, ni aun uno» (Rom. 3:10), podemos concluir que en una sociedad sin recompensa por el buen trabajo, la sociedad se estancaría porque los trabajadores harían lo mínimo necesario para conservar sus empleos. Él proponía el uso de la violencia mediante una «dictadura del proletariado» temporal hasta lograr que la riqueza fuera redistribuida y el orden existente fuera destruido. Sin embargo, la historia nos ha enseñado que, tan pronto como el proletariado toma el control, se convierte en la burguesía y, por lo tanto, una vez más se vuelve el enemigo. El problema no es la posición que uno tiene en la sociedad, sino que las pasiones y los deseos que están en el corazón de todos (Sant. 4:1) llevan al ser humano a una lucha contra el mal que está dentro de sí mismo, y que lo consume; esto es lo que la Biblia expone como la dinámica del pecado. Al no materializarse la utopía, la «dictadura del proletariado» se convirtió en un régimen permanente, y el comunismo ha seguido con todos sus abusos a manos del Estado, y han sido responsables por la muerte de 110 millones de personas entre 1900 y 1987.[5]

Ambos abuelos de Marx eran rabinos, y la familia se convirtió al protestantismo, por lo que él recibió los valores judeocristianos en su crianza. La lucha contra la pobreza, la desigualdad y la delincuencia viene de esa misma enseñanza; sin embargo, como ateos, no entendían que era imposible lograr la meta eliminando al Único que tiene el poder y la forma de hacerlo. Dios nos ha revelado

5. R. J. Rummel, *Death by Marxism*. University of Hawaii System, 24 de mayo de 2003. https://www.hawaii.edu/powerkills/COMM.5.31.03.HTM

claramente, tanto en el Antiguo como en el Nuevo Testamento, cómo debemos actuar. En el Antiguo Testamento, Dios distribuyó la tierra de manera equitativa entre las familias, pero la tierra seguía estando bajo la administración «privada» de los hogares individuales, no bajo propiedad colectiva, y era labrada por las familias con instrucciones de cuidar a los pobres (Núm. 26:53-55, Lev. 19:9-10). En el Nuevo Testamento, la iglesia primitiva compartía sus posesiones libremente, pero seguían siendo de su propiedad hasta que las vendían voluntariamente para proporcionar fondos a los necesitados (Hech. 4:32-35).

Marx reconocía la maldad en el corazón del ser humano, pero su error fue no comprender la causa verdadera: la naturaleza pecaminosa inherente a cada persona, y no algo desarrollado en respuesta a los abusos que experimentaban. Los abusos venían del corazón malvado del ser humano, y no al revés. Los gloriosos sueños de Marx y Engels estaban destinados a fracasar, porque el corazón del hombre es desesperadamente malvado y no puede ser domesticado por la teoría política ni por el esfuerzo propio.

Los gloriosos sueños de Marx y Engels estaban destinados a fracasar, porque el corazón del hombre es desesperadamente malvado y no puede ser domesticado por la teoría política ni por el esfuerzo propio.

Su teoría también generaba conflictos, porque siempre estaba trazando una línea divisora en la arena entre los oprimidos y los opresores, algo que con el tiempo se convirtió en parte del fundamento de lo que ahora enfrentamos como la ideología «*woke*» y los derechos opresivos promovidos por la mayoría de los sectores de la comunidad LGBTQAI+. El movimiento «*woke*» describe a un grupo de personas que propugna por una sensibilidad mayor y el desarrollo de una conciencia en contra de las injusticias sociales perpetradas contra minorías raciales. El término se originó en la comunidad afroamericana; pero luego se unieron a este grupo muchas otras personas que decían sentirse marginadas por otros. La idea original era crear un despertar (*awakening*) acerca de la realidad descrita. Pero pasó rápidamente a ser un movimiento político-social utilizado por políticos, por un lado, y en otros casos, por miembros de grupos airados debido a abusos de generaciones anteriores y aún en el presente que han procurado hacerse escuchar promoviendo la violencia y la insurrección. El «momentum» fue aprovechado por otros sectores, como el movimiento LGBTQAI+, no simplemente para demandar derechos (comunes a todos los seres humanos), sino para exigir que todo tipo de preferencias sexuales y personales sean aceptadas, celebradas, promovidas y legisladas, a pesar de ser contrarias a los valores que fortalecieron la civilización occidental, y que, si son llevadas a la práctica, se oponen al florecimiento humano. En la actualidad, este grupo de personas exige todo tipo de reconocimiento y cualquiera que no esté de acuerdo con sus ideas es acusado de hacerlos sentir rechazados y oprimidos. Por esta razón, muchos son acusados de «transfóbicos», bajo el argumento de que el simple desacuerdo les causa daño emocional y psicológico.

Obviamente, Marx no se estaba refiriendo ni a la opresión racial ni a la ideología de género en su momento. Pero sus ideas generaron un complejo de víctima que luego fue distorsionado, y muchos hoy en día acusan a otros de victimarios y ellos se presentan como las víctimas, siendo solo personas individuales dentro de un sistema social. Pero no todo ha sido negativo. Algo positivo del marxismo es que estuvo en contra de los abusos de los pudientes y de los poderosos, lo cual coincide con lo que

Dios mismo declaró en Su Palabra (Prov. 14:31). Preocuparse por los pobres y los vulnerables es una virtud cristiana, pero no en el sentido de proponer la violencia para obtenerlo. Y tampoco para hacer uso político de esta idea con el fin de ganar seguidores. Digámoslo de esta forma: el anhelo de una «utopía» viene de Dios, visto desde el ángulo bíblico. El anhelo de regresar al Jardín del Edén está arraigado en lo más profundo de nuestro ser, y aunque como creyentes sabemos que en el futuro «cesará toda opresión», estamos a la espera de la gloria que ha de venir (Rom. 8:18-25), pero no lo lograremos de este lado de la eternidad. También es cierto que ese anhelo solo puede ser cumplido por Dios y no por el hombre, debido a su naturaleza pecaminosa. Es más, que una cultura intente anteponer las necesidades de sus miembros más humildes a sus propios intereses solo es concebible cuando las personas han sido profundamente moldeadas por el cristianismo.

Me llama mucho la atención la contradicción en las vidas de Marx y Engels. El primero apenas sobrevivía con las escasas ganancias de sus escritos, y dependía de la caridad de su acaudalado amigo y colaborador, Friedrich Engels. El padre de Engels, irónicamente, era dueño de una próspera fábrica, y parece que no advirtieron que, de no haber sido por el dinero proveniente de uno de los miembros de la misma clase «opresora» que ellos odiaban, la burguesía, no habrían podido sobrevivir físicamente y, por ende, tampoco sus ideas.

Estamos siendo testigos de cómo la guerra espiritual que comenzó en Génesis 3 (de la que hablamos en los primeros capítulos) ha sido estratégica y eficaz en su ejecución a lo largo de las generaciones. Cada paso dado en la historia ha acarreado errores que nos han alejado cada vez más del plan divino original y luego del plan de redención. Además, estos pasos nos confirman lo que Dios ha dicho desde el principio: somos criaturas caídas, muertos en delitos y pecados, incapaces de salvarnos por nuestros propios medios, y necesitados de la intervención divina (Ef. 2:1-5).

Friedrich Nietzsche (1844-1900) fue conocido por su idea de que el mundo está impulsado por el deseo de poder. El *Übermensch*, o «superhombre» en alemán, es presentado por Nietzsche como el creador de nuevos valores que ni siquiera podemos imaginar.[6] Según el ideal nietzscheano, los individuos deberían esforzarse por alcanzar su máximo potencial ejerciendo poder sobre su entorno, incluyendo elevarse por encima de la moralidad convencional para crear nuevos valores que abrazan la belleza y el sufrimiento de la existencia. En su libro *El anticristo*, Nietzsche definió como «bueno» todo lo que resalta el poder en el hombre, lo cual obviamente es totalmente opuesto al cristianismo.

Nietzsche ha sido etiquetado como un ateo elitista, mientras que Marx es considerado un ateo social. Al interpretar los eventos mundiales sin Dios, como los años de abusos por parte de las monarquías, abusos en los trabajos, las conquistas y las guerras, llegó a la conclusión de que todos querían afirmar el poder y dominio como la fuerza impulsora primaria detrás de las acciones humanas, y para él tenía lógica. Nietzsche lo llamaba «la voluntad de poder».

Antes de Nietzsche, la mayoría de los filósofos occidentales todavía presuponían que la verdad universal existía, y que la tarea de la filosofía era encontrarla, aunque vimos que la definición de la verdad estaba cambiando y la expectativa de encontrarla estaba disminuyendo. El mismo Immanuel Kant argumentó que, aun si

6. R. Lanier Anderson, «*Friedrich Nietzsche*», The Stanford Encyclopedia of Philosophy, 19 de mayo de 2022, ed. primavera 2024, eds. Edward N. Zalta y Uri Nodelman, https://plato.stanford.edu/entries/nietzsche/#PrimLiteWorkNiet.

nunca pudiéramos percibir la verdad, de todas maneras podríamos inferirla. Para Nietzsche, la existencia no tenía sentido ni significado objetivo en el universo, como si no existiera, cerrando así la puerta social al cristianismo. Esto se basaba en la separación del mundo «nouménico» (lo invisible) del «fenomenológico» (lo visible), siguiendo el lenguaje de Kant, con énfasis en la incapacidad de conocer el «nouménico». Nietzsche lo llevó un paso más adelante, diciendo que nuestros valores eran solo productos de nuestra propia perspectiva, relegando la realidad espiritual de los cristianos a la imaginación. La moralidad, entonces, se convirtió en meros valores que aquellos en el poder imponían a los demás.

Basado en las ideas de Marx, las creencias filosóficas y religiosas fueron intentos de ejercer un poder disfrazado de logros espirituales. La realidad es que las ideas de Nietzsche eran diametralmente opuestas a lo revelado por nuestro Creador, quien estableció las leyes. Por consiguiente, es imposible lograr una humanidad superior para crear nuevos valores autodefinidos que trasciendan la moralidad definida por Dios, y lo mismo con las normas sociales. Rechazar cualquier sistema que limite el potencial o la creatividad humana quitaría los frenos necesarios para vivir en comunidad. Así, poco a poco avanzaron las pautas sobre las cuales el humanismo, como filosofía, se fundó, donde el hombre era capaz de vivir y tomar decisiones sin Dios. La ironía es obvia, porque ¿cómo podemos hablar sobre la moralidad y de dónde viene el deseo por ella sin la existencia de Dios?

La frase más famosa de Nietzsche fue «Dios ha muerto», escrita en su libro *La ciencia jovial*, publicado en 1882.[7] Según sus seguidores,

---

7. Jack Maden, «*God is Dead: Neitzsche's Most Famous Statement Explained*», Philosophy Break, febrero de 2022, https://philosophybreak.com/articles/god-is-dead-nietzsche-famous-statement-explained/.

Nietzsche no estaba diciendo que Dios había muerto, sino que la época de la Ilustración había contribuido a la erosión de las creencias religiosas. Por lo tanto, al quitar las «ideas religiosas», pensaban que Dios nunca había existido y que había muerto la idea acerca de Él y Su control sobre la cultura. Su idea del «superhombre» fue precisamente para prevenir este nihilismo (la idea de que la vida es un absurdo, sin propósito y sin significado), lo cual fue producido por su propia teoría, pero fue en vano, porque igual ocurrió. Como venimos diciendo, las ideas tienen consecuencias.

La perspectiva de la moralidad de Nietzsche se dividió en dos y se opuso a lo que Marx ideó. La moralidad superior pertenecía al «amo», que era la nobleza, la fuerza y la afirmación de valores propios; y la inferior pertenecía al esclavo, enfatizando virtudes como la humildad, la mansedumbre y la compasión. Entonces, estaba convencido de que los valores tradicionales representaban una «moralidad esclava» creada por personas débiles y resentidas, y que fomentaban los comportamientos de sumisión y conformidad totalmente opuestos a su «superhombre».

Vemos aquí el conflicto que ha impactado la historia: los poderosos no son los opresores, como dijo Marx, sino que ellos son los buenos, y los valores cristianos (como la humildad y la mansedumbre) son los inferiores. Me llama mucho la atención cuánta credibilidad se dio a las ideas de Nietzsche, porque él falleció a la edad de cincuenta y cinco años por demencia sifilítica, según se cree, debido a su inmoralidad, y sobre todo porque los síntomas de la demencia comenzaron a ser notables a sus cuarenta y cuatro años, precisamente la misma fecha en la que escribió algunos de sus libros.

En resumen, el individualismo se abre paso defendiendo un espíritu libre y pensante como algo superior, resistiendo la conformidad y abrazando presentarse como auténtico y único. Obviamente, por la mente de Nietzsche nunca pasó la idea de la ideología de género del movimiento LGBTQAI+, pero la relación la vemos cuando este movimiento defiende que la moralidad cristiana detiene la creatividad y el crecimiento necesarios para que el ser humano descubra su identidad. Con este concepto, se exalta todo conocimiento subjetivo y, al mismo tiempo, nos lleva a cuestionar la variedad de verdades subjetivas y a rechazar los valores absolutos. De nuevo, estamos viendo los principios que cambiarían la cosmovisión aproximadamente muchos años después.

Nastasic, julio de 2019

Karl Marx (1818–1883)

Charles Darwin (1809–1882) fue un biólogo especializado en flora que se convirtió en un filósofo con su teoría de la evolución.[8] Nuestras ideas nunca surgen de la nada, sino que son fruto

8. Adrian J. Desmond, «*Charles Darwin*», The Stanford Encyclopedia of Philosophy. 8 de Febrero de 2025, https://www.britannica.com/biography/Charles-Darwin.

de nuestras reflexiones y de nuestro caminar, lo cual nos lleva a nuevos pensamientos y conclusiones. En la universidad, Darwin se reunía con un grupo de estudiantes de historia natural y creyentes en el materialismo radical (la materia es lo único que existe), desafiando los conceptos religiosos ortodoxos sobre la ciencia. Leyó trabajos de Jean-Baptiste de Lamarck, un naturalista, sobre la evolución. Por su cuenta, estudió diferentes ramas de la ciencia, como la entomología (el estudio de los insectos), la botánica (el estudio de las plantas) y la teología natural, que defendía el diseño divino en la naturaleza y explicaba la adaptación como una forma en la que Dios actuaba a través de las leyes naturales. En un viaje marítimo de cinco años, visitó catorce países de América del Sur y notó variaciones en las especies de las islas Galápagos, en Ecuador. Vio criaturas similares entre una isla y otra, pero perfectamente adaptadas a sus propios entornos. Por ejemplo, observó a los pinzones de la isla, que lucían similares a los del continente, pero cada uno mostraba ciertas características en su pico que los ayudaban a recolectar alimento más fácilmente en su hábitat específico. Así, Darwin escribió su libro *El origen de las especies*, donde aplicó la misma idea de adaptación a los seres humanos, diciendo que aquellos con rasgos que ofrecían una ventaja competitiva en su entorno tendrían más probabilidades de reproducirse y sobrevivir.

Entonces, basándose en las ideas que circulaban —como la supuesta muerte de Dios y la negación de que fuimos creados por Él—, se impulsó la idea de que las especies surgen y se desarrollan a través de la selección natural, con pequeñas variaciones heredadas a lo largo de millones de años. Se plasmó la idea de que organismos simples se convirtieron en otros más complejos. Y todo esto representó otro cambio radical, como el que experimentamos con Copérnico, al quitar la Tierra como el centro de nuestro sistema planetario, o con Kant, al pensar en la realidad como algo producido por la mente humana. Asimismo, esta hipótesis representó un gran salto sin evidencia científica ni ejemplos visibles en los registros fósiles que mostraran transiciones de una especie a otra capaces de justificar la teoría. Además, en esa época no se conocía el mecanismo de la herencia, ni se comprendía en profundidad la complejidad del cuerpo.

Darwin mismo dijo que «si se pudiera demostrar la existencia de cualquier órgano complejo que no se pudo haber formado mediante numerosas y leves modificaciones sucesivas —mi teoría se desmoronaría por completo».[9] Desde entonces, hemos llegado al espacio, visitado las profundidades del mar, escalado los picos de las montañas e investigado las selvas, y todavía no se ha encontrado el eslabón perdido que pruebe la teoría de Darwin, aunque muchos siguen creyéndola.[10] Actualmente, existen muchos estudios científicos, realizados incluso por no cristianos y ateos, que han llegado a la conclusión de que la evolución es una imposibilidad, porque no se han encontrado los mecanismos de cambio necesarios para que un organismo pueda evolucionar y sobrevivir en cada etapa. Estos estudios postulan que, mientras más avanza la investigación, más se evidencia el diseño inteligente y la necesidad de un Diseñador inteligente.

Sin embargo, después de más de 200 años de investigación, el mantra que el mundo escogió es: «Con el tiempo, sabremos»,

9. Charles Darwin, «*The Origen of Species*», cap. 6, *Difficulties on Theory*, Literature.org, https://www.literature.org/authors/darwin-charles/the-origin-of-species/chapter-06.html.

10. El eslabón perdido de Darwin es una de las más grandes mentiras jamás creída en las universidades durante años y que hoy se descarta. Es la idea de que existió una especie intermedia entre el mono y el ser humano que debíamos encontrar. Una idea basada en un deseo; pero sin ningún respaldo científico.

como si el tiempo en sí tuviera las respuestas. Las escuelas, colegios y universidades dejaron de enseñar esto como una teoría y pasaron a sostenerla como una verdad probada. En algunos lugares de Estados Unidos, se han cambiado las leyes hasta el punto de hacer ilegal enseñar acerca de la creación en las escuelas públicas, permitiendo únicamente la enseñanza de la teoría evolucionista. Aun las conclusiones en la literatura científica y médica están basadas en esta teoría. Vemos escritos que afirman: «La idea de que los humanos son, en realidad, descendientes de los simios fue muy criticada al principio, pero el descubrimiento de la evolución, tanto en humanos como en otros organismos, ha quedado mostrado».[11]

La realidad es que esta teoría no solo no ha sido probada, sino que las pruebas apuntan a que es una teoría imposible. El hombre no deja de creer por falta de evidencias, sino que, más bien, se trata de un problema moral: el ser humano no cree porque no le conviene creer que tiene un Creador a quien debe que rendir cuentas. Pablo lo explicó de esta manera en Romanos 1:18-20:

> «Porque la ira de Dios se revela desde el cielo contra toda impiedad e injusticia de los hombres, que con injusticia restringen la verdad. Pero lo que se conoce acerca de Dios es evidente dentro de ellos, pues Dios se lo hizo evidente. Porque desde la creación del mundo, Sus atributos invisibles, Su eterno poder y divinidad, se han visto con toda claridad, siendo entendidos por medio de lo creado, de manera que **ellos no tienen excusa**» (NBLA, énfasis añadido).

Algo que también heredamos de Darwin es la misoginia (el odio a la mujer) y el maltrato a las mujeres, que muchos en ignorancia

11. Ian Reddy, «El efecto del darwinismo en la sociedad», publicado el 2 de octubre de 2018, notas tomadas del curso impartido por *Colby College* en *A Colby Community website.*

lo atribuyeron a las enseñanzas de la Iglesia; sin embargo, esto es producto de una malinterpretación bíblica. La Biblia enseña que las mujeres fueron creadas con el mismo valor que el hombre, y Jesús siempre trató a las mujeres con dignidad, para restaurarlas a la posición que tenían antes de la caída. No obstante, la degradación de la mujer realmente se instauró con el libro escrito por Darwin, *El origen del hombre*, donde se expresan creencias altamente racistas y misóginas que dan lugar al maltrato a cualquiera que no sea considerado de los más aptos. Darwin decía que las mujeres eran necesarias para la reproducción de las especies; sin embargo, sostenía que la herencia del intelecto era un privilegio solo de los hombres. Esto forma parte de su libro *El origen del hombre,* donde afirma que «el hombre finalmente se ha vuelto superior a la mujer».[12]

Charles Darwin (1809–1882)

12. Charles Darwin, *Descent of Man: Part 2* (Princeton, NJ: Princeton University Press, 1981), 253, 386.

La cosmovisión construida en aquel entonces nos llevó a la justificación de la esclavitud y al maltrato de todos, incluidas las mujeres. Con el marxismo, se explica la destrucción de tantas personas inocentes, como ocurrió bajo las tiranías de Hitler, Lenin, Stalin y Mussolini. La maldad se justificaba porque la existencia entera dependía de una competencia cruel por la supervivencia del más apto. Entonces, la conclusión lógica y errónea de ese pensamiento es que la vida no tiene valor y solamente los fuertes merecen vivir.

Le dijimos adiós a la moralidad absoluta al ser comparados con los animales; entonces, sexualmente, cualquier cosa es aceptable también para los humanos. Hemos llegado al punto de creer que evolucionamos de las mismas células iniciales, por lo que no hay diferencia entre varón y hembra, sino que estamos en diferentes niveles de evolución. Al no tomar en cuenta a Dios, el valor humano desaparece, y un embarazo puede considerarse una molestia en lugar de una bendición; abortar llega a verse como un escape «justificable» del problema. Toda la violencia y la delincuencia también tienen sentido cuando no hay un propósito eterno. Tampoco hay un juez al que enfrentaremos al morir, y el placer se convierte en el propósito principal, como propusieron Bentham y Mill en el pasado; entonces, buscar el placer a cualquier costo se vuelve la norma social.

Sigmund Freud (1856–1939), en una época en que el mundo comenzó a ver el auge de muchos inventos, fue un neurólogo austriaco que desarrolló el método del psicoanálisis para tratar los trastornos mentales.[13] Él postulaba que la personalidad estaba influenciada por conflictos y deseos inconscientes, mayormente

13. Stephen P. Thornton, «*Sigmund Freud*», The Stanford Encyclopedia of Philosophy, https://iep.utm.edu/freud/.

sexuales, que comenzaban en la niñez y afectaban el comportamiento al generar mecanismos de defensa para enfrentarlos. La personalidad se dividía en tres partes: el yo, el ego y el superyó. El yo era considerado primitivo e inconsciente, estimulado por la libido, y donde se encontraban los deseos y la fuente de la energía. El ego era aquello que identificaba las exigencias del yo, equilibrándolas con la realidad de formas socialmente aceptables. Y el superyó era el lugar donde se almacenaban la moral y los estándares recibidos de la sociedad.

Freud era ateo. Ignoró la conciencia que Dios había puesto en cada persona (Rom. 2:15) y la atribuyó a la represión sexual que, en lugar de protegernos, causaba daño a la psique. Freud pensaba que las creencias religiosas eran engaños, debido a que el hombre buscaba la protección frente al peligro en una figura paterna, y que lo mejor era alejarnos de la religión, pues no conducía a una forma de encontrar la felicidad ni la plenitud. Increíblemente, aunque sus ideas eran solo hipótesis, llegó incluso a afirmar que ¡la religión era una estructura de creencias sin evidencia! Obviamente influenciado por la evolución, describió al ser humano como un animal más desarrollado, sin restricciones sexuales, porque el criterio moral no existía, lo cual abrió el camino hacia la revolución sexual. Para Freud, toda la vida giraba alrededor de la sexualidad.

La teoría de Freud postula que todos somos bisexuales, porque incorporamos aspectos de ambos sexos y somos atraídos sexualmente por ambos. También afirmaba que las actividades sexuales de los lactantes y los niños formaban parte de su desarrollo normal. Entonces, la pedofilia y la homosexualidad eran naturales para Freud. Es fácil ver cómo estas creencias nos llevan a la conclusión de que la heterosexualidad no es lo normal, sino solo una posibilidad.

Muchos han tomado su teoría y han concluido que, si los niños tienen el derecho de disfrutar de su sexualidad, ¿por qué no dejarlos cambiar de género? La puerta se abrió de par en par para las aberraciones culturales (Rom 1:24-27). En conclusión, Freud y sus seguidores piensan que las creencias de la Iglesia pertenecen al mundo invisible, lo cual las hace subjetivas. Dios y lo moral no existen. Ya con el marxismo, el mundo estaba dividido entre opresores y oprimidos. Y aunque Marx se refería a las diferentes clases sociales, hoy en día, cualquier grupo que no se siente aprobado por las normas morales que han existido por miles de años afirma sentirse oprimido por los demás. Para muchos, la Iglesia se ha convertido en el opresor y debe ser eliminada por causar daño a aquellos que no se conforman a la moralidad tradicional.

C. S. Lewis (1898-1963) aparece en escena años después de la muerte de Darwin, pero vivió parte de su vida durante la época de Freud.[14] Aunque provenía de una familia cristiana, perdió a su madre a los nueve años, y su padre, un hombre distante, lo envió a estudiar a un internado en Inglaterra. Su inconformidad en el internado, combinada con la pérdida de su madre, produjo un pesimismo que lo llevó al ateísmo. La muerte de un gran amigo, soldado en la Primera Guerra Mundial, consolidó aún más su postura atea. Sin embargo, un amigo y colega académico, J. R. R. Tolkien, lo influenció, y a la edad de treinta años, Lewis se convirtió al cristianismo. Con el tiempo, se transformó en un conocido apologista a través de sus escritos y de un programa de radio transmitido durante la guerra, en los cuales rechazaba sistemáticamente el cientificismo, incluida la teoría de la evolución, al considerar que sus argumentos distorsionaban la ciencia con el fin de respaldar

---

14. Public Broadcasting Service, «*Biographical Essays: The Life of C. S. Lewis*», WGBH Educational Foundation, 2004, https://www.pbs.org/wgbh/questionofgod/twolives/lewisbio.html.

una cosmovisión naturalista. Lewis sostenía que la ciencia verdadera debía estar en armonía con una cosmovisión cristiana, y cuando fue cuestionado sobre la idea de que los milagros eran incompatibles con la ciencia, su respuesta fue que los milagros eran consistentes, aunque iban más allá de la ley natural.

Lewis dijo: «Creo en el cristianismo como creo que el sol ha salido, no solo porque lo veo, sino porque por él veo todo lo demás».[15] Argumentó contra la evolución porque no podía confiar en la razón si esta apuntaba únicamente a un proceso aleatorio, aunque sí creía en la ciencia porque Dios, como la Luz de la razón, iluminaba a mentes finitas para conocer sobre el universo, tanto mediante la observación como por inferencia. Lewis unió la fe y la razón porque el cristianismo es, a la vez, fiel y racional.

Lewis restauró una visión cristiana de la humanidad a través de sus creencias sobre el destino eterno de cada ser. Luchó contra los aspectos deshumanizadores de la modernidad y ejemplificó a los reformadores en la necesidad de evangelizar por medio del evangelio de Cristo y a través de los dones, habilidades y oportunidades que nos ofrece el trabajo, especialmente cuando nos proponemos hacerlo todo para la gloria de Dios, independientemente de las consecuencias que nos pueda traer. Aunque enfrentó discriminación en el ámbito académico, al no recibir promociones simplemente debido a su fe, Lewis entendió el costo y voluntariamente lo aceptó. Su programa de radio durante la Segunda Guerra Mundial brindó esperanza al país, y renunció a aceptar la distinción de la *Order of the British Empire* [Orden del Imperio británico], ofrecida por Winston Churchill.

---

15. *Talk in The Oxford Socratic Club entitled, Is Theology Poetry?* [Charla en el Oxford Socratic Club titulada: ¿Es la teología poesía?], 6 de noviembre de 1944.

En conclusión

Por generaciones, los filósofos fueron progresivamente tratando de eliminar a Dios como el agente Creador y como el «Ser necesario» (un ser necesario para los filósofos). Si algo existe, debe haber alguien que exista primero para explicar todo lo que existe. Sin embargo, como todavía quedaba algo de honestidad, no podían dejar a Dios fuera por dos razones principales. Primero, la existencia de un mundo tan complejo requiere de una mente racional; y segundo, por la ley moral que existe en cada persona, que habla a favor de un dador de la ley. Aun Kant, que dirigió el conocimiento hacia el pensamiento humano, todavía admitía que Dios tenía que existir, debido a la existencia del mundo que conocemos. Nietzsche postulaba que las leyes divinas ya no eran relevantes para el mundo, pero Darwin agregó a todo lo anterior, la idea de la necesidad de eliminar a Dios, no por razones filosóficas, como postuló Nietzsche, sino por razones biológicas, es decir, la evolución era la realidad y la creación era la invención.

Sin embargo, la ley moral que posee cada persona aún no tiene explicación si no hay Dios, porque, sabiendo que esa ley existe, se necesita un dador de esta, como ya hemos aludido. El fenómeno de la pendiente resbaladiza es evidente desde el Renacimiento que vimos antes, donde la atención se centró en el hombre (antropocentrismo), pasando por la Ilustración, donde el poder radicaba en los pensamientos humanos (racionalismo), hasta desembocar en ideas más radicales y opuestas a Dios, con pensadores como Nietzsche y Darwin. Hoy vemos el caos que todo lo anterior ha traído sobre nosotros. Ciertamente, el cambio no se ha producido en los últimos 25-50 años; simplemente, se ha acelerado en ese tiempo. La civilización ha venido descendiendo desde que pasamos del teísmo (Dios en contacto y control de Su mundo) al deísmo (Dios desconectado de Su mundo), característico de la era de la

Ilustración. Tenemos no menos de 200 años de deslizamiento en la dirección contraria. Hemo llegado a justificar ciegamente la eugenesia (la manipulación genética para mejorar la raza humana), el racismo, el imperialismo y la desigualdad social, bajo regímenes totalitarios. Y peor aún, si aceptamos las ideas de Darwin, según las cuales, al final, solo los más fuertes sobreviven, entonces no tenemos ni siquiera razón para luchar contra la discriminación de los más débiles.

Si la Biblia está errada en la narración de los hechos en el primer capítulo de Génesis, entonces se pone en duda la veracidad de toda la Escritura. Creer que el cosmos y la humanidad no tienen propósito, que Dios no está íntimamente involucrado con nosotros y que tampoco tendremos que enfrentarnos a Él al morir, nos hace pensar que es «lógico» hacer todo en busca del placer y de la felicidad, porque, al final, esta vida es todo lo que hay.

En medio de este caos de ideas, ocurrió la Guerra Civil Americana (1861-65)[16], cuya causa central fue la disputa sobre la expansión de la esclavitud en los territorios occidentales. Algunos de los estados del sur, que estaban a favor de la esclavitud, se separaron del resto del país, formando así la llamada Confederación, y pelearon contra la unión de estados del norte, conocida simplemente como la Unión, que estaba en contra de la esclavitud y que, al final, ganó la guerra. Durante el conflicto, la meta se afianzó en torno a la necesidad de liberar a los esclavos, lo cual fue proclamado por el presidente Abraham Lincoln en 1863. Aunque el país fue fundado sobre principios deístas, gran parte del movimiento abolicionista fue impulsado por los puritanos y su creencia de que la esclavitud era moralmente abominable. Muchos de ellos escribieron sobre el

---

16. Jennifer L. Weber y Warren W. Hassler, «*American Civil War*», Britannica, 5 de febrero de 2025, https://www.britannica.com/event/American-Civil-War.

tema, influenciando al país para bien. Este es un ejemplo del poder que tiene vivir bíblicamente y cambiar la cultura.

Las invenciones seguían haciendo avanzar a las civilizaciones, como sucedió con la primera locomotora de vapor (1876). Graham Bell inventó el teléfono (1877), Tomás Edison inventó el fonógrafo; en 1883 se patentó el automóvil, y en 1904 se inició la construcción del canal de Panamá. Todas estas innovaciones aumentaron la comunicación entre las naciones y facilitaron el intercambio de las filosofías entre países. Como vimos, surgió Freud y sus seguidores, quienes pensaban que las creencias de la Iglesia pertenecían al mundo invisible, lo cual las hacía subjetivas, y redujeron toda la sexualidad a meros instintos animales. Pero también se hizo presente C. S. Lewis, unos diez años después de la muerte de Darwin, y aún estuvo presente, al menos por un corto tiempo, durante la vida de Freud. Lewis logró conciliar la razón y la fe, impactando a la sociedad a través de la apologética. Para él, la Biblia explicaba mucho más de lo que la gente podía imaginar.

En cada generación, nuestro fiel Dios levanta voces proféticas y las usa a pesar de las creencias del mundo. Como cristianos, en un mundo que se vuelve más oscuro cada día, necesitamos ser «irreprensibles y sencillos, hijos de Dios sin mancha en medio de una generación maligna y perversa, en medio de la cual resplandecéis como luminares en el mundo; asidos de la palabra de vida» (Fil. 2:15-16a).

Él es la imagen del Dios invisible, el primogénito de toda creación. Porque en él fueron creadas todas las cosas, las que hay en los cielos y las que hay en la tierra, visibles e invisibles; sean tronos, sean dominios, sean principados, sean potestades; todo fue creado por medio de él y para él.

Colosenses 1:15-16

10

La progresividad moderna

El existencialismo

Jean-Paul Sartre (1905-1980) postulaba que «la existencia precede a la esencia».[1] Recibió la influencia de Darwin al creer que no fuimos creados, sino que nuestra esencia proviene de «sustancias químicas» que se han unido, reorganizado y desarrollado hasta convertirse en organismos vivientes. Se cree que dichas sustancias permiten que su esencia cambie en cada etapa. Según esta idea, la vida no tiene significado *a priori*; por lo tanto, depende de nosotros darle un significado, y el valor nunca sería más que el significado que elijamos.

Con Sartre, no solo no fuimos creados a la imagen de Dios, sino que nuestra imagen es el resultado de un desarrollo a través de nuestros pensamientos y acciones. Esta compleja filosofía sugiere que nuestros valores, identidad y propósito en la tierra no son inherentes ni predeterminados por algún modelo

1. Jean-Paul Sartre, *Existentialism Is a Humanism*, traducido al inglés por Carol Macomber (New Haven: Yale University Press, 2007).

cósmico, sino que son definidos por nosotros mismos a través de las decisiones que tomamos en el ejercicio de nuestro libre albedrío.

Sartre defiende que no fuimos creados porque no hay Dios ni tampoco una ley que seguir o una razón para existir. Como dijo en su obra *A puerta cerrada:* «Tú eres lo que eres, tu vida y nada más»,[2] lo que significa que somos nosotros quienes desarrollamos lo que somos y nuestros propósitos. Al colocar el propósito dentro de nosotros mismos, nos deja en un mar de inseguridad, buscando o inventando razones para nuestra existencia, donde naturalmente concluiremos, tal como dijo Sartre: «La vida comienza al otro lado de la desesperación».[3] Esto explica el título y el contenido de una de sus obras más influyentes, *La Nausée*, una novela publicada en francés en 1938 y escrita en forma de diario, donde se presentan sentimientos recurrentes de repulsión experimentados por un personaje llamado Roquentin, en la medida en que experimenta una vida sin sentido ni propósito. Es título acertado para describir lo que debería sentir todo individuo que vive pensando que no le debe su vida a nadie porque solo es fruto de un accidente químico. Esto no hace más que confirmar lo que la Biblia revela: que la vida en un mundo caído, sin un propósito divino, es realmente deprimente y termina siendo repugnante; solo «vanidad de vanidad» (Ecl. 1:2-18), en las palabras de Salomón.

---

2. Obra de teatro en 1944 en Francia.

3. The New Statesman, «*Jean-Paul Sartre: the far side of despair*», publicado el 9 de mayo de 2017, https://www.newstatesman.com/culture/2017/05/jean-paul-sartre-far-side-despair.

Jean-Paul Sartre (1905-1980)

Simone de Beauvoir (1908-1986), amante de Sartre, conectó sus ideas con el feminismo en su libro *El segundo sexo*, una obra que terminó convirtiéndose en el manifiesto de la liberación femenina y que acusó a la historia de perpetuar la desigualdad de género en la sociedad. Ella creía que uno no nace mujer, sino que se convierte en mujer, y que las mujeres son definidas por la sociedad y no por Dios. Por lo tanto, necesitaban buscar su realización utilizando los estándares del mundo, lo que allanó el camino para la separación popularizada recientemente entre «sexo», entendido como lo que una persona es al nacer, y «género», como la elección que cada individuo hace para identificarse con un grupo u otro. Algo completamente sin sentido porque es contrario a la genética, al desarrollo embrionario, al funcionamiento hormonal, a la estructura cerebral del varón y la hembra, y a la capacidad de embarazar y quedar embarazada.

Ella influenció a **Betty Friedan,** quien escribió *La mística de la feminidad,* y argumentó que las mujeres necesitaban tomar control de sus propias vidas, autodefinirse y trazar su propio destino, rechazando la domesticidad, la maternidad y los códigos morales tradicionales. Claramente, el existencialismo fortaleció las ideas ya plantadas por Nietzsche y otros que estimulan a crear nuestros propios valores, así como las ideas de pensadores como Darwin, que llevaron a las personas a pensar que no eran fruto de una creación, sino de una evolución. El existencialismo amplió y fortaleció esas bases a través de mujeres claves, como las mencionadas más arriba, para dar origen al feminismo militante de nuestros días.

Natata, julio 2019

Simone de Beauvoir (1908–1986)

Albert Camus (1913-1960), otro existencialista, postuló que era absurdo buscar lo que no existía (Dios), y se oponía totalmente al cristianismo y a la realidad. Sin Dios, el propósito desaparece y, como no hay un Creador ni un Juez a quien debemos responder, entonces, buscar la felicidad sin pensar en el prójimo se convierte en la meta de la vida, como postulaban **Bentham y John S. Mill**. Vemos claramente cómo el mundo se aleja de Dios cada vez más al construir sus ideas sobre los errores de otros.

Mientras estos filósofos influenciaban las culturas, inició la Primera Guerra Mundial (1914–1918), que causó aproximadamente diecisiete millones de muertos y unos veinticinco millones de heridos, debido a diversos factores, aunque fue grandemente influenciada por la cosmovisión del imperialismo (la expansión o conquista de una nación sobre otra).[4] El concepto de darwinismo, la lucha natural de las «razas», se extendió hacia las naciones, bajo la idea de que solo las más aptas merecían sobrevivir. Como vimos, en medio de este contexto, Alemania trató de posicionarse como potencia económica y militar a nivel mundial.

Cada vez más vemos que las ideas tienen consecuencias, una frase que venimos repitiendo a propósito, porque la intención es mostrar cómo llegamos hasta aquí y dónde estamos hoy. La Gran Depresión mundial comenzó en 1929 y se extendió por unos diez años, con altas tasas de desempleo y fracasos empresariales generalizados, hasta que inició la Segunda Guerra Mundial (1939–1945), provocada por una serie de fenómenos complejos: la inestabilidad política en Europa, la aparición del fascismo de Benito Mussolini y el nazismo de Hitler. Ambas eran ideologías de extrema derecha, impuestas por regímenes totalitarios que creían en la superioridad de ciertas razas, ideas heredadas de Charles Darwin. El deseo de expansión territorial por parte de Japón también contribuyó al estallido de esta segunda guerra de carácter mundial.[5]

Ocurrieron varias invasiones de países europeos previas a esta guerra, influenciadas por el impacto del darwinismo social; sin embargo, la maldad alcanzó su punto cumbre durante este conflicto, ya que las muertes no provinieron solo de los combates entre soldados, sino también de genocidios, incluyendo el

---

4. Dennis E. Showalter y John Graham, «*World War I: Killed, wounded, and missing*», Britannica, revisado el 19 de febrero de 2025, https://www.britannica.com/event/World-War-I/Killed-wounded-and-missing

5. Lumen Learning, «*Casualties of WWII*», en *History of Western Civilization II*, cap. 28, https://courses.lumenlearning.com/suny-hccc-worldhistory2/chapter/casualties-of-world-war-ii/.

famoso Holocausto, que se suma a las hambrunas, masacres y las enfermedades. El nazismo alemán, el fascismo italiano y el imperialismo japonés fueron algunos de los perpetradores más sistemáticos de crímenes de guerra en la historia moderna. Sin Dios, no hay límites a la maldad del hombre. La Organización de las Naciones Unidas fue creada con la intención de fomentar la cooperación internacional y prevenir conflictos; sin embargo, si Dios no es el centro de la vida de los hombres, ese propósito será imposible de alcanzar. El hombre, al querer ocupar el lugar de Dios, solo termina causando muerte y destrucción.

Natata, junio 2019

Betty Friedan (1921–2006)

Richard Weaver (1910–1963) fue un académico secular estadounidense, profesor en la Universidad de Chicago y opositor tanto del modernismo como del secularismo y del nominalismo (que proponía que las ideas generales o universales son simplemente nombres sin que correspondan a alguna realidad concreta).[6]

6. Francis P. Sempa, «*Richard Weaver Explained our Cultural Predicament over 70 Years Ago*», Kirk Center, 16 de octubre de 2022, https://kirkcenter.org/reviews/richard-weaver-explained-our-cultural-predicament-over-70-years-ago/.

Como profesor universitario de inglés, Weaver fue una autoridad en retórica moderna (la combinación de principios clásicos con nuevos entendimientos de la comunicación para producir un lenguaje claro, efectivo y persuasivo) y se convirtió en un crítico cultural y teórico de la naturaleza humana con relación a la sociedad. El fundamento de sus enseñanzas estaba basado en principios tradicionales, como la caballerosidad, porque creía que era la única cura para combatir la degradación social y el capitalismo. Aunque no era cristiano, fue criado con valores cristianos y consideraba la religión como la base de la familia, donde cada hombre se convierte en su propio sacerdote y profesor de ética familiar. Sin embargo, creía que las religiones organizadas, combinadas con el capitalismo industrial, eran en general las responsables de la degradación moral, económica e intelectual. Como otros, por algún tiempo creyó en el socialismo como la respuesta; sin embargo, gradualmente comenzó a ver la realidad de este y lo rechazó.

En su libro *Las ideas tienen consecuencias*, su análisis de la filosofía nominalista concluyó que eliminar valores trascendentales universales produciría una civilización destrozada por la ausencia de una verdad superior, socavando el concepto de jerarquía y produciendo inestabilidad y desorden, porque la verdad sería inalcanzable. Además, la libertad sería ilusoria y el enfoque de las personas se centraría solo en confiar en la ciencia, lo que aumentaría el materialismo.

Por su conocimiento de los diálogos socráticos, entendía el poder de las palabras y el mal uso del lenguaje que podría provocar la corrupción social. Por esto, Weaver condenaba a los medios y al periodismo moderno por su mal uso de las palabras, al usarlas como herramientas para explotar a los espectadores pasivos e impulsar el deterioro de la cultura, ya que la mayoría no investiga ni reflexiona sobre la información que recibe. No estaba de acuerdo con el feminismo porque consideraba que llevaba a las mujeres a abandonar la conexión más fuerte que tenían con la naturaleza, al buscar una igualdad política y económica superficial con los hombres.

Weaver concluyó que necesitamos una verdad trascendente para centrar y estructurar nuestras vidas. Aunque sus ideas estuvieron influenciadas por el cristianismo, él buscaba la respuesta en el hombre y no en Dios, dando la impresión de que estaba volviendo a acertar en el blanco, pero sin el poder necesario para lograrlo. Las palabras son poderosas; sin embargo, la Palabra de Dios es el poder necesario para cambiar el rumbo de una cultura.

El período posmoderno (1970-1990)

Este período inició a finales del siglo xx. Algunos entienden que inició a partir de la década de 1960 y otros sitúan su comienzo algunos años más tarde. Fue un movimiento filosófico amplio que afectó la literatura, el arte, la filosofía, la arquitectura y la cultura en general. El movimiento negaba la existencia de verdades o principios absolutos que pudieran explicar la totalidad de la historia o de la vida, aplicables a todo el mundo. Esto ha sido llamado la negación de los «metarrelatos» o grandes relatos. A manera de ilustración, el cristianismo es un «metarrelato» porque brinda una explicación completa de la vida y del ser humano. Pero lo mismo puede decirse del marxismo. Por tanto, el posmodernismo es un movimiento escéptico frente a toda explicación universalmente válida y, como resultado de esto, se opone a toda herencia del pasado en todos los ámbitos.

Sus defensores cuestionaron las «grandes narrativas» del modernismo, y con esto queremos decir que los propulsores del posmodernismo negaron las explicaciones típicas de la cosmovisión moderna con relación al conocimiento en general (basado en la observación y el análisis racional) y con relación a la verdad y la existencia humana. Por eso, los posmodernos rechazan la certeza del conocimiento y prefieren no usar definiciones porque entienden que nadie tiene la verdad absoluta. El movimiento abrazó el relativismo, incluyendo obviamente la moralidad, y aceptando el pluralismo en todos los ámbitos, junto con la ironía, la irreverencia y el eclecticismo, es decir, el uso de múltiples teorías e ideas, aun contradictorias, para obtener conocimientos «complementarios» sobre un tema. El posmodernismo niega que las palabras tengan significados específicos porque, cuando lees algo, incluyendo la historia, lo que lees representa los prejuicios del autor. Es curioso que esta gente quiera negar el significado específico de las palabras utilizando palabras y hablar de los prejuicios de los autores mientras ellos mismos continúan escribiendo como autores de artículos y libros. *No hay más ciego que el que no quiere ver*. Todo lo anterior no es más que un paso hacia la aceptación de la incoherencia. Con poco esfuerzo y en medio de la incertidumbre, uno se aparta de lo que se acepta como la verdad y busca otras reglas.

Este movimiento apoyó la teoría crítica, que es una corriente filosófica que entiende que hay un problema sistémico en las estructuras de poder, los sistemas de valores de la sociedad y las ideologías tradicionalmente aceptadas que, según su parecer, son responsables de las injusticias y de la opresión a grupos vulnerables. Sin embargo, estas injusticias han existido desde el momento en que Caín mató a su hermano Abel. La propuesta cristiana para eliminar este problema es la evangelización de todas las naciones. La propuesta del posmodernismo es el rechazo de todos los valores que fortalecieron la civilización occidental en el pasado, y la teoría crítica se une a esta idea, que a su vez se ha combinado con el deconstruccionismo de Jacques Derrida, que analizaremos más adelante.

El siguiente período a estudiar es el metamodernismo. Pero antes, quiero hacer una observación dada la corta duración del período posmoderno, que va desde 1960 (en el mejor de los casos) hasta finales de la década de 1990. Es decir, ni siquiera abarca 40 años. Mira esta comparación:

- **La Antigüedad**: Toda la historia anterior al siglo V.
- **Época Medieval**: Siglo v–xv; desde la caída del Imperio romano (476) hasta el descubrimiento de América (1492).
- **Época Moderna:** Desde el siglo xv hasta aproximadamente 1960.
- **Época Posmoderna:** 1960–1997.

A mayor debilidad en las bases de una sociedad, menor será la duración de las épocas a través de las cuales se desarrolla.

Este período solidificó las ideas contrarias a lo sobrenatural. Esto llevó a sus proponentes a oponerse a muchas verdades aceptadas, tales como la «validez universal» de las oposiciones binarias, la identidad estable del individuo y la jerarquía social. Propusieron una categorización vinculada a la teoría crítica y a la deconstrucción. Esencialmente, caminaban en la dirección opuesta a la de Weaver. Como veremos con Jacques Derrida, el deconstruccionismo busca revelar y subvertir las suposiciones subyacentes y las estructuras jerárquicas presentes en el lenguaje. En el contexto del posmodernismo, la deconstrucción desafía la noción de verdades absolutas o de un significado estable de las palabras, y enfatiza la fluidez y la ambigüedad del lenguaje y su interpretación. **George Weigel** resume de forma excelente el pensamiento posmoderno en el prólogo de su libro *Luz del mundo*: la humanidad es simplemente «un cúmulo de accidentes químicos cósmicos [...] sin origen intencional, sin destino noble y, por lo tanto, sin camino a seguir a través de la historia».[7]

---

7. Peter Seewald, *Benedict XVI: The Light of the World* (San Francisco, CA: Ignatius Press, 2010), https://loc.ignatius.com/light-of-the-world/excerpt.htm#foreword.

Para entender las incoherencias, el cuestionamiento de las oposiciones binarias se debe a que están interconectadas y dependen la una de la otra. Por ejemplo, uno no puede entender lo que es la presencia sin entender lo que es la ausencia. Sin embargo, considero que su error radica en no diferenciar entre lo que «existe» y el entendimiento de lo que realmente existe. Si la verdad es creada por el hombre y no por la realidad de lo que existe, entonces una no puede existir sin la otra. Claramente, al extenderse al cuerpo humano, está abriendo la puerta al mundo LGBTQAI+.

El período metamoderno (1997-presente)

Al estudiar la filosofía de esta época, recuerdo lo que G. W. F. Hegel enseñaba, diciendo que encontrar la verdad toma tiempo porque necesitamos hacer una tesis, presentar una antítesis y luego una síntesis de las dos. Esta época metamoderna postula la integración (síntesis) de elementos del modernismo con elementos posmodernos. El hombre no se cansa de experimentar con nuevos modelos porque rehúsa vivir conforme a las normas de su Creador. No debe sorprendernos que vivir sin Dios nos deje desesperanzados al no ver el propósito de la vida, llevándonos a la desesperación y necesitando, entonces, buscar alguna estabilidad a través de una verdad que nos unifique; pero solo la verdad de Dios lo puede lograr. Esto explica por qué los filósofos viven con la expectativa de que sus teorías traerán la explicación que necesitamos:

- Hegel creía que vivíamos en el fin de la historia.
- Freud creía que había encontrado la fuente de todas las enfermedades mentales.
- Einstein ideó su teoría de la relatividad; muchos creyeron que la teoría del *todo* ya estaba a su alcance.

El modernismo, el individualismo, el capitalismo y los derechos humanos hicieron crecer el optimismo, llegando a creerse que la sociedad tenía la capacidad de entender y recrear el mundo mediante la ciencia y las invenciones de la época. Durante el período de la modernidad, había una ferviente creencia en el progreso, al confiar en que la razón humana sería capaz de explicarlo todo, tomando así el lugar de Dios. Sin embargo, con millones de muertes producto de las guerras y las plagas, el optimismo dio paso al cinismo, el sarcasmo y la ironía, que pasarían a definir la época posmoderna. El espíritu del relativismo fracturó la visión central unificada (la negación de valores y principios objetivos y de una moralidad que nos rige a todos) y dio lugar a la filosofía del nihilismo (la negación del significado de la vida y de la verdad misma). Estas ideas se fortalecieron debido a las filosofías circulantes, eliminando la esperanza.

Vemos el péndulo de Hegel: la antítesis, y luego la síntesis en la época metamodernista, donde se busca la forma de unir el modernismo y el posmodernismo, como ya mencionamos. El término **«metamodernismo»** fue propuesto por los académicos Timotheus Vermeulen y Robin van den Akker en 2010 para definir la etapa siguiente al posmodernismo.[8] El prefijo proviene «del griego *metaxis* que literalmente significa, **el punto medio**, pero también puede significar **una oscilación entre dos polos**».[9] Siguiendo a los autores que propusieron el término, «el *metamodernismo* oscila entre lo moderno y lo posmoderno. O como entre un entusiasmo moderno y una ironía posmoderna, entre la esperanza y la melancolía, entre la ingenuidad y el conocimiento, la empatía y la apatía, la unidad y la pluralidad, la totalidad y la

8. Greg Dember, *Say Hello to METAMODRRNISMO* (Boice, Idaho: Exact Rush Publishing, 2024), versión Kindle, pág. 45 de 315.

9. Ibid, 46.

fragmentación, la pureza y la ambigüedad. De hecho, oscilando de un lado a otro, lo *metamoderno* negocia entre lo moderno y lo posmoderno. Sin embargo, hay que tener cuidado de no pensar en esta oscilación como un equilibrio; más bien es un péndulo que oscila entre dos, tres, cinco o innumerables polos. Cada vez que el entusiasmo *metamoderno* se inclina hacia él en fanatismo, la gravedad lo empuja hacia la ironía; en el momento en que su ironía se inclina hacia la apatía, la gravedad la empuja hacia el entusiasmo».[10] Todo esto llevándonos a una síntesis de incoherencia.

La incoherencia produce una imposibilidad de cambiar la historia, por lo que dejaron este deseo atrás y, en cambio, decidieron enfocarse en disfrutar y ver la belleza de la vida, porque sería imposible lograr la utopía. Esto produjo la necesidad de devolver la esperanza a la sociedad para crear una visión del futuro similar a la que tuvieron los modernistas, pero sin el cinismo de los posmodernistas. Mientras el posmodernismo reaccionó cínicamente contra el modernismo, deconstruyéndolo, el metamodernismo responde tanto al modernismo como al posmodernismo, afirmando y criticando aspectos de ambos.

Antes de continuar, revisemos algunas ideas:

- **Con el modernismo**, nació la esperanza y el entusiasmo de que, a través de la lógica y la razón, encontraríamos la estabilidad necesaria para seguir progresando, como vimos más arriba.
- **Con el posmodernismo,** nació el cuestionamiento del significado de las palabras por estar prejuiciadas por el autor; se cuestionó toda metanarrativa que pudiera explicar el mundo y la vida para todo el mundo, y con esas ideas nació la desconfianza en lo

10. Verneulen y van den Akker, 2010, citados por Greg Dember en *Say Hello to METAMODRRNISMO* [Di Hola al METAMODERNISMO], Pag, 47.

aceptado anteriormente, la ironía y la desesperanza, porque vivir de esa manera era insostenible.

- **Con el metamodernismo**, resurgieron la sinceridad, la esperanza, el romanticismo, el afecto y el potencial de las grandes narrativas con verdades universales, sin perder mucho de lo aprendido del posmodernismo. Esto ocurrió debido a la imposibilidad de vivir según lo propuesto por el movimiento posmoderno.

En este tiempo en el que nos encontramos, podemos decir que aquí está la médula del problema: en el *metamodernismo* se pretende defender que el verdadero valor radica en la experiencia de lo que sientes y no en lo que piensas. Entonces, se afirma que lo que sientes nadie lo puede negar, porque tu experiencia y tus sentimientos son reales, a diferencia «de lo que piensas que puede estar sujeto a sesgos culturales, a premisas defectuosas, a las mismas limitaciones inherentes al pensamiento mismo».[11] Por eso, bajo estas nuevas premisas, hablar de que algo está bien o mal, éticamente hablando, no puede ser aplicado de manera universal. «Los pensamientos pueden ser engañosos, pero los sentimientos no pueden engañar, ni pueden ser explicados, si los sentimientos simplemente son lo que son».[12] En las creencias del metamodernismo hay mucha incoherencia, pero la aceptan porque valoran más la experiencia sentida (los sentimientos) que el aprecio por la lógica del modernismo. Esta oscilación constante entre los polos del modernismo y el posmodernismo hace imposible precisar o fijar las ideas, los valores, la moralidad o cualquier otra cosa, produciendo un *hiperindividualismo,* como lo vemos hoy.

Al ser una sociedad con valores separados de la verdad, esta se vuelve insostenible por falta de cimientos sobre los cuales construir

---

11. Ibid, 48.

12. Ibid.

soluciones a los problemas y lograr avances. Aunque, en teoría, desconfían de la verdad absoluta, su realidad existencial los lleva a desearla. Entonces, los metamodernistas han llegado a la conclusión de que necesitamos la estructura, el orden de las jerarquías, la visión del progreso y una gran narrativa que nos explique por qué todo esto es importante. Como la confianza y la sinceridad son necesarias, su forma de obtenerlas es a través de la sinceridad irónica, la expresión emocional y la ironía. Se rehúsan a elegir entre la sinceridad, la certeza y la esperanza del modernismo y la ironía, la deconstrucción y el nihilismo del posmodernismo, produciendo la ilógica y la incoherencia que caracterizan la época.

En este mundo de TikTok, Instagram, Facebook, YouTube y el resto de las redes sociales, lo que vemos es un bombardeo desde múltiples ángulos con información e ideas que llegan, a propósito, de forma rápida, alcanzando nuestra mente sin tiempo para ser filtradas por la conciencia. De esta forma, somos empujados en direcciones diferentes y, al final, el individuo termina actuando sin pensar, movido por sus emociones. Las imágenes son efímeras y rápidamente olvidadas; proporcionan una leve diversión, pero sin una narrativa de anclaje que ofrezca estabilidad y satisfacción duradera. Esta adaptación incoherente ha llevado a muchos a sentirse cómodos con las inconsistencias, con la falta de significado y con posturas contradictorias, debido a que se valora más el estado de ánimo o las emociones sentidas que la lógica misma, como ya explicamos.

Jacques Derrida (1930–2004) fue un filósofo francés posmoderno que desarrolló la filosofía de la deconstrucción.[13] Su obra se

13. Leonard Lawlor, «*Jacques Derrida*», The Stanford Encyclopedia of Philosophy, eds. Edward N. Zalta y Uri Nodelman, ed. verano 2023, última modificación 27 de agosto de 2021, https://plato.stanford.edu/entries/derrida/.

centra en el lenguaje, pero en la dirección opuesta a la de Weaver. Por un lado, Weaver concebía los textos con una única interpretación y significado en la lectura tradicional; por otro, la teoría deconstructivista de Derrida plantea que cada texto puede desarticularse y tener diversas interpretaciones. Entonces, las palabras no tienen un significado fijo, sino que este está dado por las personas que las interpretan, mostrando así las contradicciones y ambigüedades que las constituyen. El problema es que Derrida y sus seguidores usan palabras para decirnos que nuestras palabras no tienen significado, y nos acusan de estar prejuiciados, mientras asumen, implícitamente, que ellos mismos están libres de esos prejuicios. Este movimiento, que comenzó con la deconstrucción del lenguaje, se amplió y hoy muchos han querido deconstruir el cristianismo, incluyendo a pastores que predicaron el evangelio. Ellos buscan deconstruir la historia, negando el valor del pasado porque quieren reconstruir por sí mismos esas historias. Esto incrementa el nivel de dificultad, porque estas personas están a cientos y miles de años de distancia de los relatos, y pretenden ser mejores narradores que aquellos que fueron testigos oculares de los hechos.

Derrida postulaba la duda de todo lo escrito, pero de una forma diferente a la de René Descartes, quien planteaba la necesidad de dudar con la intención de encontrar la verdad y como un método de análisis para descubrir y eliminar contradicciones, ambigüedades y ausencias de significado en el lenguaje y en las estructuras que sustentan el pensamiento.

Estamos viendo cómo un acercamiento a la cultura en la que vivimos nos lleva cada día a un distanciamiento mayor del Dios santo, fiel y justo. El hombre sigue creciendo a su propia imagen, alejándose de Dios, al punto de que la criatura diminuta está eclipsando a Dios, de la misma manera que, si colocamos nuestro dedo pulgar frente a uno de nuestros ojos, dejamos de ver el sol, aunque la realidad es que no se puede tapar el sol con un dedo. El discurso deconstructivista pone en evidencia la incapacidad de la filosofía para establecer una base estable, sin dejar de reivindicar su poder analítico. Cabe mencionar que la mayoría de los estudios de Derrida exponían una fuerte dosis de rebeldía y de crítica al sistema social imperante, lo cual nos recuerda a otro francés del pasado, Voltaire, y sus ideas, que obviamente están entrelazadas en lo que ahora parece dirigir el mundo.

Judith Butler (1956-presente) es una filósofa estadounidense y académica en estudios de género, cuyo trabajo ha influido la filosofía política, la ética, la teoría *queer* (que cuestiona las categorías tradicionales del género binario, así como toda la sexualidad humana aceptada por milenios), la teoría literaria y los campos del feminismo de la tercera ola.[14] Ella se identifica como lesbiana, legalmente no binaria, y afirma que le asignaron el género femenino al nacer. A partir de 2020, declaró que usará el pronombre «ellos». Butler propone que el género es una construcción social, pero también sostiene que se manifiesta en la forma en que la persona se desempeña en su discurso, acciones, decisiones o en cómo la persona se muestra ante el mundo que la rodea, ya que todo esto provee el nombramiento del sexo acorde a lo que se percibe en la persona.

Su creencia es que, debido a que la identidad de género se establece a través del comportamiento, es posible construir diferentes géneros mediante diferentes comportamientos. Butler pretende romper los supuestos vínculos entre el sexo y el género, de modo que el género y el deseo de identificarse como hombre o

14. Mari Mikkola, *Feminist Perspectives on Sex & Gender*. The Stanford Encyclopedia of Philosophy, 18 de enero de 2022. (Edición verano de 2024), Edward N. Zalta y Uri Nodelman (eds.). https://plato.stanford.edu/entries/feminism-gender/

como mujer puedan ser «flexibles, fluídos y no causados por otros factores estables»,[15] que es uno de los fundamentos de las ideas de la teoría *queer*. Con lo anterior, ella y otros postulan que tú puedes considerarte hombre y usar un pronombre masculino, pero la semana siguiente puedes sentirte mujer y usar un pronombre femenino. Cuarenta años atrás, se hubiese pensado que tales ideas correspondían a un trastorno siquiátrico; pero hoy se habla de que el «trastorno» lo tenemos los demás miles de millones de personas que hemos creído en lo que la ciencia biológica enseña sobre animales y humanos.

Estamos viendo las contradicciones que solo pueden existir en el relativismo combinado con el deconstructivismo. La definición de alguien que cree ser lesbiana es: una mujer con atracción sexual hacia las mujeres; sin embargo, la definición de *no binaria* se aplica a las personas que asumen una identidad de género que se considera fuera del binarismo de género. Dado que su identidad autodesignada no se reconoce ni como masculina ni como femenina, entonces ¿por qué llamarse a sí misma *lesbiana*, si al identificarse como *no binaria* se contradice? Pero, como cada texto puede desarticularse y tener diversas interpretaciones, entonces la contradicción deja de ser un problema. Hemos llegado al mundo LGBTQAI+, donde, aunque el fenotipo (cómo luces externamente) y el genotipo (lo que eres genéticamente), la biología, la fisiología, la embriología y la genética descartan lo que postula este nuevo movimiento, lo cierto es que muchos lo siguen creyendo, a pesar de que la evidencia lo contradiga.

Vemos claramente la evolución de las ideas y la pendiente resbaladiza. Observemos la historia desde una vista panorámica: comenzamos en un tiempo donde lo sobrenatural y lo natural existían

---

15. Ibid, Mikkola, *Feminist Perspectives on Sex & Gender*.

y eran aceptados. Con la Reforma, vimos cómo Dios estaba en el trono, orquestando toda la historia. Luego, lo sobrenatural y lo natural fueron separados (supuestamente, Dios no tenía contacto con Su creación), aunque Dios y lo sobrenatural seguían existiendo. Con esta creencia deísta, la comunicación entre los dos mundos se cortó, pero se infería, por la ley de causalidad, que Dios existía, aunque el ser humano no tenía la capacidad de conocerlo. Para entonces, se comenzó a afirmar que la verdad solamente se encontraba en lo visible y se medía a través de la ciencia. Ahora, llegamos al punto en que Dios no existe y descartamos que la ciencia tenga la verdad. La no existencia de Dios provoca un rechazo de cualquier ley de la naturaleza o cosmovisión que no encaje con «la nueva verdad» del metamodernismo, del deconstruccionismo y de la reciente ideología de género. Sin verdades absolutas, y cuando todas las palabras son sujetas a la deconstrucción, se llega a pensar: «yo no soy como mi cuerpo fue formado, sino como yo decido, según lo sienta».

Jordan Peterson (1962-presente) es un psicólogo, profesor universitario, autor y comentarista de medios canadiense. Se ha descrito a sí mismo como un liberal británico, clásico y tradicionalista, pero al leer sus libros, notamos que es sumamente pragmático. Fue influenciado por Freud en su adolescencia, al pensar que la religión era para los ignorantes y esperar una revolución de la izquierda. Sin embargo, esto duró hasta que se encontró con la realidad del pensamiento liberal en la universidad.

Se considera liberal, aunque su pragmatismo lo hace lucir conservador. Su forma de pensar no comienza con Dios ni con Sus mandamientos, sino con aquello que funciona y, cuando esto está de acuerdo con la Biblia, lo admite. Karen Heller, en *The Washington Post*, lo describió como «un aspirante a líder de pensamiento conservador».[16] Como profesor universitario, ha criticado a las universidades de Norteamérica y Europa por ser responsables de socavar la civilización occidental mediante el posmodernismo y el neomarxismo, los cuales han llevado a la humanidad a ser más corrupta y menos dependiente de la ciencia.[17]

Renunció a su puesto como profesor de la Universidad de Toronto, al ser considerado una persona académica *non grata* por no estar de acuerdo con la ideología de género y las prácticas *woke* en la contratación de profesores y estudiantes.[18] Aunque su enfoque está en el individuo, él añade a la ecuación la responsabilidad personal.[19] Ha sostenido que la izquierda caracteriza la jerarquía social existente como un «patriarcado opresivo» porque «no quiere admitir que la jerarquía actual pueda basarse en la competencia».[20] En otras palabras, las prácticas de admisión de

---

16. Karen Heller, «*Jordan Peterson is on a crusade to toughen up young men. It's landed him on our cultural divide*», The Washington Post, 2 de mayo de 2018, https://www.washingtonpost.com/lifestyle/style/jordan-peterson-is-on-a-crusade-to-toughen-up-young-men-its-landed-him-on-our-cultural-divide/2018/05/02/c5bafe48-31d6-11e8-94fa-32d48460b955_story.html.

17. Tim Lott, «*Jordan Peterson and the transgender wars*», The Spectator, 20 de septiembre de 2017, https://www.spectator.co.uk/article/jordan-peterson-and-the-transgender-wars/.

18. Jordan Peterson, «*Why I am no longer a tenured professor at the University of Toronto*», National Post, 19 de enero de 2022, https://nationalpost.com/opinion/jordan-peterson-why-i-am-no-longer-a-tenured-professor-at-the-university-of-toronto.

19. Belinda Luscombe, «*Jordan Peterson Talks Gun Control, Angry Men and Why So Few Women Lead Companies*», *Time*, 7 de marzo de 2018, https://time.com/5175974/jordan-peterson-12-rules-book-interview/; Zack Beauchamp, «*Jordan Peterson, the Obscure Canadian Psychologist Turned Right-Wing Celebrity, Explained*», *Vox*, 21 de mayo de 2018, https://www.vox.com/world/2018/3/26/17144166/jordan-peterson-12-rules-for-life.

20. Nellie Bowles, «*Jordan Peterson, Custodian of the Patriarchy*», The New York Times, 18 de mayo de 2018, https://www.nytimes.com/2018/05/18/style/jordan-peterson-12-rules-for-life.html.

estudiantes y contratación de profesores no están basadas en su competencia, sino en su ideología.

Peterson utiliza los términos «marxismo cultural» y «posmodernismo» indistintamente para describir la influencia del posmodernismo en los departamentos de humanidad de Norteamérica, y ve la filosofía posmoderna como una rama o expresión del neomarxismo.[21] Como filósofo pragmático, tiene una mezcla de filosofías religiosas. Una de ellas es la de Jung, que quien creía que la religión era una respuesta psicológica a lo desconocido. También tiene similitudes con el existencialismo cristiano de Søren Kierkegaard, quien afirmaba que cada individuo, y no la razón, la sociedad ni la ortodoxia religiosa, puede dar sentido a la vida, y que, por lo tanto, debemos vivir con sinceridad y autenticidad. Asimismo, coincide con Paul Tillich, quien sostenía que el Espíritu de Dios respondía y resolvía las ambigüedades de la vida. Cuando le preguntaron si era cristiano, su respuesta fue afirmativa, aunque admitió que no creía en Dios, pero temía que Él existiera.

Aquí vemos el *metamodernismo* en su respuesta, diciendo que es cristiano, pero que no cree en Dios. Está tratando de sintetizar dos posturas opuestas, algo contrario a la ley de contradicción. En el mejor de los casos, Peterson es un agnóstico que ha tenido la capacidad de hacer observaciones agudas sobre la cultura y el impacto que la cosmovisión tiene en muchos de los problemas que estamos enfrentando hoy. Su forma de evaluar el mundo es en términos de lo que funciona, lo que llamamos pragmatismo.

Parte de ser metamodernistas es creer que estamos enfrentando múltiples crisis por lo cual necesitamos ofrecer algunas soluciones.

---

21. Noah Berlatsky, «*How Anti-Leftism Has Made Jordan Peterson a Mark for Fascist Propaganda*», Pacific Standard, 2 de marzo de 2018, https://psmag.com/education/jordan-peterson-sliding-toward-fascism/.

Como psicólogo, ha sido vocero en contra de la cirugía de afirmación de género en menores, lo que, en su momento, le costó la suspensión de su cuenta de Twitter. Su mayor batalla ha sido contra la pérdida de la libertad de expresión, y sus palabras han sido catalogadas como discursos de odio hacia los grupos LGBTQIA+. No importa cuántas veces él lo aclare, sigue enfatizando que la sociedad de Occidente está orientada hacia una cosmovisión neomarxista de izquierda, en la que cualquiera que no esté de acuerdo es considerado partidario de ideas opresivas.

En conclusión

Hemos visto cómo Dios creó todo perfecto, y el Edén fue un reflejo de dicha perfección. Con una pregunta malévola que no fue contestada correctamente, el mundo cambió de manera drástica (Gén. 3). Nuestros progenitores, con naturaleza no pecaminosa, no fueron capaces de contestar la pregunta contundentemente y se rebelaron contra el Único que tiene la autoridad para legislar. Y luego, todos nosotros, con naturaleza pecaminosa, hemos seguido sus pasos, y arrogantemente seguimos rebelándonos y buscando las respuestas donde no existen.

Las mentes finitas son incapaces de entender la complejidad del mundo en que vivimos; sin embargo, en nuestra finitud, no lo reconocemos. Una pregunta sencilla de parte de Satanás, contestada incorrectamente, empujó al mundo perfecto hacia la confusión y camino al abismo. Y por falta de arrepentimiento, la rebeldía continúa, empujándonos a seguir en el mismo camino. Dios es el único que puede restaurar todo lo dañado por medio de la Palabra que fue usada para crear todas las cosas. Nos envió a la Palabra, llamada el *Logos* (Juan 1:1-3), quien se encarnó y vivió entre nosotros. A través de Él todo fue creado, y todo cuanto existe fue hecho para Él. Cristo es quien nos revela al Padre para luego llevarnos hasta

Él. Luego, Dios nos envió Su Espíritu Santo, Aquel que inspiró a los autores para escribir la Palabra, y quien nos ayuda a entenderla y nos da la capacidad para obedecerla.

Comenzamos este recorrido de filósofos con Sócrates y terminamos con Jordan Peterson. Aunque hay mucho más de lo cual no escribí, la meta del libro no es hacer una revisión completa de las filosofías del mundo, sino ayudarnos a ver un panorama general de la historia para que cada uno pueda seguir estudiando y entendiendo con mayor profundidad. Mi anhelo con estas páginas es que podamos tener una mente más crítica frente a las ideas que estamos escuchando y que son enseñadas a otros día tras día.

Nuestra influencia como mujeres, dentro y fuera del hogar, es incalculable; por eso, estoy segura de que hablarte a ti sobre estos temas tendrá un impacto en esta generación y en la venidera. Necesitamos la verdad. Nuestros corazones son engañosos y nuestras mentes están entenebrecidas, ambos como consecuencia del pecado, y eso nos impide ver la verdad. Las mentes de los no creyentes han sido cegadas por el enemigo; sin embargo, el Espíritu Santo, que mora en nosotros y nos guía hacia la verdad, nos ayuda a ver el resplandor del evangelio de la gloria de Cristo en nuestra cultura (2 Cor. 4:4).

Hemos visto cómo los pequeños cambios en ideas han puesto el fundamento para cambios sociales significativos y, al evaluarlos, podemos entender el rumbo en el que estamos caminando hoy y tomar decisiones diferentes, no solo para impactar el presente, sino por amor al Señor, Su verdad y las generaciones venideras.

Oro para que nuestros ojos espirituales sean abiertos en medio de la guerra espiritual en la cual vivimos, y que nos levantemos con la armadura de Dios, sabiendo que podemos hacer frente a las circunstancias, porque Dios nos ha puesto donde estamos y nos equipa para ser fieles.

Justificados, pues, por la fe, tenemos paz para con Dios por medio de nuestro Señor Jesucristo; por quien también tenemos entrada por la fe a esta gracia en la cual estamos firmes, y nos gloriamos en la esperanza de la gloria de Dios.

Romanos 5:1-2

11

El neomarxismo domina

El movimiento por la justicia social: El *wokismo* y la teoría crítica del racismo

Decidí dedicar un capítulo a estas ideas porque son parte de la cosmovisión distorsionada según la cual está viviendo la sociedad de hoy. Para entender las artimañas de Satanás, necesitamos discernir sus mentiras. Antes de continuar hacia las complicaciones médicas que están ocurriendo en el mundo de LGBTQAI+, de las cuales hablaré en el próximo capítulo, es vital entender la cosmovisión que está reinando, no solo en los círculos académicos, sino también en la sociedad en general, y lo que ha producido esta ceguera social que ha impactado la ciencia médica. Aunque el problema realmente es espiritual, no médico ni social, y como Cristo vino para destruir las obras del diablo (1 Jn. 3:8), necesitamos entender lo que está ocurriendo hoy, porque nosotros somos Sus soldados (2 Tim. 2:3).

Desde 2014, estamos viviendo lo que algunos observadores de las culturas llaman «la era posterior a la verdad». El diccionario Cambridge define el término «posterior a la verdad» como «relacionado o que denota circunstancias en las que los hechos objetivos son menos influyentes en la formación de la opinión pública que las apelaciones a las emociones y las creencias personales».[1] Esto abrió el camino hacia la era de los influenciadores: personas generalmente jóvenes que, en las redes, dan sus opiniones sobre temas que no han estudiado de manera exhaustiva y, por su edad, tampoco dominan por experiencia. Uno puede entrar en YouTube, Instagram, X[*] (Twitter) y encontrar opiniones sobre diferentes temas, pero no hay ningún filtro que evalúe su veracidad. Esto ha producido mucha incredulidad en la población, porque nadie sabe qué creer y, en consecuencia, la gente cree lo que le conviene o aquello con lo que está de acuerdo, según sus propias opiniones.

Las redes sociales nos han cambiado de múltiples maneras, así como también han disminuido nuestro tiempo de atención por las constantes interrupciones. La generación conocida como Gen Z (aproximadamente los nacidos entre 1995 y 2010) ha sido mayormente afectada, al acostumbrarse a recibir mucha información, en general no conectada con su realidad, y al mismo tiempo porque se caracterizan por sentirse cómodos con la incoherencia. Si la incoherencia no les molesta, no hay ningún estímulo para buscar la verdad, y se conforman con no buscar la metanarrativa de la vida.

Somos testigos de un movimiento cultural que ha abandonado la verdad y la evidencia empírica que la sustenta. ¿Qué impulsa a las mentes «buenas» a alejarse de la verdad? La respuesta se encuentra en la guerra espiritual, porque es una lucha entre la verdad y la mentira.

---

1. Diccionario Cambridge, s.v. «*post-truth*», https://dictionary.cambridge.org/dictionary/english/post-truth.

Somos testigos de un movimiento cultural que ha abandonado la verdad y la evidencia empírica que la sustenta. ¿Qué impulsa a las mentes «buenas» a alejarse de la verdad? La respuesta se encuentra en la guerra espiritual, porque es una lucha entre la verdad y la mentira.

Generalmente, pensamos en la guerra espiritual en relación con los cristianos, pero son los no creyentes quienes son más afectados, aun sin reconocerla. Cristo es el camino, la verdad y la vida (Juan 14:6), y Su propósito al venir al mundo fue dar testimonio de la verdad (Juan 18:37). Por esa simple razón, no debe extrañarnos que el ataque esté dirigido contra la verdad (Juan 8:37-44). La realidad se define como «el mundo o el estado de las cosas tal como existen realmente, en contraposición a una idea idealista o nocional de ellas».[2] Y la verdad se define como «conformidad con el hecho o la realidad; exacta conformidad con lo que es, ha sido o será», o como la «propiedad que tiene una cosa de mantenerse siempre igual, sin mutación alguna».[3] ¿Cómo es que esta generación distorsiona estos dos conceptos? De nuevo, vemos la astucia del maligno al cegar al mundo (2 Cor. 4:4). Las palabras que utiliza esta generación son las mismas de siempre; sin embargo, sus significados cambian. ¡Qué astucia! A primera vista, parece que hablamos el mismo idioma, pero cuando uno evalúa la conexión entre sus acciones y las palabras, podemos reconocer las nuevas definiciones.

---

2. Oxford English Dictionary, s.v. «reality», https://www.oed.com/dictionary/reality_n?tl=true.

3. Chris Behnke, «*Perspective can change your opinions, but it can never alter the truth*». Medium, 13 de febrero de 2018, https://medium.com/@chrisbehnke/perspective-can-change-your-opinions-but-it-can-never-alter-the-truth-7bc4b2c29005.

Ahora, primero quiero que descubramos a qué se refieren las personas que crearon esta teoría de justicia social al hablar de «justicia». Obviamente, no es la justicia tradicional, que siempre ha sido la bíblica, sino que han puesto definiciones nuevas a las palabras que tradicionalmente fueron definidas bíblicamente. Por ejemplo, la justicia bíblica es algo que se ajusta al estándar de Dios y que está de acuerdo con Su carácter y Su naturaleza. Los Diez Mandamientos son la base, y podríamos resumirlos en amar a Dios y amar al prójimo como a ti mismo (Mat. 22:37-39). Este segundo mandamiento tiene dos aspectos: primero, tratar a los demás de acuerdo con el estándar dado por Dios (Miq. 6:8) y, segundo, las autoridades deben tratar a todos por igual ante la ley en sus decisiones (Deut. 10:17).

¿Cuál es el entendimiento del término justicia en este movimiento? Para entenderlo, debemos ver la base sobre la cual ellos edifican sus ideas. Igual que con Marx y Engel, ellos dividen al mundo en dos: los opresores y los oprimidos. Para Marx, los opresores son los pudientes y los oprimidos son los de la clase trabajadora, mientras que, para este movimiento, los opresores son las autoridades y aquellos que creen en valores tradicionales, y los oprimidos son las minorías de acuerdo con las etnias, los sexos y los grupos de identidad de género. Entonces, la definición de justicia para este movimiento es la destrucción de los sistemas opresivos y la redistribución del poder y los recursos de las autoridades a las minorías para lograr un resultado igualitario. La astucia ha estado en poner títulos sobre el movimiento con los que cualquiera que crea en la justicia bíblica estaría totalmente de acuerdo, como el mismo nombre del movimiento: *justicia social*. Otro ejemplo es, *Black Lives Matter* [Las vidas de los negros son importantes]. Cualquiera que crea en la justicia bíblica y piense que los seguidores de estas nuevas corrientes están refiriéndose a los principios de justicia bíblica, estaría de acuerdo.

La sinopsis que encontré en Amazon sobre el libro de Jeffrey Johnson, *What Every Christian Needs to Know about Social Justice* [Lo que todo cristiano necesita saber sobre la justicia social] resalta lo siguiente: «A primera vista, parece que la justicia social y el cristianismo tienen mucho en común. Parecen compartir algunas preocupaciones mutuas: ambos se oponen a la intolerancia, al racismo y a la opresión; se preocupan por los necesitados, los afligidos y los menos afortunados dentro de la sociedad; y ambos buscan resolver conflictos mientras aspiran a la unidad y a la paz. Y con estas preocupaciones compartidas, es tentador para los cristianos aceptar la validez de la justicia social, pero la justicia social de este movimiento es incompatible con el cristianismo».[4] A menos que uno entre a la página que ellos publican, lea sus preceptos y ponga atención evaluando sus pasos y acciones, es fácil malinterpretar sus creencias, pensando que son iguales que las tradicionales.

El racismo es otro ejemplo. El Diccionario de la Real Academia Española lo define como la «creencia que sostiene la superioridad de un grupo étnico sobre los demás, lo que conduce a la discriminación o persecución social».[5] Entrar en las páginas, no solo de los diferentes movimientos, sino también de los partidos políticos, no es algo superfluo, sino algo que debemos hacer para llegar a decisiones sabias. Aparte de las mentiras que dicen, sus formas engañosas de explicar sus ideas, como el cambio en el significado de las palabras, nos engañarían a menos que investiguemos cuál es la «verdad» que están proponiendo detrás de sus palabras.

Bíblicamente, la causa del racismo es la depravación del corazón humano, y la respuesta es la regeneración de este mismo corazón,

---

4. Jeffrey D. Johnson, *What Every Christian Needs to Know about Social Justice* (Greenbrier, AR: Free Grace Press LLC, 2021).

5. Real Academia Española, *Diccionario de la lengua española*, 23.ª ed., s.v. «racismo», https://dle.rae.es/racismo.

que cambia para conformarse a la ley de Dios. Pero para este movimiento, el racismo no se debe al corazón de individuos pecaminosos, sino que funciona como un sistema que lucha por el poder y la ventaja económica. Su solución no es buscar erradicar las injusticias sociales, sino simplemente revertir los papeles de los opresores y los oprimidos. El problema es que, con el tiempo, los oprimidos se convierten en opresores y hacen lo mismo que les habían «hecho a ellos». Bíblicamente, esto no es justicia, sino que es la perpetuación y la propagación de la injusticia. Y como vimos en las acciones de este movimiento en los últimos años, la forma de lograr esto es igual que con el marxismo: con una revolución.

En 2020, un hombre de origen africano, George Floyd (considerado miembro de una minoría), fue arrestado por varios agentes de la policía (la autoridad) por utilizar dinero falso en una tienda de Estados Unidos. George murió durante el arresto. Esto produjo un disturbio tan grande en la ciudad de Minneapolis, en el estado de Minnesota, que ocasionó el daño o destrucción de 1300 propiedades, muchas de personas también consideradas parte de las minorías.[6] Uno de los oficiales de policía fue condenado por asesinato y fue a la cárcel. Por un lado, la autopsia demostró que George estaba drogado con fentanilo, y una sobredosis pudo haber sido la causa de su muerte; y por otro, el uso de la fuerza por parte de la policía hizo que fuera complicado determinar culpables. La razón por la cual menciono esta historia no es para entrar en la polémica sobre si el veredicto fue correcto o no, sino por la respuesta del pueblo hacia lo que ocurrió.

También hemos visto recientemente disturbios estudiantiles en las universidades por la guerra en Gaza, con destrucción de

---

6. Josh Penrod y C. J. Sinner, «*Buildings damaged in Minneapolis, St. Paul after riots*», Star Tribune, 13 de julio de 2020, https://www2.startribune.com/a-deeper-look-at-areas-most-damaged-by-rioting-looting-in-minneapolis-st-paul/569930671/.

propiedad universitaria. ¿Por qué? Porque, según la narrativa de algunos, los judíos son los opresores y los palestinos los oprimidos. ¿Son las universidades estadounidenses responsables de enviar soldados a un país ajeno? No, pero la idea de mantener los principios de la justicia social alimenta las ideas de revolución. Varios países enfrentan disturbios porque el pueblo ha comprado una idea de revolución que no tiene que ver con un elevado conocimiento del problema y la solución, sino que se trata de una mal llamada justicia que termina afectando a otros dentro de la misma sociedad. Un claro ejemplo son las marchas en varios países latinoamericanos que, en busca de pan, afectan a sus pares, pero desconocen cómo las cosas realmente podrían cambiar.

A diferencia de la justicia bíblica, en este enfoque no hay perdón ni cambios duraderos. De hecho, lo que la historia demostró con el marxismo es que tan pronto se invierten los roles de los opresores con los oprimidos, la historia se repite con los nuevos opresores, y entonces la paz y la tranquilidad de la sociedad nunca llegan. En este sistema, solamente los mayoritarios pueden demostrar racismo porque es un fenómeno colectivo y no individual, y por eso no hay lugar para el perdón. Y es peor aún, porque, según su teoría, los mayoritarios nacen en una sociedad equilibrada a su favor y, por lo tanto, con ventajas, prejuicios y suposiciones que los convierten en opresores, no importa si lo saben o si han actuado de forma racista.

Además, creen que el estatus económico determina la calidad de persona que somos. Si tienes menos, probablemente eres oprimido, sin considerar que el contexto de cada individuo es único y no podemos colocar a todos en la misma categoría. Por ejemplo, estaríamos colocando en la misma categoría de oprimidos tanto a un padre que trabaja diariamente para alimentar a su familia de siete miembros, como a un padre alcohólico que abusa de su mujer y sus hijos, y cuya familia pasa hambre como resultado de su adicción.

Esta idea de «oprimido» no nos permite ver a las personas como personas, sino como parte de un grupo categórico, lo cual en sí mismo es injusto. Aunque la injusticia ha producido ventajas para algunas personas en el mundo, ¿acaso esto garantiza asegura que todos son racistas o clasistas? Su respuesta es que este privilegio descalifica a los mayoritarios para entender, o incluso discutir, lo que las minorías sienten. Según ellos, solo las minorías tienen la razón, a pesar de la evidencia objetiva.

El *wokismo* surge de estas creencias basadas en la justicia social y la teoría crítica del racismo. Y como la palabra *woke* en inglés significa «despertó», se afirma que las minorías han «despertado» a esta verdad. Vemos claramente las raíces del ateísmo marxista, expuesto en 1848 con el Manifiesto Comunista, donde se plantea que el comunismo suprime las verdades eternas.[7] En la época de Marx, el problema radicaba en el gobierno, las instituciones y hasta la familia, pero ahora se ha extendido también a la religión por su estándar bíblico. Como el marxismo falló en el pasado, otros filósofos como Antonio Gramsci desarrollaron la idea de la «hegemonía cultural», según la cual la burguesía utiliza su ideología para dominar a las masas, no solo mediante el poder político y económico, como pensaba Marx. Ahí comenzó el neomarxismo.

Pausemos un momento y analicemos otro problema que resulta del adoctrinamiento en las universidades a nivel mundial. Hay dos filósofos alemanes judíos, Herbert Marcuse y Max Horkheimer, quienes enseñaron en la Escuela de Frankfurt y buscaban implementar la teoría crítica de neomarxismo en el mundo entero, tras huir de Hitler durante la Segunda Guerra Mundial. Ambos llegaron

7. Karl Marx y Friedrich Engels, *The Communist Manifesto*, 1848, capítulo II: «*Proletarians and Communists*», https://www.marxists.org/archive/marx/works/1848/communist-manifesto/ch02.htm.

a Estados Unidos en 1935 y enseñaron en la Universidad de Columbia.[8] ¿Es una sorpresa que los primeros disturbios universitarios relacionados con Gaza hayan ocurrido precisamente en la Universidad de Columbia? Esta es la razón por la cual el sistema de pensamiento predominante que se enseña y se cree en las universidades es esa misma teoría. Se presenta algo bueno, utilizando eufemismos como diversidad, inclusión, equidad y sensibilidad, aunque se les asignan nuevos significacdos a estas palabras.

Latinoamérica no está exenta de esta influencia. El currículo de muchas escuelas secundarias y universidades promueve el mismo sistema. No sorprende, entonces, que políticos, directores ejecutivos y jóvenes adultos en empresas y organizaciones estén impulsando estas creencias. Es lo que les enseñaron, ya que las universidades han estado transmitiendo estas ideas por más de ochenta años, y en el caso de Latinoamérica, con fuerza creciente en los últimos cuarenta años. Esto explica, obviamente, por qué estas ideas han ganado tanto auge a nivel mundial.

Todos los cristianos sabemos que el favoritismo y el prejuicio son pecado, y que, como todos hemos sido creados a imagen de Dios (Gén. 1:27), debemos tratar a los demás con respeto y dignidad (Luc. 6:31). Jesús nos mandó como creyentes a ir por todo el mundo para predicar el evangelio (Mar. 16:15), de modo que la diversidad, la inclusividad y la sensibilidad bíblica comenzaron con Cristo y han sido parte del plan de Dios desde el principio. ¡De hecho, el deseo de justicia viene de Dios! La distorsión, sin embargo, vino de Satanás, el engañador (Apoc. 12:9). Por eso Dios nos advirtió que no ignoráramos sus planes, y así lo expresó Pablo

8. Robin Celikates y Jeffrey Flynn, «*Critical Theory*», The Stanford Encyclopedia of Philosophy, ed. invierno 2023, eds. Edward N. Zalta y Uri Nodelman, 12 de diciembre de 2023, https://plato.stanford.edu/entries/critical-theory/.

en 2 Corintios 11:14-15: «Y no es de extrañar, pues aún Satanás se disfraza como ángel de luz. Por tanto, no es de sorprender que sus servidores también se disfracen como servidores de justicia, cuyo fin será conforme a sus obras» (NBLA).

Ahora, reflexionemos sobre cómo luce la diversidad y equidad modernas en el lugar de trabajo. Supuestamente, se refiere a la variación de las características personales, físicas y sociales, como el género, la etnia, la edad y la educación. La inclusión, por otro lado, se refiere a las estrategias y procedimientos que las organizaciones implementan para integrar a todos, asegurando que sus diferencias convivan beneficiosamente. Y la equidad se refiere a conceptos de igualdad y justicia, como la compensación equitativa y la igualdad sustantiva; sin embargo, más específicamente, incluye un enfoque en los oprimidos, ajustando las circunstancias para que el resultado final sea igual. Teóricamente, la inclusión se refiere a la creación de una cultura organizacional que genera una experiencia donde «todos los empleados sienten que sus voces son escuchadas» y tienen un sentido de pertenencia e integración.[9]

Sin embargo, si los mayoritarios no pueden entender lo que sienten las minorías, y tampoco pueden discutirlo, entonces ¿cómo se puede crear un ambiente donde todos se sientan escuchados e incluidos? La cultura *woke* pretende no solo incluir a los oprimidos, sino forzar a todos a pensar igual que ellos. Recordemos que tolerar ahora es promocionar y celebrar ciegamente las ideas de los otros. La inclusión solamente aplica a los oprimidos, mientras que se excluye cualquier pensamiento que no sea igual al de ellos, trayendo un pensamiento conformista, temor, frustración y falta de sensibilidad

---

9. Neelie Verlinden, *Diversity, Equity, Inclusion and Belonging At Work: A 2025 Guide*. Academy to Innovate HR. https://www.aihr.com/blog/diversity-equity-inclusion-belonging-deib/

y respeto hacia sus colegas. ¿Te suena similar a cuando, como mujeres, queremos lo que queremos, a la hora que lo queremos, bajo las condiciones que lo queremos? Esto no es inclusión; es egoísmo.

Esto realmente es perjudicial para la diversidad y la inclusión. Una cultura *woke* es aquella en la que un empleador intenta institucionalizar un sistema uniforme de pensamiento, expresión y comportamiento. Cualquiera que no esté dispuesto a adoptar estos conceptos se convierte rápidamente en una «persona *non grata*» en la organización, y cualquiera que tenga el descaro de hablar en contra de estos sistemas de pensamiento «legítimos», probablemente pronto se verá expulsado de la empresa. Y, aun pensándolo en el ámbito educativo, nuestros hijos se enfrentan a ese juego cada día, en sus escuelas primarias, a nivel secundario y en las universidades; y probablemente los vemos ceder ante el juego, y poco a poco empiezan a cambiar y verse como su grupo de amigos. Todo esto viene de que esta teoría piensa que la verdad objetiva es inherentemente discriminatoria y opresiva, tan solo porque viene de la autoridad.

Los discursos se reducen a que: «el hombre blanco heteronormativo mantiene su poder oprimiendo a las mujeres, a las personas de color y a las minorías sexuales (LGBTQIA+)»; «los que tienen una clase económica privilegiada oprimen a aquellos que viven en condiciones menores»; y más frases que encasillan a las personas y promueven el miedo y las limitaciones sociales, contrarias a la realidad y a la verdad bíblica. ¡¿Se está notando que la pareja tradicional hombre con mujer y la moralidad tradicional ya no son consideradas la norma, sino que son el opresor?! Esto fue postulado por Herbert Marcuse, en cuanto a que la tolerancia de diferentes estilos de vida no era tolerancia, sino que era la libertad verdadera para remover todas las marcas de referencia tradicionales. Y ¿cómo se implementa esto? A través de la vergüenza pública, la reeducación forzada, la insistencia en que debemos utilizar sus pronombres o nombres de preferencia, amenazas e incluso la pérdida del empleo; o que los «ricos» deben dar cada vez más beneficios a los «pobres».

Entonces, ¿qué es la inclusividad bíblica? Santiago 2:1-13 nos advierte que, como creyentes, no debemos tratar a nadie con parcialidad, prejuicio o favoritismo por factores externos. Debemos amar al prójimo como a nosotros mismos y, aunque nos odien y nos traten sin misericordia, el Señor nos mandó a amar a nuestros enemigos. Nuestro enfoque necesita quedarse en Dios y no en lo que está ocurriendo, reconociendo que Él es justo y que todos los pecados serán pagados de dos formas: ya sea por el pecador, cuando no se arrepiente y termina en condenación eterna, o por Cristo en la cruz. Efesios 4:32 nos instruye: «Antes sed benignos unos con otros, misericordiosos, perdonándoos unos a otros, como Dios también os perdonó a vosotros en Cristo». Así que no debemos tomar represalias por el pecado cometido contra nosotros, sino perdonarlo. Así como Dios provee la descripción de nuestro género, podemos confiar en Él para la provisión a nuestro hogar y, por amor al Señor, hacer nuestras labores con excelencia, no pensando en si alguien tiene más o menos que nosotros, sino pensando en nuestra identidad y el futuro que nos espera con Cristo.

Para el *wokismo*, otra manera de implementar sus ideas es a través de la culpa colectiva e histórica. Cada cultura ha hecho cosas buenas y malas, y para evaluarlas imparcialmente es importante entender la cosmovisión de la época en que ocurrieron los hechos. Como hemos visto, en la época del descubrimiento, España, Portugal, Inglaterra y Estados Unidos habían dominado a otros países para mejorar sus propias economías. Desafortunadamente, las maneras mediante las cuales lo hicieron fueron muy egoístas y pecaminosas. Como ilustración, podemos citar el uso de la esclavitud con todos sus maltratos conocidos. Y aunque era parte de la cosmovisión de la época, el corazón sigue siendo engañoso, y es obvio que para aquellos que viven de acuerdo con otra cosmovisión, es locura vivir como aquellos que hemos abrazado una cosmovisión bíblica. Antes de conocer a Cristo, estábamos muertos en delitos y pecados (Ef. 2:5) e incapaces de hacer lo bueno (Isa. 64:6). Lo que estamos viendo ahora en Estados Unidos, por ejemplo, es que muchos quieren culpar a las personas caucásicas porque posiblemente sus ancestros tuvieron esclavos, a pesar de que en el presente, sus descendientes nunca han poseído esclavos. Y, además, las personas que hoy acusan a otros tampoco fueron esclavos. La Biblia es clara en que la compensación por una infracción debe ser hecha cuando uno es culpable y de acuerdo con la ofensa (Rom. 2:6), pero no por lo que los ancestros han hecho. Ezequiel 18:20 (NBLA) afirma: «El alma que peque, esa morirá. El hijo no cargará con la iniquidad del padre, ni el padre cargará con la iniquidad del hijo. La justicia del justo será sobre él y la maldad del impío será sobre él». La culpa tradicional y bíblica no es corporativa, sino que siempre ha sido individual. Lo que estamos viendo aquí es otra manera en que los «oprimidos» tratan de convertirse en opresores.

¿Puedes ver el peligro de ser cautivados por filosofías y vanas sutilezas, según la tradición de los hombres? (Col. 2:8). Como fuimos creados a la imagen de Dios, todos, incluidos los no creyentes, retenemos este deseo de ser tratados con dignidad y experimentar la justicia, y eso es bueno. El problema radica en que la manera de implementarlas ha sido distorsionada por la caída, demostrando que necesitamos seguir las instrucciones del Creador; si no, trastornamos Su verdad y atentamos con nuestras vidas y la del prójimo. La realidad es que la única solución a todo esto es el evangelio, y entonces volvemos a Marcos 16:15: «Y les dijo: Id por todo el mundo y predicad el evangelio a toda criatura».

Dios no nos prometió un mundo sin problemas. Especificó que tendríamos tribulaciones (Juan 16:33); sin embargo, nos prometió paz y victoria sobre el pecado para todos los que confían en Jesús. Vivimos en un mundo de incertidumbre que nos puede llenar de temor, con un enfoque en «el aquí y ahora», y con deseos insaciables de justicia. Sin embargo, cuando ampliamos nuestro enfoque hasta incluir lo eterno, podemos recordar que estamos seguros y entonces nos aferramos a las promesas de Dios, porque Su justicia ha sido aplicada a personas que no lo merecen, como nosotros.

En conclusión

Admito que es muy atractivo desconectarnos de la guerra del *wokismo* y la maldad que esto trae a nuestra cultura, pero no podemos. Cada generación ha tenido sus gigantes contra los cuales necesitamos luchar, y este es el nuestro. No sé si en el país en el que resides este movimiento es tan fuerte como en Norteamérica, pero independientemente de la lucha que tu cultura tenga, recuerda que tienes una nueva ciudadanía (Fil. 3:17-21). En Cristo, somos mayordomos de la verdad y la gracia del Señor, y Él nos tiene aquí con un propósito: ser Sus embajadores, «como si Dios rogara por medio de nosotros, en nombre de Cristo les rogamos: ¡Reconcíliense con Dios!» (2 Cor. 5:20, NBLA), en nuestros hogares, comunidades y naciones, y no olvides, también en la plaza pública.

Nuestro trabajo debe tener y tiene un impacto eterno. Independientemente de lo que hacemos cada día, debemos recordar que este mundo no es nuestro hogar, pero debemos luchar por la verdad. Aunque a muchos les sea más cómodo dejar lo sagrado en privado, porque nos evitamos el esfuerzo de luchar o porque otros nos hayan presionado haciéndonos creer que nuestra fe es subjetivo e irracional, debemos renovar nuestra mente y ser obedientes y creativos a la hora de compartir nuestra fe. Pero la realidad es esta: fuimos salvados para «luchar ardientemente por la fe que de una vez para siempre fue entregada a los santos» (Judas 1:3b, NBLA). Esta es nuestra vocación como cristianos y la forma en que debemos vivir (2 Cor. 5:17). Y aunque a veces parece abrumador, no lo es para Dios. Él es el Único que puede ganar esta batalla y quien habla a través de nosotros. Gracias al Señor por la armadura del Espíritu. ¿Por qué? Porque la batalla pertenece al Señor, pero también de Él es la victoria proclamada el domingo que resucitó.

Quiero que leamos juntos lo que el Señor les dijo a los judíos en una de las muchas batallas en el Antiguo Testamento: «y les dirá: "Oye, Israel, hoy ustedes se acercan a la batalla contra sus enemigos; no desmaye su corazón; no teman ni se alarmen, ni se aterroricen delante de ellos, porque el Señor su Dios es el que va con ustedes, para pelear por ustedes contra sus enemigos, para salvarlos"» (Deut. 20:3-4, NBLA). ¿Y nuestro Señor ha cambiado? ¡Claro que no! «Jesucristo es el mismo ayer, y hoy, y por los siglos» (Heb. 13:8). Lo que nos toca hacer a nosotros es lo mismo que necesitaron hacer todas las generaciones previas: CONFIAR en Aquel que es capaz de hacer lo imposible (Juan 16:33). Debemos estar dispuestos a permanecer firmes en la verdad que nos hace libres y nos da la fuerza para permanecer firmes en esa verdad (1 Ped. 5:12).

Entonces, acerquémonos a Dios conociéndolo íntimamente a través del estudio de la Escritura, meditando sobre lo que hemos estudiado para ver cómo esto aplica a nuestras circunstancias. Reconozcamos al enemigo, que es como un león rugiente que acecha para devorarnos (1 Ped. 5:8). Oremos y revistámonos con toda la armadura de Dios para luchar como Él nos ha ordenado, estando dispuestos a perder todo lo que el mundo pueda ofrecer, en lugar de ganar usando las tácticas de Satanás. Confiemos en que Él hará según Su propósito y que nuestro futuro está seguro en Él. ¡Nuestra vida presente tiene un impacto eterno!

Porque ellos cambiaron la verdad de Dios por la mentira, y adoraron y sirvieron a la criatura en lugar del Creador, quien es bendito por los siglos. Amén.

Romanos 1:25, NBLA

12

El espíritu de mentira

Al revisar la información usada para escribir este libro, podría resultarte muy evidente el poder que tiene una cosmovisión sobre nuestra capacidad de pensar y sobre nuestras acciones. ¿Cómo es posible que personas que han estudiado biología, fisiología, genética, embriología, endocrinología y psiquiatría hayan aceptado esta ideología que contradice sus propias bases y coloca al binario masculino y femenino como inexistente, mientras aceptan las aberraciones como normales? Aunque casi todo el mundo siempre ha creído, y sigue creyendo, en la realidad de la ciencia biológica, ¿cómo es posible que estas personas nieguen su existencia en lo que se refiere a la sexualidad humana? ¿Cómo es que profesionales que están en la práctica y en las investigaciones médicas, donde el propósito expreso es aliviar el sufrimiento y, sobre todo, no hacer daño, no sean capaces de evaluar eficazmente las consecuencias funestas de lo que están realizando? ¿Qué pasó con la lógica? ¿Qué pasó con el método científico? ¿Qué pasó con la capacidad de evaluar y corregir los tratamientos cuando no están funcionando? Son preguntas que tal vez te surgen y que también me surgen a mí como internista y endocrinóloga de profesión. Pero algo es cierto: como la sabiduría y la inteligencia vienen del Señor (Prov. 2:6), ignorar Su ley nos ha llevado a este caos, y hemos producido miles de personas heridas física y emocionalmente. La

Biblia no se equivoca: «todo camino del hombre es recto en su propia opinión; pero Jehová pesa los corazones» (Prov. 21:2).

Como vimos claramente en la revisión de las ideas filosóficas, es evidente el cambio gradual que nos ha llevado a la aceptación de la separación entre el sexo y el género. Algo que era insólito para todas las generaciones anteriores ahora es aceptado como la verdad, y ha cegado a millones que están duplicando la idea de generación en generación. Antes de 1946, menos del 1 % creía en esta ideología; con los *baby boomers* (nacidos entre 1946 y 1964 en EE. UU.), el 2,3 % ha comprado esta ideología; en los pertenecientes a la Generación X (nacidos entre 1965 y 1980), un 4,5 % la afirma; entre los *millennials* (nacidos desde principios de los años 80 hasta mediados de los 90), un 9,8 % ha sido convencido; y en la Generación Z (nacidos desde finales de los años 90 hasta principios de la década de 2010), un alarmante 22,3 % defiende esta ideología.[1] Perdóname si soy repetitiva: las ideas tienen consecuencias, y con el tiempo, las consecuencias son irreparables, como fue el caso del diluvio (Gén. 6) y de las ciudades de Sodoma y Gomorra (Gén. 18).

La base fundamental de la ciencia es la investigación de principios o leyes basados en la realidad. Sin embargo, aunque los científicos han hecho experimentos en diversas áreas, incluyendo la genética, la estructura y fisiología cerebral, las hormonas, los receptores celulares, las enzimas que metabolizan las hormonas, y estudios comparativos en familiares como gemelos y mellizos, estos estudios hasta ahora no han arrojado resultados consistentes. Aun así, muchos estudiosos continúan enseñando lo que hasta ahora no han podido probar. Su meta ha sido probar que existen razones orgánicas para descartar motivos psiquiátricos y justificar así su

1. Jeffrey M. Jones, «*LGBTQ+ Identification in U.S. Now at 7.6 %*», Gallup News, marzo de 2024, https://news.gallup.com/poll/611864/lgbtq-identification.aspx.

cosmovisión. Un ejemplo está en la razón que postulan para defender que no somos binarios: aunque las mujeres tienen cromosomas sexuales XX y los hombres XY, argumentan que existe un espectro, ya que hay personas con otras composiciones genéticas como XXY o XO. El problema con este pensamiento es que están incluyendo patologías dentro del rango de lo normal. Esta «inclusión» es un simple error que ha causado un daño tremendo al estado mental de una generación, y la siguiente, afectando en gran manera a los niños y a otras personas vulnerables. Cuando un niño nace con cualquier tipo de anomalía anatómica, sabemos inmediatamente que dicho hallazgo representa una malformación durante el desarrollo embrionario, ya que conocemos cuál es la apariencia normal de un ser humano al momento de salir del vientre de su madre. En esos casos, nos lanzamos a investigar hasta encontrar la causa de la anormalidad. Pero los defensores de la ideología de género se resisten a aceptar como anormal la composición genética XXY o la presencia de órganos sexuales ambiguos al nacer, simplemente porque no les conviene a sus intereses de imponer una ideología aberrante.

Hay otro factor que, aunque ha sido mencionado en la literatura, no ha sido estudiado extensivamente con relación al sistema reproductor: los «disruptores endocrinos», que son químicos externos que afectan al sistema hormonal al ser absorbidos. Entre estos están los de la categoría del Bisfenol A (BPA, por sus siglas en inglés), que se absorben a través de la piel, imitan la actividad estrogénica y se encuentran en componentes plásticos (como juguetes) y recibos de caja; los ftalatos, que están presentes en algunos perfumes, cremas y maquillajes, y son capaces de disminuir los niveles de testosterona; y otros químicos, como algunos pesticidas, que tienen actividad antiandrogénica. Entonces, deberíamos preguntarnos si estos químicos están jugando un papel en el transgenerismo, no solo en los niños, sino también en los fetos mientras aún están en el vientre de sus madres, expuestas a estas sustancias.

Para entender mejor la complejidad de los estudios, necesitamos regresar a la genética y la embriología. El ADN es el material que contiene la información hereditaria que se encuentra en el núcleo de casi todas las células y es lo que determina tanto las características físicas como el funcionamiento del órgano. El fenotipo es la manifestación externa o las características que expresa un individuo, y estas corresponden a una información genética codificada en los genes. Por ejemplo, el cabello de una persona puede ser de color negro cuando posee genes con una información que codifica ese color. Al conjunto de esos genes, llamamos genotipo.

Cada individuo recibe una combinación de los genes tanto del padre como de la madre. En los seres humanos, cada célula normalmente contiene veintitrés pares de cromosomas, para un total de cuarenta y seis. Veintidós de estos pares, llamados autosomas, tienen el mismo aspecto tanto en hombres como en mujeres. El par número veintitrés corresponde a aquellos que llamamos cromosomas sexuales, y estos sí difieren entre el hombre y la mujer.[2] Los cromosomas sexuales determinan el sexo: la madre (XX) pasa un cromosoma X a cada feto, y el padre (XY) puede pasar un cromosoma X o Y, determinando así el sexo de la persona. A pesar de que el sexo se determina en el momento mismo de la fecundación, permanece invisible durante un tiempo. ¡No es asignado al nacer, sino identificado, y permanece invariable! A través de hormonas y cirugías se puede cambiar el fenotipo (la apariencia externa); sin embargo, el genotipo siempre quedará igual. Es decir, podemos cambiar cómo lucen los órganos sexuales, pero los genes que

2. Medline Plus, «*¿Cuántos cromosomas tienen las personas?*», acceso febrero de 2025, https://medlineplus.gov/spanish/genetica/entender/basica/cuantoscromosomas/.

determinan quiénes somos permanecen sin posibilidad de cambio. Ahora bien, embriológicamente, mucho ocurre antes de nacer, y no siempre ocurre de una manera normal. En el estado fetal, el desarrollo de ambos sexos es igual hasta la sexta semana, momento en el cual una proteína secretada por lo que serán las glándulas testiculares, la SRY (codificada por el gen SRY), es estimulada por este gen situado en el cromosoma Y. Dicha proteína estimula el desarrollo de los órganos masculinos.

Para entender la razón de la complejidad al estudiar la diferencia entre los hombres y las mujeres, quiero que notes que la diferencia en el ADN entre un hombre y una mujer es del 0,1 %. Quizás te parezca una diferencia pequeña, pero nota que la diferencia entre el ser humano y el chimpancé es solo del 1,23 %, y nuestras diferencias son monumentales. Esto demuestra que cambios diminutos en el ADN pueden tener resultados enormes, como acabamos de mencionar. Permíteme expandirme. Los seres humanos y los chimpancés tenemos unos tres mil millones de pares de bases de aminoácidos, pero el 1.23 % de diferencia que tenemos, según mencionamos más arriba, corresponde a unos 37 millones de bases distintas que son responsables de nuestras enormes diferencias. Nada es tan simple como parece cuando conoces la información correcta.

En el año 2013, se llevó a cabo un estudio con gemelos que consistía en una encuesta a pares de estos individuos, en los que uno o ambos habían pasado por una transición de género. Además, se hizo una revisión de la literatura de informes publicados sobre gemelos transgénero. Antes de presentarte los resultados del estudio, necesito aclarar que, cuando una condición es genéticamente determinada, uno espera encontrar una concordancia entre gemelos idénticos cercana al 100 %, ya que, en esencia, poseen la misma composición genética. En otras palabras, si una enfermedad como la falta de un riñón fuera genéticamente determinada, uno esperaría que casi el 100 % de los gemelos exhibieran la falta de uno de los dos riñones. Sin embargo, en este estudio hecho entre gemelos con tendencias hacia la identidad transgénero, el porcentaje de concordancia fue solo del 33 % en los gemelos masculinos idénticos (13 de 39) y del 22.8 % (8 de 35) entre las gemelas idénticas. Esos porcentajes distan mucho del casi 100 % esperado en cada caso si la tendencia al transgénero hubiese sido genéticamente determinada.[3] Al parecer, los factores ambientales en las familias en las que estos gemelos fueron criados fueron más determinantes en el desarrollo de las tendencias hacia el transgenerismo.

Todo lo anterior es consistente con un estudio publicado el 29 de agosto de 2019 en la revista norteamericana *Scientific American*, titulado *Massive Study Finds No Single Genetic Cause of Same-Sex Sexual Behavior* [Estudio masivo no encuentra una sola causa genética para el comportamiento sexual hacia el mismo sexo]. El subtítulo del artículo decía: «Un estudio masivo de medio millón de personas no encuentra ningún gen detrás de la orientación sexual», lo que añade más evidencia de que no existe un «gen gay». La autora del artículo comentaba que lo que sí fue evidente es que los factores ambientales son más importantes que cualquier otro en la determinación del comportamiento homosexual.[4]

Los estudios sobre las hormonas también tienen sus propias complejidades. Tenemos que entender que ambos sexos tienen tanto testosterona como estrógeno, aunque en niveles diferentes,

---

3. M. Diamond, «*Transsexuality Among Twins: Identity Concordance, Transition, Rearing, and Orientation*», International Journal of Transgenderism, enero de 2013, https://www.researchgate.net/publication/271672326_Transsexuality_Among_Twins_Identity_Concordance_Transition_Rearing_and_Orientation.

4. Sara Reardon, «*Massive Study Finds No Single Genetic Cause of Same-Sex Sexual Behavior*», Scientific American, 29 de agosto de 2019, https://www.scientificamerican.com/article/massive-study-finds-no-single-genetic-cause-of-same-sex-sexual-behavior/.

y que las funciones de cada una son diferentes en cada sexo, además de que existen diferencias cíclicas en ambos. En los hombres, el nivel de la testosterona es más estático, con un ciclo leve de veinticuatro horas, mientras que en las mujeres los ciclos de los niveles de estrógeno y progesterona son más amplios a lo largo del ciclo menstrual. También hay muchos factores que producen cambios en los niveles, como la edad, los medicamentos, el estrés, el ejercicio, el peso y ciertas enfermedades.

Otra área de estudio ha sido la estructura cerebral. Sabemos que la función fisiológica a nivel del cerebro es diferente entre ambos sexos. Pero, como muchos quieren imponer la ideología de género como si estuviera avalada por la ciencia, ahora se nos quiere convencer de que la función cerebral en personas transgénero es distinta a la de ambos sexos, aunque sin evidencia sólida. Hay muchos y variados estudios realizados; sin embargo, debido a la complejidad del cerebro humano, los resultados han sido inconsistentes. Solo algunos estudios demuestran diferencias, lo que nos lleva a la conclusión de que todos los protocolos aplicados para tratar a quienes se identifican como transgénero son experimentos no basados en evidencia real, lo cual los convierte en una pseudociencia.

Hoy sabemos que las neuronas del cerebro se conectan de diferentes maneras y por diferentes razones. Una de esas razones está relacionada con conductas repetitivas, independientemente de que las experiencias sean buenas o malas. Las conductas recurrentes crean circuitos cerebrales que se hacen más anchos y fuertes dependiendo de la duración de las conductas. A estas conexiones las llamamos «sinapsis». Pero también el cerebro es capaz de producir nuevas neuronas, un proceso que llamamos «neurogénesis», y esto contribuye a producir cambios continuos en la estructura cerebral. A esta capacidad del cerebro de continuar produciendo nuevas células y de formar nuevas conexiones la conocemos como «plasticidad cerebral», la cual es más activa hasta los 21 años, aproximadamente, aunque continúa durante toda la vida.

El doctor N. E. Whitehead escribió un artículo titulado *Brain plasticity backs up orientation change* [La plasticidad cerebral respalda el cambio de orientación], en el que afirma que cualquier diferencia cerebral que pudiera encontrarse entre homosexuales y heterosexuales «probablemente es el resultado de la conducta homosexual más que la causa de ella».[5]

Aunque algunos continúan realizando estudios en personas homosexuales o transgénero antes y después del tratamiento hormonal, esta no es la única variable que necesitamos medir y controlar para observar que ocurre en esa población. Las conexiones cerebrales también pueden cambiar por otros factores, como, por ejemplo, la actividad sexual y el uso de pornografía. En ambos casos, el cerebro se ve afectado por la cantidad de tiempo dedicada a la práctica. De forma similar, la participación en lo que se llama «cambios blandos», cambios leves en la rutina de la persona que influyen en el cerebro, como utilizar la ropa o los pronombres del otro sexo, afecta la plasticidad del cerebro, y esto interfiere con los estudios. Además, hay cambios en la estructura cerebral que ocurren simplemente como parte del desarrollo de la pubertad, por lo que los resultados también pueden depender de en cuál de las cinco etapas de la pubertad se realice el estudio.

Quiero cambiar de carril para explicar una decisión tomada por el Servicio Nacional de Salud de Gran Bretaña, así como sus resultados e implicaciones. La Dra. Hilary Cass, una de las mejores pediatras de Inglaterra durante los últimos treinta años y expresidenta del Real Colegio de Pediatría del Reino Unido, recibió en 2020 una solicitud

5. N. E. Whitehead, *Brain plasticity backs up orientation change*. http://www.mygenes.co.nz/plasticity.html.

del Servicio Nacional de Salud para evaluar las pautas de tratamiento para la disforia de género pediátrica en el país.[6] Durante cuatro años, encargó revisiones sistemáticas de estudios científicos sobre tratamientos de género en jóvenes, así como de las directrices internacionales de atención. También se reunió con pacientes jóvenes y sus familias, adultos transgénero, personas que habían abandonado la transición, grupos de defensa y médicos. En su informe final, concluyó que la evidencia científica era «notablemente débil» para respaldar el uso de fármacos como los bloqueadores de la pubertad y otros tratamientos hormonales en adolescentes. Por esa razón, en 2022, se restringió su uso exclusivamente a la clínica más grande dedicada al tratamiento de la disforia, en Travistock, que había operado por cincuenta y seis años, y solo en el contexto de estudios científicos, ya no como práctica común para todos los casos referidos, como había sido habitual durante años. Sin embargo, la clínica terminó cerrando en 2024 debido a las consecuencias de los tratamientos y a la falta de evidencia científica de que estos pacientes estaban siendo ayudados.[7] Clínicas similares han cerrado en países como Suecia y Finlandia. Francia, Hungría, Noruega, los Países Bajos y Dinamarca han desarrollado protocolos más estrictos para el uso de cirugías y fármacos en el tratamiento de la disforia de género. En Estados Unidos también se han producido cierres. La *Texas Youth Gender Clinic* [Clínica de género para jóvenes de Texas], que ofrecía tratamientos quirúrgicos y farmacológicos a adolescentes transgénero, fue clausurada en 2021. Lo mismo ocurrió con la *Vanderbilt Transgender Health Clinic* [Clínica de salud transgénero de Vanderbilt], en Tennessee, que suspendió este

---

6. The Cass Review, «*Independent Review of Gender Identity Services for Children and Young People*», acceso 19 de febrero de 2025, https://cass.independent-review.uk/home/publications/final-report/.

7. Bex Sander, «*Tavistock, Britain's Biggest Gender Identity Clinic Has Closed*», Tortoise Media, 2 de abril de 2024, https://www.tortoisemedia.com/2024/04/02/tavistock-britains-biggest-gender-identity-clinic-has-closed.

tipo de cirugías para menores en 2022, tras el escándalo suscitado por un video publicado por el comentarista Matt Walsh, en el que se escuchaba a una doctora hablar de cuán lucrativa podía ser esta práctica. La universidad negó los hechos, pero, mientras tanto, las cirugías para menores fueron suspendidas.[8]

El DSM-5 (*The Diagnostic and Statistical Manual of Mental Disorders* [Manual diagnóstico y estadístico de los trastornos mentales]) reporta una prevalencia de disforia de género de entre el 0,005 % y el 0,014 % para personas declaradas como varones al nacer, y de entre el 0,002 % y el 0,003 % para las mujeres. Sin embargo, la clínica de Travistock vio un aumento mayor al 1000 % en los últimos diez años que no puede explicarse por razones médicas.[9] En opinión de la Dra. Cass, debemos tratar a estos pacientes como lo haríamos en cualquier otra área de la medicina: hacer una evaluación médica considerándolos como personas completas y abordar los desafíos que enfrentan, como su salud mental o una neurodiversidad no diagnosticada. No se debe continuar atendiendo a estos pacientes que ingresan a la clínica con la vista puesta en el enfoque afirmativo de género. Las terapias alteran la vida, y algunas conllevan consecuencias irreversibles. Dada la severidad de las consecuencias, este tipo de tratamientos debe reservarse exclusivamente para pacientes que morirían sin ellos. Aunque el diagnóstico de la identidad transgénero existe, en la gran mayoría de niños que actualmente presentan disforia de

8. Phil Williams, «*REVEALED: Vanderbilt transgender clinic investigation sparked by doctor's video, Tennessee AG says*», News Channel 5, 2 de agosto de 2023, https://www.newschannel5.com/news/newschannel-5-investigates/revealed-vanderbilt-transgender-clinic-investigation-sparked-by-doctors-video-tennessee-ag-says.

9. Dra. Helen Okoye, MD, MBA, MS-Epi, *Gender Dysphoria DSM-5 302.85 (F64.9)*, Theravive, https://www.theravive.com/therapedia/gender-dysphoria-dsm-5-302.85-(f64.9).

género (entre el 67 % y el 90 %), esta desaparece si se les permite atravesar la pubertad de forma natural.[10] Un estudio demostró que la mayoría de ellos, luego de pasar la pubertad, se identifican con su sexo natal, aunque presenten atracción hacia personas del mismo sexo.[11]

Antes del informe de Cass, la creencia entre los médicos era que el tratamiento para afirmar a estos jóvenes en su deseo de cambiar de sexo justificaba el uso de bloqueadores de la pubertad, ya que se consideraban simplemente una pausa que permitía que el joven tuviera más tiempo para pensar y tomar una decisión final. Sin embargo, este reporte demostró que el uso de estos bloqueadores no era solo una pausa en el desarrollo, sino que producía esterilidad irreversible al no dejarlos experimentar la pubertad natural y, posiblemente, estimulaba a los jóvenes a persistir en la trayectoria del desarrollo psicosexual.[12] Tanto un estudio en el Reino Unido como otro en los Países Bajos demostraron que únicamente entre el 1,9 % y el 2 % de los adolescentes que usaban bloqueadores de pubertad desistió de iniciar el proceso de cruce de hormonas sexuales.[13]

---

10. Jiska Ristori y Thomas D. Steensma, «*Gender Dysphoria in Childhood*», Journal of Psychiatric Research 28, no. 1 (2016): 13–20, https://pubmed.ncbi.nlm.nih.gov/26754056/.

11. Catalina Alanko y Pekka Santtilla, «*Common Genetic Effects of Gender Atypical Behavior in Childhood and Sexual Orientation in Adulthood: A Study of Finnish Twins*», Archives of Sexual Behavior 39, no. 1 (2010): 81–92.

12. P. Carmichael, G. Butler, U. Masic, T. J. Cole, B. L. De Stavola, S. Davidson, E. M. Skageberg, S. Khadr y R. M. Viner, «*Short-term outcomes of pubertal suppression in a selected cohort of 12 to 15 year old young people with persistent gender dysphoria in the UK*», PLOS ONE 16 (2021), https://pubmed.ncbi.nlm.nih.gov/33529227/.

13. C. M. Wiepjes, N. M. Nota, C. J. M. de Blok, M. Klaver, A. L. C. de Vries, S. A. Wensing-Kruger, R. T. de Jongh, M. B. Bouman, T. D. Steensma, P. Cohen-Kettenis, L. J. G. Gooren, B. P. C. Kreukels, y M. den Heijer «*The Amsterdam Cohort of Gender Dysphoria Study (1972-2015): Trends in Prevalence, Treatment, and Regrets*», Journal of Sexual Medicine 15, no. 4 (2018), https://pubmed.ncbi.nlm.nih.gov/29463477/.

La lógica de utilizar bloqueadores en pacientes con disforia de género antes de entrar en la pubertad es prevenir el desarrollo de las características sexuales del sexo natal, algo que se supone traería mejores resultados después del cambio del sexo. Sin embargo, con la revisión sistemática de la literatura en la cual se basa el informe Cass, no encontraron evidencia de que los bloqueadores mejoren la disforia, y se observó poca mejoría en la salud mental en general. Otro estudio, realizado por Polly Carmichael, demostró resultados similares. La función psicológica y la calidad de vida mejoraron en un 29 %, permanecieron iguales en un 37 % y empeoraron en un 34 %. Aunque la razón dada a los padres para estimular este tratamiento es que los niveles de suicidio aumentarían si no se realiza, los estudios no lo han demostrado. De hecho, un estudio finlandés concluyó que la disforia de género no predice la mortalidad por suicidio, sino por otras causas, cuando se tienen en cuenta los antecedentes de tratamiento psiquiátrico.[14]

Un estudio con más de diez mil personas transgénero encontró una incidencia de trastornos psiquiátricos del 58 %, de las cuales el 31 % tenía trastorno de depresión mayor y el 12 % un trastorno de ansiedad generalizada. Estos son los más comunes, pero también se incluyen trastornos de la alimentación, autolesiones, déficit de atención, y un 33 % padece autismo.[15] Investigadores en Finlandia hallaron que más de las tres cuartas partes de la población adolescente remitida necesitaba apoyo psiquiátrico especializado para

---

14. S. Ruuska, K. Tuisku, y T. Holttinen, «*All-Cause and Suicide Mortalities among Adolescents and Young Adults Who Contacted Specialised Gender Identity Services in Finland in 1996–2019: A Register Study*», BMJ Mental Health 27 (2024): e300940, https://mentalhealth.bmj.com/content/27/1/e300940.

15. Jonathon W. Wanta, Joshua D. Niforatos, Emily Durbak, Adele Viguera y Murat Altinay, «*Mental Health Diagnoses Among Transgender Patients in the Clinical Setting: An All-Payer Electronic Health Record Study*», Transgender Health, no. 1 (2019): 313–315, https://pubmed.ncbi.nlm.nih.gov/31701012/.

niños y adolescentes, debido a problemas distintos a la disforia de género; muchos de estos problemas eran graves, existían antes de llegar a la clínica y no se consideraban secundarios a la disforia de género. El autismo, en particular, es de tres a seis veces más frecuente que en sus pares sin disforia.[16] Por lo tanto, la teoría de que la angustia emocional y el riesgo de suicidio se atribuyen al estrés de ser minorías y a la dificultad que tienen de ser y expresarse como la persona que quieren ser no ha sido probada científicamente.

Tradicionalmente, la disforia de género había sido observada en niños menores de 2 a 3 años, y solía persistir. Sin embargo, en los últimos diez años hemos visto un aumento del 1000 % al 5000 % en el número de chicas adolescentes que se presentan con disforia de aparición reciente.[17] Se postula que una de las razones es la desinhibición, producto de una mayor aceptación social. Curiosamente, al mismo tiempo, muchos hablan de que la falta de aceptación social es la causa del aumento de la depresión y el suicidio en los adolescentes. Sabemos que las mujeres son más relacionales que los hombres,[18] y una revisión sistemática de veinte estudios encontró que el uso de las redes sociales se asocia con preocupaciones sobre la imagen corporal y trastornos alimentarios.[19] Existen

---

16. V. Warrier, «*Elevated rates of autism, other neurodevelopmental and psychiatric diagnoses and autistic traits in transgender and gender-diverse individuals*», Nature Communications, 7 de agosto de 2020, https://doi.org/10.1038/s41467-020-17794-1, https://www.nature.com/articles/s41467-020-17794-1.

17. Citado en el libro *Engaño Cultural*, de Jen Oshman, publicado inicialmente por Crossway (p. 121), y por B&H en 2024. Preston Sprinkle, «Trans Teenager». Abigail Shier's, «Irreversible Damage». The Center for Faith, Sexuality & Gender (blog), 28 de diciembre de 2020. https://centerforfaith.com/.

18. Catherine Scheraldi y Miguel Núñez, *Revolución sexual*, cap. 3 (Nashville, TN: B&H Español, 2018).

19. Grace Holland y Marika Tiggemann, «*A Systematic Review of the Impact of the Use of Social Networking Sites on Body Image and Disordered Eating Outcomes*», Body Image, vol. 17, junio 2016, págs. 100–110, https://doi.org/10.1016/j.bodyim.2016.02.008.

distintos estudios que vinculan el uso de teléfonos inteligentes y redes sociales con angustia mental y tendencias suicidas entre los jóvenes, particularmente en las niñas, con una clara relación: a mayor cantidad de horas en línea, mayor es el trastorno.[20] Es interesante notar que Facebook comenzó en 2004, YouTube en 2005 y el iPhone en 2007. El aumento de casos ocurrió en dos fases: una gradual, entre 2009 y 2014, y otra más marcada desde 2015, precisamente cuando los jóvenes obtuvieron acceso ilimitado a los teléfonos inteligentes y medios sociales. Es en ese momento cuando aparece el aumento del fenómeno de disforia de género de inicio rápido en las jóvenes.[21]

Desafortunadamente, el sistema médico en Estados Unidos ha sido lento en iniciar el cierre de clínicas y en limitar el tratamiento a los pacientes menores, como lo han hecho varias naciones europeas. Pero en junio de 2024, el Colegio Americano de Pediatría hizo una declaración oficial en la que afirmó que no se ha demostrado que la afirmación de transición de su sexo a otro sea segura o eficaz a largo plazo en los menores.[22] Esa misma asociación de pediatría ha hecho múltiples pronunciamientos en contra de estas prácticas. Y en agosto de 2024, la Sociedad Americana de Cirujanos Plásticos hizo una declaración oficial desafiando la cirugía de afirmación de transición

20. Elia Abi-Jaoude, Karline Treurnicht Naylor y Antonio Pignatiello, «*Smartphones, Social Media Use and Youth Mental Health*», Canadian Medical Association Journal (CMAJ) 192, no. 6 (10 de febrero de 2020): E136-E141, https://pubmed.ncbi.nlm.nih.gov/32041697/.

21. Society for evidence-based gender medicine (SEGM), «*Summary of Key Recommendations from the Swedish National Board of Health and Welfare*», 27 de febrero de 2022, https://segm.org/segm-summary-sweden-prioritizes-therapy-curbs-hormones-for-gender-dysphoric-youth.

22. American college of pediatricians, «*Deconstructing Transgender Pediatrics*», https://acpeds.org/topics/sexuality-issues-of-youth/gender-confusion-and-transgender-identity/deconstructing-transgender-pediatrics.

en menores.[23] Todo esto demuestra el poder de la cosmovisión en nuestras acciones: el sistema médico estadounidense ha sido el mejor en el mundo por muchos años, pero se ha quedado rezagado con relación a los países de Europa en términos de seguir los estudios médicos para limitar el uso de tratamientos quirúrgicos y farmacológicos en menores, como mencionamos más arriba.

Posiblemente, la razón por la que muchos jóvenes avanzan de una simple atracción hacia el mismo sexo, con diferentes manifestaciones, hasta desear el uso de hormonas y, eventualmente, cirugías, se debe a una combinación de factores, como son los siguientes:

- Primero, los profesores de escuelas y universidades han sido entrenados para incorporar la ideología transgénero en todas las materias de las diferentes asignaturas, comenzando desde el preprimario en adelante.
- Segundo, la formulación de nuevas legislaciones en algunas naciones que prohíbe que los profesores puedan alertar a los padres de los niños y adolescentes que están experimentando algún grado de disforia de género.
- Tercero, en algunas regiones es ilegal que un profesor, profesional de la salud o del área de psicología no afirme la homosexualidad o el transgenerismo en los jóvenes, aun cuando pueda tratarse de sus propios hijos. Esto se agrava por el hecho de que ni siquiera pueden llevarlos a consejería, conocida como «conversión», debido a la posibilidad de perder la custodia de sus hijos. Peor aún, en algunos lugares los padres ni siquiera pueden educar a sus hijos ni protegerlos conforme a sus convicciones religiosas.

23. American society of plastic surgeons, «*ASPS statement to press regarding gender surgery for adolescents*», 14 de agosto de 2024, https://www.plasticsurgery.org/for-medical-professionals/publications/psn-extra/news/asps-statement-to-press-regarding-gender-surgery-for-adolescents.

- Cuarto, en ciertas regiones, los médicos están obligados a afirmar el diagnóstico y garantizar el acceso a medicamentos y a las cirugías de transición, independientemente de si está indicado en ese paciente, o aún si la práctica de estos procedimientos es contraria a sus creencias religiosas.

Los deportes

Quiero mencionar otra área que ha sido afectada por esta ideología: la competencia en los deportes. Comenzaré explicando las diferencias fisiológicas y en la estructura corporal, para que entendamos la razón por la cual las personas que se identifican como transgénero, mujeres que nacieron hombres, no deben competir con las mujeres. Esto no es únicamente por la injusticia que representa, sino por el peligro que implica para las mujeres. Es obvio que los hombres, en general, son más grandes que las mujeres; sin embargo, lo que algunos no entienden es que, cuando comparamos a un hombre y a una mujer de la misma talla y peso, él aún tiene ventajas sobre ella en algunos deportes. El centro de gravedad y la cantidad de músculos son mayores en los hombres y son más notables en el tórax, mientras que en la mujer, ambos (el centro de gravedad y la mayor cantidad de músculos) están en la pelvis. Esta es la razón por la cual las mujeres tienen una ventaja sobre los hombres en los deportes dominados por el equilibrio, lo cual se nota en la modalidad de la barra de equilibrio en la gimnasia. ¿Has visto a algún hombre dispuesto a competir en este deporte?

Los hombres, por otro lado, dominan en la velocidad y la fuerza. De hecho, la fuerza muscular de las mujeres suele oscilar entre el 40 % y el 60 % de la fuerza muscular de los hombres, y en términos de velocidad, el hombre tiene un porcentaje más elevado de un tipo de fibra muscular, el tipo 2, que es más rápido que el tipo 1, el cual es mayor en las mujeres, quienes a su vez funcionan mejor para la resistencia. Y, aunque la fuerza de la mujer se encuentra en la pelvis, la fuerza que los hombres tienen incluso en la pelvis es mayor. El corazón y los pulmones son más grandes en los hombres, lo que permite que la sangre fluya más rápido, aumentando la oxigenación hacia los músculos. Además, la cantidad de glóbulos rojos, el elemento de la sangre que transporta el oxígeno a los órganos, también es más elevada en los hombres. Por último, los hombres también tienen brazos y piernas más largos que las mujeres en relación con el tamaño del cuerpo, lo cual les da una mayor envergadura de brazos.

Es evidente que poner a mujeres a competir con hombres en deportes como el boxeo o la lucha libre es peligroso. En otros deportes, como la natación, la competencia desfavorece a las mujeres, aunque no las pone en peligro. Vimos un ejemplo en las Olimpiadas 2024 en París. Una mujer con cromosomas XX, de origen italiano, Angela Carini, se retiró en tan solo cuarenta y seis segundos en una competencia de boxeo contra alguien que nació con los cromosomas sexuales XY, Imane Khelif, de Argelia, quien nació con genitales ambiguos y le fue asignado el sexo femenino al nacer (trastorno de diferenciación sexual). Angela se retiró diciendo: «Nunca me habían golpeado tan fuerte».[24] En otra competencia anterior, Imane había sido descalificada por tener niveles de testosterona más elevados de lo permitido para mujeres. Al investigar qué exámenes eran requeridos para los atletas de las Olimpiadas, encontré que no existe un código olímpico que exija que los atletas confirmen su identidad, sino que el Comité Olímpico Internacional ha dejado el sexo y el género a discreción del organismo rector de cada deporte. En mi juventud, como deportista, siempre teníamos

24. BBC Noticias, «*La polémica por la participación de la boxeadora Imane Khelif en los Juegos de París tras su combate de apenas 46 segundos con la italiana Angela Carini*», 1 de agosto de 2024, https://www.bbc.com/mundo/articles/cyx56xqxrq1o.

una batalla para conseguir tiempo de práctica en el gimnasio porque les daban preferencia a los varones. Ahora que hemos ganado esa batalla, están disminuyendo la probabilidad que las mujeres tienen de obtener una medalla al ponerlas a competir con personas biológicamente XY (hombres).

Ahora, hay otro aspecto en los deportes que tiene implicaciones emocionales, espirituales y de seguridad: permitir a las personas que se identifican como transmujeres, pero son hombres, cambiarse de ropa en los vestidores de mujeres. El único requisito para permitir a una persona que se identifica como trans (MaF), término que se usa para describir a una persona nacida como masculino (M) que ha hecho la transición a femenino (F), en un equipo, es que se declare mujer. Entonces, los órganos masculinos pueden quedar intactos, y eso no solo pone en riesgo a las mujeres físicamente, sino que también las afecta emocionalmente justo antes de la competencia, cuando cualquier distracción podría costarles su rendimiento. Y esto no solo aplica a los vestidores de las áreas deportivas, sino que afecta otras áreas como refugios para mujeres maltratadas y cárceles. No es sorpresa que las violaciones a mujeres encarceladas hayan aumentado a medida que se ha permitido que personas que se identifican como «mujeres», pero son hombres (trans MaF), estén en las cárceles femeninas. Vemos claramente lo que Efesios 4:17-18 nos explica: los incrédulos caminan «en la vanidad de su mente, teniendo el entendimiento entenebrecido, ajenos de la vida de Dios por la ignorancia que en ellos hay, por la dureza de su corazón». Han sido cautivados «por medio de la filosofía y vanas sutilezas, según la tradición de los hombres, conforme a los principios elementales del mundo y no según Cristo» (Col. 2:8).

La Asociación Profesional Mundial para la Salud Transgénero (WPATH)

Por último, quiero comentar sobre algo que ocurrió en marzo de 2024: la publicación de los archivos de WPATH (siglas en inglés), la Asociación Profesional Mundial para la Salud Transgénero. Esta es la organización internacional que está regulando los estándares de cuidado del tratamiento transgénero. Uno pensaría que se trata de una organización de médicos con especialidades en el área; sin embargo, ¡cualquiera puede ser miembro, siempre y cuando pague su tarifa! La historia de la organización es larga y comenzó con el Dr. Harry Benjamin, un endocrinólogo y sexólogo pionero del tratamiento médico del ideal transgénero en la década de 1950. Él refería a los pacientes a Europa, ya que allí estaban realizando las cirugías para cambio de sexo. Fundó la Asociación Internacional de Disforia de Género Harry Benjamin en 1978, y el nombre fue cambiado a WPATH en 2007.[25] La organización se describe como una «organización profesional y educativa interdisciplinaria dedicada a la salud transgénero». Sin embargo, no está conformada únicamente por médicos o profesionales de la salud, ya que un porcentaje significativo de sus miembros son activistas. Además, no representa necesariamente la visión mayoritaria sobre cómo debe abordarse la atención de las personas transgénero y con diversidad de género. Actualmente, su presidencia está a cargo de Asa Radix, especialista en enfermedades infecciosas y medicina transgénero.[26]

Los archivos publicados consistían en comunicaciones de endocrinólogos, cirujanos, psicólogos y otros profesionales que expresaban

25. Kristen Schilt, «*Harry Benjamin*», Britannica, 8 de enero de 2025, https://www.britannica.com/biography/Harry-Benjamin.

26. World Professional Association for Transgender Health (WPATH), «*Executive Committee & Board of Directors*», WPATH, https://wpath.org/about/ec-bod/.

sus reservas y dudas sobre lo que estaban haciendo; sin embargo, en cada caso, fueron estimulados a seguir afirmando el género. Algunas de las dudas expresadas fueron la dificultad de explicar los procedimientos a los jóvenes, cuando ellos ni siquiera habían cursado biología en la escuela secundaria y eran conscientes de que no entendían lo que se les estaba explicando. Otra persona admitió que algunos padres que ya habían firmado el consentimiento informado para la cirugía de su hijo reconocían que no entendían lo que habían firmado. Otra preguntaba qué debía hacer con pacientes que tenían múltiples personalidades, en caso de que todas no necesariamente compartieran el mismo género, y la recomendación fue conseguir el consentimiento informado de cada una, a pesar de que el protocolo estipulaba que los trastornos psiquiátricos debían estar descalificados hasta que estuvieran estables. Una terapeuta admitió haber mentido sobre el diagnóstico de sus pacientes en las cartas de referencia al cirujano para evitar que fueran rechazados.

Era evidente en los archivos que la persona que hacía el diagnóstico no era el médico, sino los propios pacientes, y que los médicos simplemente fueron instruidos a afirmar el tratamiento sin investigar el trastorno. Muchos de los protocolos fueron diseñados precisamente para que los seguros cubrieran el tratamiento y para protegerse de demandas por mala práctica. Este problema no comenzó recientemente. En 2002, el Dr. Levine, quien presidió el comité encargado de desarrollar la quinta versión del *Standards of Care* [Estándares de atención] (SOC-5), renunció a su cargo y membresía debido a su «lamentable conclusión de que la organización y sus recomendaciones se habían convertido en algo dominado por la política y la ideología».[27] Esto sucedió hace veintitrés años, y todavía nadie ha sugerido

27. Stephanie David y Sara Rosenbaum, «*Wyeth v Levine: Implications for Public Health Policy and Practice*» (Washington, DC: Association of Schools of Public Health, 2010), https://pmc.ncbi.nlm.nih.gov/articles/PMC2848278/.

evaluar los protocolos, a pesar de que hubo muertes, incluso una persona FaM que usó testosterona durante años y falleció de cáncer hepático debido a este tratamiento. Además, el nivel de insatisfacción con el tratamiento trans está aumentando, pero esto tampoco ha producido un cuestionamiento en los protocolos. Uno de los miembros de WPATH dijo que si un paciente, después de «transicionar al sexo opuesto», se arrepiente y quiere revertir la transición, la culpa no es de los médicos ni del protocolo, sino del paciente.

La recomendación número 8 de la versión 8 del *Standard of Care* (SOC) recomienda brindar atención médica «afirmativa de género» para que el respaldo de los proveedores de la salud garantice que las compañías de seguros ofrezcan cobertura, ya que cada intervención se considera «médicamente necesaria», pese a la falta de evidencia científica concluyente. Esta última versión del SOC ha llegado a ser tan radical que incluye una categoría adicional de «género»: el de eunuco, lo que implica dejar a algunos pacientes simplemente castrados.[28] En mi opinión, los médicos que están desarrollando estos protocolos y aplican estos tratamientos sin evidencia sólida de efectividad deben ser sancionados por mala práctica, y quienes no son médicos pero participan en la elaboración de dichos protocolos merecen ser condenados por practicar la medicina sin licencia.

En conclusión

Es interesante que los miembros de la comunidad LGBTQI+ quieran afirmar que no son binarios; sin embargo, las hormonas y las cirugías que se están utilizando son binarias. ¿Por qué estarían haciendo tantas cirugías transgénero si no fueran binarios? Estamos

---

28. GBNews, «*Free Speech Nation: The WPATH Files: One of the Biggest Medical Scandals of the Century*», YouTube video, 1:24:08, 10 de marzo de 2024, https://www.youtube.com/watch?v=9oQdwKxtqaA.

condenando a estos pacientes a tratamientos peligrosos de por vida y limitando los placeres típicos de nuestro diseño que nuestro Señor nos ha regalado. La esterilidad es uno de los efectos colaterales y el más serio de todos. Si no somos binarios, ¿por qué tenemos disforia de género? Si no fuéramos binarios, simplemente lo que tendríamos que hacer es cambiar nuestra ropa, nuestro nombre y utilizar los pronombres que deseamos, y todo desaparecería.

Todo esto es otra manifestación de lo que se describe en Romanos 1:25-26; hemos cambiado la verdad de Dios por una mentira y estamos sirviendo a la criatura en lugar del Creador. La Biblia presenta el cuerpo y el alma como una unidad cohesiva: el cuerpo y su espíritu están vivos. Aunque nuestros cuerpos sexuados se desgasten y mueran, el Señor, que nos hizo nuevas criaturas al nacer de nuevo (2 Cor. 5:17), lo completará cuando regrese, porque nos restaurará y nos resucitará a la vida eterna (Apoc. 21:5).

«Cada uno engaña a su prójimo, y no habla la verdad, han enseñado sus lenguas a hablar mentiras; se afanan por cometer iniquidad. Tu morada está en medio del engaño; por causa del engaño rehúsan conocerme», declara el Señor.

Jeremías 9:5-6, NBLA

Conclusión
La edad de la decepción

Hemos llegado al final de la historia hasta nuestros días. Como vimos, cada filósofo estudiado fue incorporando algunos matices nuevos con respeto a la narrativa, pero ahora, al concluir, quiero presentarte de manera resumida algunas pinceladas sobre algunos de ellos en relación con lo que estamos viviendo ahora en nuestra sociedad. Pero antes, para ver todo en contexto, necesitamos recordar que, según Romanos 1:20, los atributos invisibles de Dios, Su eterno poder y divinidad, se han visto con toda claridad por medio de lo creado, y que cada ser humano nace con la ley moral de Dios escrita en su corazón (Rom. 2:14-15). Por ende, cada cultura buscaba a su manera una vida moral y pacífica, siguiendo a sus líderes religiosos. Entre los años 600 y 400 a. C., estuvieron enseñando, en orden cronológico, Confucio y Buda en China e India, por un lado, y, por otro lado, unos años más tarde, apareció Sócrates en Atenas, enseñando su filosofía griega, muy conocida hasta el día de hoy. Por su parte, el profeta Malaquías surge en Jerusalén, continuando con la enseñanza de la revelación de Dios mientras completaban la reconstrucción del segundo templo. Unos años más adelante, aparecieron las primeras enseñanzas de los gnósticos, alrededor del siglo I a. C., que se extendieron, según algunos, hasta el siglo IV d. C. Estos últimos postulaban que lo físico era «malo» y lo sobrenatural era «bueno», por contener la esencia divina, y, entonces, el espíritu necesitaba ser «liberado» del cuerpo físico al morir.[1]

Cientos de años más tarde, durante la Edad Media, en los siglos XII y XIII, aparece el nominalismo, que negó la existencia objetiva de los objetos (universales), considerándolos meros nombres asignados por las personas para describir ciertas cosas, incluidos los seres humanos.

El humanismo del Renacimiento (siglos XIV y XV) comenzó a desplazar la autoridad de Dios para desviarla hacia los hombres, donde Michel de Montaigne inició los pasos hacia el relativismo moral y de la verdad en general. Unos cien años después, René Descartes reemplazó la autoridad de Dios con el intelecto humano, alineándose con algunos aspectos del humanismo, y dividió la mente del cuerpo, formando un dualismo (la existencia de dos tipos de sustancias fundamentalmente diferentes: la sustancia mental, que representa la conciencia y el pensamiento, y la sustancia física, que corresponde a todo lo material).

Francis Bacon, por su parte, restringió a Dios a lo sobrenatural, sin ninguna asociación con el mundo. Con John Locke, alguien que se proclamaba protestante, vimos dos importantes cambios: en primer lugar, la opinión del pueblo se integró como un componente de la ley con la misma importancia que los otros componentes de la ley misma; y, en segundo lugar, la religión debía mantenerse bajo el dominio privado. Por otro lado, Maquiavelo, conocido por su enseñanza de que el fin justifica los medios, concluyó que ni la moralidad ni la ética eran necesarias en una cultura. Mientras

1. Edward Moore, «*Gnosticismo*», Internet Encyclopedia of Philosophy, https://iep.utm.edu/gnostic/.

esto ocurría, Dios levantó a varios cristianos para alertar y llamar a Su pueblo que estaba dentro y fuera de la iglesia. Entre estos se encontraban Agustín muy tempranamente (siglo v), Tomás de Aquino (siglo XIII), Martín Lutero (siglo XVI), Blaise Pascal (siglo XVII), George Whitefield y Jonathan Edwards (siglo XVIII), entre otros. Ellos, junto a otros más, impulsaron varios movimientos y avivamientos en diversas regiones de Europa y Estados Unidos, mientras estos otros pensadores continuaban influenciando la sociedad de manera secular.

En el siglo XVIII, David Hume, como empirista, enseñó que el «yo» unificado no existe porque siempre está cambiando según nuestras percepciones y experiencias; y como nunca podemos conocer con certeza las causas de las cosas, relegó todo a lo relativo. También representó un punto de inflexión en la división entre la razón, usada para entender las causas, y los sentimientos, que son la fuente de nuestros juicios morales y de nuestras acciones. Immanuel Kant, en este período, separó el mundo invisible, el «noúmeno», del visible, el «fenomenal», porque, según él, no había comunicación entre ellos. Al mismo tiempo, Jean-Jaques Rousseau abogaba por la idea de que el hombre es básicamente bueno, pero es corrompido por la civilización. Además, enseñó que el ser humano es esencialmente un ser que siente y debe ser confirmado así por la sociedad, porque sería un error moral «no afirmarlo». John Stuart Mill, en el siglo XIX, proponía que la individualidad y la diversidad eran necesarias para el progreso y, por ende, los seres humanos deben ser capaces de hacer lo que quieren. Charles Darwin, por su parte, desplazó a la humanidad de su posición bíblica al eliminar la necesidad de Dios en la creación y rebajar la dignidad del ser humano, colocándolo al mismo nivel que los animales y justificando su participación en las mismas prácticas instintivas, incluso en el ámbito de la sexualidad, por haber venido de la misma fuente.

Al mismo tiempo, Karl Marx (siglo XIX) allanó el camino para interpretar la vida, edificando sobre las creencias de Nietzsche y Freud, y dividiendo la sociedad según las ideas de «opresor y oprimido», colocando a la religión en el lado del opresor. Esta manera de pensar genera una mentalidad de víctima y lleva a muchas coaliciones políticas a promover el rechazo a la ética bíblica por considerarla opresiva e inmoral, calificándola de malvada. La secularización de la sociedad siguió avanzando y vemos cómo, alrededor de la misma época, Friedrich Nietzsche (siglo XIX) hizo famosa su frase: «Dios ha muerto», eliminando la verdad objetiva y elevando el valor del hombre al afirmar que, gracias a su creatividad, podía llegar a ser un «superhombre», incluso hasta inventar nuevas morales y quitar la «represión» de la libertad sexual impuesta por la Iglesia. Al mismo tiempo, el Dr. Karl Ulrich (siglo XIX) defendió la homosexualidad, se convirtió en un activista de los derechos de los homosexuales y fue el primero en argumentar que un alma femenina podía estar atrapada en un cuerpo masculino. Sigmund Freud (siglo XIX- XX) colocó la sexualidad como el centro de la vida, y creía que al reprimirla se dañaba la psique. También, influenciado por Darwin, eliminó la heterosexualidad como norma, afirmando que el hombre podía inventar e incluir como normales la homosexualidad, el incesto y la pedofilia, al ser nosotros simplemente animales altamente desarrollados. Para Freud, prohibir la creatividad sexual evitaba la felicidad y el logro de la meta de la vida, allanando el camino hacia las ideas del colectivo LGBTQIA+. Estamos viendo cómo pensadores de hace más de cien años atrás prepararon el camino para lo que hoy conocemos como la revolución sexual. Uno de estos pioneros fue Magnus Hirschfeld, otro médico homosexual que fue el arquitecto de la revolución sexual y supervisó personalmente la primera cirugía con la idea de reasignación de sexo. Otro fue Alfred Kinsey, un sexólogo graduado de Harvard, que abrió un instituto en Indiana para investigar y experimentar sobre el sexo, donde se abusó de niños y se abogaba por la legalización de todo comportamiento sexual, incluyendo la pornografía, el bestialismo y la pedofilia.[2] Su socio, Harry Benjamín, escribió en 1966 el primer libro de texto sobre transgenerismo y fue el precursor de lo que hoy se conoce como WPATH (*The World Professional Association for Transgender Health* [Asociación Profesional Mundial para la Salud Transgénero]), que redacta los protocolos para el tratamiento transgénero.[3]

Más recientemente, hemos visto la explosión de la llamada Revolución Sexual, que venía gestándose por años. El libro escrito por Robert Stoller en 1968, *Sex & Gender* [El sexo y el género], representa un argumento a favor de que el sexo es biológico y el género es social.[4] Mientras tanto, en Frankfurt, la teoría crítica (marxismo cultural) comenzó trasladando la figura del opresor de la clase dominante a la moralidad cristiana tradicional que oprimía las personas con sus valores para mantener su poder.[5]

El sociólogo Herbert Marcuse cambió la definición de tolerancia por una pseudotolerancia porque, mientras no admiremos ni celebremos las prácticas sexuales atípicas, estas siguen considerandose como oprimidas (la política de identidad). Esto nos llevó a la «teoría *queer*», según la cual, si consideras la heterosexualidad como

---

2. Jonathan Gathorne-Hardy, *Alfred C. Kinsey: Sex the Measure of All Things; A Biography* (Londres: Chatto and Windus, 1998), https://web.archive.org/web/20131203003336/http://www.thefreelibrary.com/Alfred+C.+Kinsey:+Sex+the+Measure+of+All+Things%3B+A+Biography.%28Review%29-a061487453.

3. Kristen Schilt, «*Harry Benjamin*», Britannica, 8 de enero de 2025, https://www.britannica.com/biography/Harry-Benjamin.

4. Jemima Repo, *The Biopolitics of Gender*, cap. 2. (Oxford: Oxford Academic, octubre de 2015), https://academic.oup.com/book/10672/chapter-abstract/158713329?redirectedFrom=fulltext.

5. James Bohman, «*Critical Theory*», The Stanford Encyclopedia of Philosophy, eds. Edward N. Zalta y Uri Nodelman, 12 de diciembre de 2023, https://plato.stanford.edu/entries/critical-theory/.

normal y crucial para la estabilidad de la sociedad, entonces eres intolerante, odioso y opresivo, porque la idea binaria fue creada, según esta teoría, por la clase opresora heterosexual precisamente para mantener el control.

Jaques Derrida introdujo el deconstruccionismo de palabras, que vimos en un capítulo anterior, y Judith Butler lo llevó al género con la teoría *queer*, donde el género (cómo te identificas) está separado del sexo (cómo naces). Por tanto, la existencia de dos sexos solamente (varón y hembra), visible en animales y humanos, se presenta hoy como una construcción social. Al final de la década de los ochenta, Judith Butler se concertó con Gayle Rubin, Sandy Stone y Susan Stryker, y juntas establecieron las disciplinas de la «teoría *queer*» y los «estudios transgénero» en las universidades, enseñando que la heteronormatividad (la estructura de poder blanca, masculina y heterosexual) oprime a las minorías raciales y sexuales. Denunciaron las categorías tradicionales de hombre y mujer como un falso binario que necesitaba ser deconstruido sin importar lo que costara, y la mejor manera de lograrlo era promoviendo el transgenerismo para así derribar la estructura natural de la creación.

Para entender lo radical de su movimiento, Susan Stryker, quien se identifica como transgénero, nació hombre y tiene la idea de ser mujer (MaF), escribió en su ensayo titulado *Mis palabras a Víctor Frankenstein sobre el pueblo de Chamounix: Representando la ira transgénero*, que el «cuerpo transexual» es una «construcción tecnológica» que representa una guerra contra la sociedad occidental y está destinada a canalizar su «rabia y venganza» contra el «orden heterosexual naturalizado», los «valores familiares tradicionales» y la «opresión hegemónica» de la propia naturaleza.[6] Algunos

---

6. Susan Stryker, «*My Words to Victor Frankenstein above the Village of Chamounix Performing Transgender Rage*», https://sites.evergreen.edu/politicalshakespeares/wp-content/uploads/sites/226/2015/12/Stryker-My-Words-to-VF.pdf.

activistas consideran el movimiento como el nuevo marxismo, donde la idea «trans» es el proletariado que promete abolir la heteronormatividad (la burguesía), tal como el marxismo prometió abolir el capitalismo. En resumen, el gran proyecto del movimiento transgénero es abolir las distinciones entre hombre y mujer, trascender las limitaciones establecidas por Dios y la naturaleza, y conectar la lucha personal del individuo trans con la lucha política para transformar la sociedad de una manera radical.

La realidad es que todos, aunque inconscientemente, somos filósofos. Tenemos cosmovisiones individuales que necesitan ser cambiadas por la Palabra de Dios (Rom. 12:2). Al evaluar la historia con un lente amplio, vemos la narrativa de Dios, pero también la actividad de Satanás. En la sociedad, hay una metanarrativa, y muchas veces no vemos el bosque debido a que nos enfocamos en los árboles individuales. Vemos los acontecimientos como individuales y perdemos la narrativa de lo que está ocurriendo frente a nuestros ojos. La verdadera vida se encuentra en la historia de Dios y no en lo que los filósofos dictan, personas falibles y finitas que dicen estar sinceramente buscando la verdad, aunque estén sinceramente equivocados. El denominador común en toda esta historia es la cosmovisión, donde el individuo y su autopercepción están en el centro, y no Dios.

Espero que, al terminar este libro, hayas podido ver que las tendencias que desembocan en confusión moral suelen tener causas que se han estado gestando durante siglos. Al abrirnos paso a través de las generaciones, evaluando las enseñanzas de estos eruditos, se hace evidente que hay un diseñador malvado que ha estado dirigiendo los acontecimientos para traernos al punto en el que estamos ahora (Juan 10:10). Sin embargo, no podemos llegar a la conclusión errónea de que este ser (Satanás) tiene el control de todo, sino de que, a pesar de su naturaleza malvada, aun él está cumpliendo el plan divino desarrollado desde antes de la fundación de la tierra. En última instancia, «aun el diablo es el diablo de Dios»,[7] que es una buena forma de resumir que Satanás nunca opera fuera de los decretos de Dios.

¿Por qué digo esto? Por lo que Efesios 1:4-6 nos revela. Si Dios nos escogió para Él antes de la fundación del mundo, entonces la necesidad de ser elegido ya era parte de la narrativa. Antes de la caída, Adán y Eva tenían una relación con Dios, y si no hubiese sido por la caída (Gén. 3), no habrían necesitado volver a tener la relación que ya disfrutaban. Y las dificultades que estamos viviendo también han sido previstas, porque sabemos que los tiempos irán de mal en peor antes del retorno de Cristo (2 Tim. 3:13). Entonces, vemos que este deterioro no solo fue conocido, sino que también es algo que avanza de acuerdo con el plan predeterminado de Dios desde antes que los tiempos comenzaran. Sin embargo, de ninguna manera eso hace a Dios creador o culpable del mal, ya que el mal es el resultado de una autogeneración de un deseo de parte de la criatura de dirigir su propio destino con independencia y autonomía. El Dios santo no puede ser autor de pecado (Sant. 1:13-14).

Uno de los efectos de la caída es que todos los órganos de nuestra anatomía quedaron sometidos al deterioro; sin embargo, en mi opinión, la oscuridad de la mente, que no se limita al funcionamiento del cerebro, fue la peor (Ef. 4:18). La razón por la cual digo esto es que las enfermedades y la muerte entraron juntas en el mundo y, como resultado, todos padeceremos y moriremos. Sin embargo, las enfermedades son diferentes a la muerte, porque no existe una única enfermedad que padezca todo el que nace. En

7. Erwin W. Lutzer, *God's Devil*, versión Kindle (Chicago: Moody Publishers, 2016), loc. 16 de 239.

cuanto a nuestra forma de pensar, al igual que con la muerte, se trastornó en cada uno de nosotros, al punto que ni siquiera podemos entender los caminos de Dios sin la ayuda del Espíritu Santo (1 Cor. 2:14). Creo que esto es lo que hemos visto a lo largo del recorrido por las filosofías, y nos lleva a lamentar lo que sabemos que vendrá para los no creyentes, tal como dice la Palabra de Dios: «¡Ay de los sabios a sus propios ojos e inteligentes ante sí mismos!» (Isa. 5:21, NBLA).

El Transgenerismo y el movimiento LGBTQIA+

Con relación a la idea de la existencia del transgénero, comenzaré explicando que la preposición «trans» viene del latín y significa: «mover a través de, más allá de o al lado más alejado de». El hombre trans dice ser mujer y expresa su deseo de cambiar su sexualidad porque dice estar atrapada en el cuerpo de un hombre... desea mover su sexualidad más allá y por eso dice que su género es distinto que su sexo. La «T» del movimiento **LGBTQIA+** quizás sea una de las ideologías más fuertemente impulsadas hoy por múltiples razones; una de ellas es el deseo de hombres trans de competir en deportes femeninos, lo cual representa una desigualdad e injusticia enormes, como ya mencioné en el capítulo anterior. Pero, como suele ocurrir, esto no quedaría aquí. El 30 de mayo de este año 2025 apareció un artículo en el periódico *Telegraph* de Londrés con el título: *Don't let trans rapists choose gender, UN warns police* [No permitan que los violadores trans elijan su género, advierten las Naciones Unidas a la policía]. El artículo habla de una recomendación oficial de parte de las Naciones Unidas, advirtiendo a la policía de Inglaterra que no permitan que los violadores elijan su propio género. ¿La razón? Por ley, solo los hombres son considerados capaces de violar a mujeres y, como tales, están sujetos a la aplicación de la ley. Pero la policía de Inglaterra ha acumulado 49 casos de violaciones cometidas por hombres que dicen ser mujeres (trans) y, por consiguiente, no estarían sujetos a la aplicación de la ley en su contra. Si los violadores no pueden escoger su género, tampoco los atletas. Por razones obvias. Si ellos no pueden, nadie puede. Como bien dijo Malcolm Muggeridge en una de sus múltiples citas: «Hemos de educarnos hasta la imbecilidad. ¡No puedes jugar con fuego porque invariablemente terminarás quemándote las manos!».[8]

Para entender el movimiento LGBTQIA+, es necesario entender que existen tres creencias falsas fundamentales. **Primero,** nuestra identidad no es algo recibido, sino autodeterminado. Tradicionalmente, las características innatas como la raza, la nacionalidad, el sexo y la familia de origen definían quiénes éramos, mientras que ahora nuestra realidad se deriva de nuestras decisiones basadas en nuestros pensamientos. **Segundo,** la realidad no se encuentra en las deducciones que hacemos sobre lo que existe, sino en lo que pensamos (como Kant postuló). En relación con el movimiento LGBTQAI+, nuestro cuerpo se convierte en una distorsión de lo que Descartes planteó. Como los pensamientos tienen mayor importancia que la biología, entonces el cuerpo es insignificante. La realidad, sin embargo, es que Dios nos creó como individuos compuestos de un cuerpo y una mente, y cuando resucitemos, seremos transformados a semejanza del Dios encarnado, Jesucristo. Y **tercero**, encontraremos plenitud en los cambios externos y no internos. Tres mentiras monumentales.

Todo esto ha intercambiado al Creador por la criatura (al decir «soy gay» o «soy trans» se está priorizando lo creado sobre el Creador),

---

8. Telegraph, *«Don't let trans rapists choose gender, UN warns police»*, 30 de mayo de 2025, https://www.telegraph.co.uk/news/2025/05/30/dont-let-trans-rapists-choose-gender-un-warns-police/.

porque estamos cambiando la adoración del Creador por la adoración de la criatura, y hemos hecho un ídolo del ser humano. ¡Por eso no existe el «cristiano gay», porque la identidad del creyente debería estar en Cristo! Y mira la astucia del enemigo: cuando creemos que somos «cristianos gais», no lo vemos como parte de nuestro pecado ni podemos arrepentirnos, porque creemos que corresponde a quiénes somos y no simplemente a lo que hacemos. Pablo fue muy explícito en Efesios 4:22-24: «En cuanto a la pasada manera de vivir, despojaos del viejo hombre, que está viciado conforme a los deseos engañosos, y renovaos en el espíritu de vuestra mente, y vestíos del nuevo hombre, creado según Dios en la justicia y santidad de la verdad». La homosexualidad y el transgenerismo están fundados sobre deseos y sentimientos de los cuales deberíamos despojarnos y reemplazarlos con la identidad de la nueva criatura en Cristo.

Como la cultura nos ha moldeado y seguirá haciéndolo, necesitamos ser estudiantes de nuestra cultura para entender cómo y dónde el mundo intenta persuadirnos, a fin de resistir las corrientes del mundo. Como fuimos creados, pertenecemos a alguien que tiene el derecho y la potestad de nombrarnos y corregirnos. Esto no es una limitación, sino un privilegio y un honor: participar en la formación de nuestra identidad en Cristo. Al crear al hombre y a la mujer, éramos parte de lo que Dios declaró bueno en gran manera (Gén. 1:31); sin embargo, por la distorsión ocurrida debido a la caída, Dios nos está ayudando a regresar a lo que Él creó como bueno delante de Sus ojos. Más importante aún, tenemos que saber que la identidad que Dios nos da es muy superior a la que pudiéramos intentar crear por nosotros mismos. Cada identidad que creamos es un intento fallido de reconciliar lo que sentimos internamente con lo que realmente somos.

Pero el evangelio tiene el poder de lograr esto de una manera que nosotros nunca podríamos lograrlo. Al aceptar el evangelio como la verdad, vemos que ya no somos rebeldes, sino hijos, ¡y que somos nuevas criaturas! (2 Cor. 5:17). En esta nueva identidad, somos liberados de la carga emocional y espiritual de nuestra crisis de identidad moderna. Nuestra confusión de identidad desaparece porque ¡sabemos quiénes somos!, a pesar de que la lucha no ha cesado. La lucha continúa mientras vivamos en un mundo caído, y por eso 2 Corintios 4:16 nos advierte: «Por tanto, no desmayamos; antes aunque este nuestro hombre exterior se va desgastando, el interior no obstante se renueva de día en día».

Con nuestra nueva identidad en Cristo, nuestro sentimiento de que no tenemos valor desaparece, ¡porque la cruz nos muestra cuán valorados somos! Nuestra sensación de falta de significado desaparece porque sabemos para qué fuimos creados: ¡para glorificar a Dios y disfrutar de Él para siempre! Nuestra desesperanza desaparece porque sabemos hacia dónde están dirigidas nuestras vidas; nuestro futuro es en la presencia de Dios y para siempre. En esa nueva identidad, necesitamos ser sal y luz (Mat. 5:13-16), revelando las mentiras de las narrativas mundiales para apuntar a la verdad del evangelio.

Ahora, la pregunta que necesitamos hacernos es: ¿qué haremos entonces? Sabemos que la disforia de género existe y no conocemos la causa; de hecho, probablemente es multifactorial. Sabemos que hasta ahora no se ha encontrado ninguna patología en aquellas personas que experimentan esta disforia, y probablemente es más algo relacionado con factores ambientales como el medio familiar, la aceptación social, la promoción de la agenda gay y una especie de contagio filosófico que se acentúa a través de las redes. Sin embargo, sabemos que todos, incluidos aquellos que no sufren de disforia, tienen problemas espirituales, y entonces, como iglesia, ¿cómo serviremos a estas personas que están heridas y con dolor? Cuando alguien con disforia de género entra en la iglesia, ¿de qué manera amamos a la persona que lucha, sabiendo que no es una enfermedad, pero que tampoco podemos apoyar el pecado? ¿Ellos pueden ser miembros o líderes en la iglesia? ¿Cómo enseñamos a los jóvenes en la iglesia a amar a estas personas sin rechazarlas, mientras enfatizamos que no apoyamos el pecado ni aceptamos la disforia como buena y válida? Son preguntas difíciles de contestar porque no sabemos cuáles son las luchas internas ni el pasado de cada persona. Lo que sí debe quedar claro es que este grupo no debe recibir un trato especial, como si representaran un grupo de personas distinto a los demás por ser víctimas del pasado, de personas, de un sistema o de una sociedad. Son pecadores en necesidad de redención que necesitan lidiar con su pecado, tal como lo necesita el heterosexual que viene de un pasado de promiscuidad o de un pasado de pornografía. Necesitamos confiar en el Señor con todo nuestro corazón, no apoyándonos en nuestro entendimiento y reconociéndolo en todos nuestros caminos, ya que Él promete enderezar nuestras sendas (Prov. 3:5-6). Una recomendación más: estas personas necesitan ser aconsejadas por personas maduras en la fe y con experiencia en consejería bíblica.

Según Dr. Mark Yarhouse[9], podemos decir que existen tres marcos de referencia para entender y agrupar a las personas que quieren responder a la disforia de género: la integridad, la discapacidad y la diversidad. El primero, la integridad, es donde la mayoría de los evangélicos se encuentran, y creen que el cuerpo es sagrado porque fuimos creados de forma binaria a la imagen de Dios y para complementarse el uno al otro. Este grupo ve la homosexualidad y el transgenerismo como un rechazo al sexo que Dios creó y algo que daña la imagen sagrada en la creación de Dios. Y eso creemos nosotros.

9. Mark A. Yarhouse, *Understanding Gender Dysphoria* (Downers Grove, IL: IVP Academic, 2015).

El segundo es el marco de la discapacidad, que sigue la narrativa de la creación, caída, redención y glorificación. Para este grupo, la disforia es una enfermedad producto de la caída y no un asunto moral, porque la caída dañó la imagen de Dios sin destruirla totalmente. Según esta perspectiva, la disforia de género no es algo que los que padecen de ella han elegido ni tampoco habrían querido. Nosotros entendemos que quizás estas personas no han hecho una elección consciente de pasar por dichas experiencias; pero hay formas subconscientes de hacer elecciones en la vida debido a experiencias del pasado. De todos modos, en cualquier caso, el pueblo de Dios necesita mostrar la imagen de Cristo a pecadores que aún no lo conocen, y debemos hacerlo con compasión, tratando de ayudarlos a recuperar la integridad de la imagen de Dios por medio de la redención.

El tercer marco de referencia es la diversidad, y es donde se encuentra la mayoría de los profesores universitarios y el sistema médico. Ellos sostienen que no es una enfermedad, sino una vida alterna y, según ellos, es algo que deberíamos celebrar, honrar y venerar. Para ellos, es otra expresión de la normalidad debido a la diversidad que existe en el mundo. Rechazan el sistema binario porque hay personas intersexuales (aquellas que nacen con características anatómicas de algún tipo que corresponden a ambos sexos), lo que indicaría que hay más de dos sexos. Sin embargo, ignoran la realidad de que aquello que no es estrictamente masculino o femenino es una anomalía, y no variaciones de lo normal. Esto no debe extrañarnos porque de igual forma hay personas que han nacido sin la presencia de las cuatro extremidades y no consideramos esa condición (*amelia* o *phocomelia*) como normal. Como tampoco consideramos como normal el nacimiento de siameses. En esos casos, procuramos investigar sus causas.

Algunos médicos dividen esta última categoría, la diversidad, en dos formas: la débil y la fuerte. En la **forma débil**, su enfoque está en buscar su identidad para tener una comunidad a la cual pertenecer, mientras que en la **forma fuerte**, quieren deconstruir las normas relacionadas con el sexo y el género, como vimos con Judith Butler. Edificando sobre las ideas de René Descartes, pero llevándolas aún más lejos, sostienen que los pensamientos o las ideas que nuestras mentes conciben son los únicos hechos incuestionables de nuestras experiencias, demostrando de nuevo que las ideas tienen consecuencias. Descartes creía en un Dios perfecto que era esencial para conocer la verdad; pero al eliminar a Dios de la ecuación, vemos que no pueden llegar a la verdad. La realidad, ahora, no es que fuimos creados por Dios, sino por nosotros, y están intentando restringir la verdad (Rom. 1:18), haciendo de sus ideas el estándar que todos los demás deben seguir. ¿Y por qué esto es posible? Porque la cultura ha abandonado a Dios, ha reemplazado la Escritura con la subjetiva teoría del género y ha redefinido la verdad y la moralidad. Entonces vemos que, luego de que la sociedad se rebela contra del diseño de Dios para la sexualidad humana, dicha sociedad termina disfrutando de estos patrones sin freno alguno. Y es entonces cuando Dios trae Su juicio, permitiendo que incurran en sus prácticas sin restricción, tal como ellos lo deseaban. Esto es exactamente lo que Pablo revela en el libro de Romanos:

> «Dios los entregó a la impureza en la lujuria de sus corazones, de modo que deshonraron entre sí sus propios cuerpos» (Rom. 1:24, NBLA).
>
> «Por esta razón Dios los entregó a pasiones degradantes; por que sus mujeres cambiaron la función natural por la que es contra la naturaleza» (Rom. 1:26, NBLA).

> «Y así como ellos no tuvieron a bien reconocer a Dios, Dios los entregó a una mente depravada, para que hicieran las cosas que no convienen» (Rom. 1:28, NBLA).

Creo que muchos de nosotros nos quedamos perplejos cuando observamos a estas personas, porque la verdad parece tan obvia, y claramente estas personas están equivocadas y desviadas. Sin embargo, olvidamos que nuestra ceguera era igual a la del mundo antes de que el Espíritu Santo nos lavara y nos llevara a la santificación (1 Cor. 6:11), y esa es la única razón por la cual ahora vemos la verdad. Igual que nosotros, ellos son pecadores, y aunque los pecados son diferentes, no son imperdonables, y no somos más merecedores de perdón que ellos. Como sus creencias parecen tontas para algunos y depravadas para otros, no olvidemos que estas personas son portadoras de la imagen de Dios, están espiritualmente ciegas y dentro de una prisión de pecado y dolor. De ahí la necesidad de ser compasivos, amables y respetuosos con ellos, como Cristo lo fue con las prostitutas. Así como Dios amó a los que no son amados, nosotros también deberíamos hacerlo. El Dr. Yarhouse resumió bien cómo debemos tratarlos: con compasión, con convicción y con civilidad.[10]

Ahora bien, estamos llamados a un estándar más elevado y necesitamos equilibrar esta compasión con la verdad. No podemos validar las falsedades que ellos creen simplemente porque surgen de emociones genuinas. Tampoco podemos permitir que las apelaciones emocionales sustituyan el razonamiento y la evidencia científica sólida, al no haberse encontrado ninguna patología orgánica en estas personas hasta la fecha. Mucho menos debemos permitir que la Palabra sea silenciada cuando llama pecado a toda desviación sexual, ya sea de índole homosexual o heterosexual. De igual manera, tenemos

---

10. *Ibid.*

que seguir sonando la trompeta de que estas desviaciones pueden ser redimidas por el poder del Espíritu de Dios, a través del sacrificio expiatorio y sustitutivo de Cristo. Y aquí está la evidencia:

> «¿O no saben que los injustos no heredarán el reino de Dios? No se dejen engañar: ni los inmorales, ni los idólatras, ni los adúlteros, ni los afeminados, ni los homosexuales, ni los ladrones, ni los avaros, ni los borrachos, ni los difamadores, ni los estafadores heredarán el reino de Dios. **Y esto eran algunos de ustedes**; pero fueron lavados, pero fueron santificados, pero fueron justificados en el nombre del Señor Jesucristo y en el Espíritu de nuestro Dios» (1 Cor. 6:9-11, NBLA énfasis añadido).

Es importante ayudarlos a evaluar sus pensamientos, revelando las mentiras, pero esperando oportunidades provistas por Dios y siempre expresando la verdad con amor. Hay preguntas que surgen en el proceso; por ejemplo: Si no somos binarios, ¿por qué quieren parecerse al otro sexo binario con hormonas y cirugías? ¿Por qué quieren cambiar sus nombres y sus pronombres por los del sexo contrario? La pregunta es: ¿dónde está el corazón detrás de esas decisiones? Porque, aunque dicen que no son binarios, sus acciones a la hora de querer cambiar su condición demuestran que, en realidad, sí son binarios, al querer ser del otro sexo binario.

La confusión, desafortunadamente, se ha extendido a la iglesia, y allí el manejo de la situación debe ser diferente. Hay quienes que creen que los deseos y la atracción hacia su mismo sexo deben venir de Dios, porque Él nos creó con esos deseos y Él no comete errores. Por eso, según ellos, esos deseos deben ser buenos y, por lo tanto, deberían ser libres de expresarse en actos físicos. Esta idea claramente revela el peligro de interpretar la Escritura desde una cosmovisión equivocada y no conforme a la intención del autor original y la iluminación del Espíritu Santo. Como vemos, uno podría llegar a errores desastrosos si no interpretamos los pasajes a la luz del resto de la Palabra, y como lo evidencia Dios a través de Isaías 5:20: «¡Ay de los que llaman al mal bien y al bien mal, que tienen las tinieblas por luz y la luz por tinieblas, que tienen lo amargo por dulce y lo dulce por amargo!» (NBLA). No podemos olvidar que Dios condena esta práctica tanto en el Antiguo como en el Nuevo Testamento (1 Cor. 6:9-10), porque va en contra de Su diseño complementario. Tampoco Dios nos tienta a hacer el mal, sino que el pecado proviene de nuestro corazón pecaminoso, como ya dijimos más arriba en este mismo capítulo (Sant. 1:13-14). Pero no podemos dejarlos en la condenación, sino permitirles entender que, en Cristo, tenemos el poder de decir no a nuestros deseos (Rom. 6:14), somos nuevas criaturas (2 Cor. 5:17) y Él completará la obra que comenzó en nosotros (Fil. 1:6). Y funciona así con cualquier otro deseo; si alguien tiene el deseo de robar, pelear o matar a alguien, ese deseo puede ser redimido en el evangelio.

Otra pregunta que surge frecuentemente es si uno puede asistir a una boda gay o transgénero. En nuestra cultura moderna, el matrimonio es considerado simplemente una fiesta; sin embargo, necesitamos recordar que las personas que asisten son testigos, y esto significa que estamos apoyando esa relación como legítima. Aunque es una decisión difícil cuando se trata de personas que amamos, apoyarlas sería contrario a Efesios 5:11: «Y no participéis en las obras infructuosas de las tinieblas, sino más bien reprendedlas». El amor siempre necesita estar arraigado en la verdad, y aunque probablemente será malinterpretado y mal visto, es más amoroso no apoyarlos en su pecado. Aunque parezca que no estamos demostrando compasión hacia la pareja, realmente es sumamente compasivo cuando nuestro enfoque está en la verdad de Dios. Como esto es frecuentemente malinterpretado, debemos clarificar que existen tres aspectos de la compasión. El primero es el sentimiento interior, donde uno siente la situación difícil del otro y eso nos lleva a hacer algo, que definimos como el comportamiento. El segundo aspecto de la compasión es frecuentemente malentendido, porque la persona que dice no sentir nuestra compasión no entiende o no siente el peso de sus acciones. El tercer aspecto, y el más importante, es que al no aceptar patrones de pecado, estamos comportándonos como Dios se comportaría, y nadie es más compasivo que Él. Nuestras opiniones no son el estándar, sino lo que Dios ha revelado en Su Palabra. Nuestra manera de revelar lo que Dios dice debe ser piadosa y acompañada de mucha oración, porque solo Dios puede quitar las escamas de los ojos y revelar la verdad.

Dejé para el final el tema de los niños, porque me resulta muy doloroso. Es imposible protegerlos de toda la mala influencia que están recibiendo a través de las redes, la televisión, el cine, las revistas, los amigos, la escuela y la sociedad en general. Es vital que los niños sean expuestos al evangelio desde muy jóvenes y que entiendan que nuestros cuerpos son templos del Espíritu Santo (1 Cor. 6:19-20). Ellos necesitan ver que el evangelio puede ser vivido en sus hogares, y debemos aprovechar cualquier oportunidad para explicarles lo que Dios enseña y lo que le agrada. Una relación cercana con tus hijos es vital para que no sientan miedo o vergüenza de hablar sobre lo que están sintiendo, aprendiendo y escuchando en las escuelas. Los padres deben ser diligentes en averiguar las políticas de la escuela. Es crucial que, desde pequeños, los hijos entiendan que vivimos en un mundo caído, lleno de dolor, mentiras e injusticia, algo producido por el pecado y no por Dios, pero Cristo un día transformará todo. Cuando sientan emociones negativas como el rechazo, las ofensas y la discriminación, necesitan saber cómo responder bíblicamente. Las emociones no son las que dirigen nuestras acciones, sino la obediencia a Dios. Él es nuestra respuesta.

La prevención es siempre mejor que la corrección. Sentirse amados y aceptados es crucial para cada niño, y recordemos que eso es justamente lo que el mundo de ideas «trans» trata de ofrecerles. Ayudemos a nuestros niños a reconocer sus dones y habilidades diversos, dados por Dios, estimulándolos a desarrollarlos dentro de su género, aunque eso pueda ser algo atípico. Por ejemplo, los muchachos pueden cocinar y las muchachas pueden practicar deportes. Lo que ellos necesitan ver son personas adultas piadosas que practican este tipo de actividades, modelando conductas típicamente masculinas por parte de los hombres y típicamente femeninas por parte de las mujeres.

Dios les ha dado en su composición genética lo que necesitan para la vida, porque al final no podemos olvidar que: «Porque somos hechura Suya, creados en Cristo Jesús para hacer buenas obras, las cuales Dios preparó de antemano para que anduviéramos en ellas» (Ef. 2:10, NBLA). ¡Esto es lo que hace único y especial al ser humano, y es lo que Dios usa para que lo glorifiquemos!

Si notas que tu hijo está dando ciertas señales, como querer usar ropa del sexo opuesto o cambiar sus pronombres, él o ella está caminando sobre una cuerda floja y debe entender que sus padres lo aman y lo aceptan, pero no al punto de aprobar o estimular esas prácticas, aunque el mundo las llame formas «suaves». Padres: si tienen dudas o no saben qué hacer, busquen ayuda inmediata. Dios tiene pastores talentosos, y si el tuyo no tiene experiencia en esta área, él debe ayudarte a buscar ayuda de parte de consejeros cristianos con experiencia en esta área en particular. Y nunca, nunca, nunca podemos olvidar el poder de la oración continua. Mientras más evaluamos el mundo en que vivimos, 1 Tesalonicenses 5:17 se hace más relevante: «Orad sin cesar». Nunca podemos olvidar que estamos viviendo una guerra espiritual, manteniendo nuestro enfoque en Jesús, porque Él es el único que puede ganar esta batalla.

Disfrutar de una vida sencilla y en paz no está mal; de hecho, es bueno. Sin embargo, como cristianos, debemos reconocer que estamos en constante guerra contra las ideologías que quieren llevarnos cautivos (Col. 2:8). Por lo tanto, debemos vivir alertas, porque nuestro adversario es un león rugiente, buscando a quién devorar (1 Ped. 5:8). Esta es la razón por la cual debemos evaluar constantemente nuestras vidas, nuestra doctrina, nuestras ideas y hasta los patrones de pecado con los que luchamos. Oro para que nuestros ojos espirituales sean abiertos a la guerra espiritual en la cual vivimos y que nos levantemos, siempre vestidos con la armadura de Dios para estar a la altura de las circunstancias, porque es Dios quien nos ha puesto donde estamos.

En conclusión, vimos cómo cambios pequeños en ciertas regiones geográficas se han extendido al mundo entero y nos han llevado al punto de la total decepción, enseñándonos que necesitamos ser tan astutos como la serpiente (Mat. 10:16) para reconocer las implicaciones de los cambios cuando ocurren. Por eso, debemos vivir alertas, recordando al cierre de este largo recorrido las palabras de Pedro en su primera carta:

> «[...] santifiquen a Cristo como Señor en sus corazones, estando siempre preparados para presentar defensa ante todo el que les demande razón de la esperanza que hay en ustedes. Pero háganlo con mansedumbre y reverencia» (1 Ped. 3:15, NBLA).

¡SOLI DEO GLORIA!

Índice de imágenes

Capítulo 6:

Capítulo 7:

Capítulo 8:

Capítulo 9:

Capítulo 10:

Bibliografía de imágenes

Capítulo 2:

Sócrates. Imagen creada por Luisa Vallon Fumi, publicada en: https://www.istockphoto.com/vector/socrates-ancient-greek-philosopher-who-is-considered-one-of-the-founders-of-western-gm1682222881-536775881

Platón. Imagen creada por Grafissimo, publicada en: https://www.istockphoto.com/vector/engraving-of-greek-philosopher-plato-or-platon-1842-gm841184760-137125225

Aristóteles. Imagen creada por Nastasic, publicada en: https://www.istockphoto.com/vector/aristotle-classical-greek-philosopher-he-is-one-of-the-most-famous-and-influential-gm1408233961-459150871

Capítulo 3:

Epicuro. Imagen creada por clu, publicada en: https://www.istockphoto.com/vector/epicurus-bust-gm1652947685-534281032

Capítulo 4:

Agustín de Hipona. Imagen creada por ilbusca, publicada en: https://www.istockphoto.com/vector/antique-illustration-of-saint-augustine-gm187092476-28370586

Tomás de Aquino. Imagen creada por denisko, publicada en: https://www.istockphoto.com/vector/an-illustration-of-st-thomas-aquinas-gm465505315-33602902

Capítulo 5:

Martín Lutero. Imagen creada por Grafissimo, publicada en: https://www.istockphoto.com/vector/martin-luther-religious-leader-portrait-illustration-gm1199002362-342866661

Juan Calvino. Imagen creada por clu, publicada en: https://www.istockphoto.com/vector/john-calvin-portrait-with-hat-side-view-gm1455769532-491009117

Capítulo 6:

Desiderio Erasmo. Imagen creada por Nastasic, publicada en: https://www.istockphoto.com/vector/engraving-of-theologian-desiderius-erasmus-from-rotterdam-gm888772426-246491155

John Wesley. Imagen creada por TonyBaggett, publicada en: https://www.istockphoto.com/vector/john-wesley-gm177425334-21398796

Jonathan Edwards. Imagen creada por Christine_Kohler, publicada en: https://www.istockphoto.com/vector/jonathan-edwards-portrait-christian-minister-18th-century-gm1291107003-386312529

Capítulo 7:

Voltaire. Imagen creada por clu, publicada en: https://www.istockphoto.com/vector/voltaire-gm1385512796-444231286

David Hume. Imagen creada por denisko, publicada en: https://www.istockphoto.com/vector/david-hume-gm172471324-23446684

Capítulo 8:

Arthur Schopenhauer. Imagen creada por Nastasic, publicada en: https://www.istockphoto.com/vector/arthur-schopenhauer-german-philosopher-gm1031895976-276394147

Capítulo 9:

Karl Marx. Imagen creada por Nastasic, publicada en: https://www.istockphoto.com/vector/karl-marx-german-philosopher-1818-1883-gm1162582824-318942495

Charles Darwin. Imagen creada por Grafissimo, publicada en: https://www.istockphoto.com/vector/charles-darwin-portrait-illustration-gm1065861824-285033225

Capítulo 10:

Jean-Paul Sartre. Imagen creada por Natata, publicada en: https://www.shutterstock.com/image-vector/jeanpaul-sartre-sketch-style-vector-portrait-1231822309

Simone de Beauvoir. Imagen creada por Natata, publicada en: https://www.shutterstock.com/image-vector/simone-de-beauvoir-vector-sketch-portrait-1449635144

Betty Friedan. Imagen creada por Natata, publicada en: https://www.shutterstock.com/image-vector/betty-friedan-vector-sketch-portrait-illustration-1435838519

Sé parte de una comunidad de mujeres de fe y verdad con los recursos Lifeway Mujeres.
B&H
ESPAÑOL
Biblia de estudio para
MUJERES
Un año en los Salmos
9781535998000
9781433613999
9781087751467
FE Y FUEGO
Elías
PRISCILLA SHIRER
DOCTRINA PARA TODAS
dolorosa bendición
liliana gonzalez de benitez
Mujeres de influencia
9781087756967
9781087734132
9781087736945
9781087756318
Lifeway
mujeres
LifewayMujeres.com